CATALOGUE

DES

COLLECTIONS

DUCHESNE ET BRÉQUIGNY

ANGERS. — IMPRIMERIE ORIENTALE A. BURDIN ET Cie, 4 RUE GARNIER.

BIBLIOTHÈQUE NATIONALE

CATALOGUE

DES

MANUSCRITS DES COLLECTIONS

DUCHESNE ET BRÉQUIGNY

PAR

RENÉ POUPARDIN

Sous-Bibliothécaire au Département des Manuscrits.

PARIS
ERNEST LEROUX, ÉDITEUR
28, RUE BONAPARTE, 28

1905

INTRODUCTION

I. — DUCHESNE

1. — La vie et les œuvres d'André Duchesne ont été l'objet de plusieurs notices[1]. Il suffira donc de rappeler brièvement les traits principaux de sa carrière. Né à l'Ile-Bouchard[2], en Touraine, au mois de mai 1584, de Gabriel Duchesne, seigneur de la Sansonnière, et de Jeanne de Baudry[3], il appartenait à une famille tourangelle qui prétendait descendre d'un Baudouin du Chesne, chevalier, mentionné en 1260[4]. Il commença

1. Elle a été écrite dès le xviie siècle par L'Hermite de Souliers, en partie d'après des renseignements fournis par F. Duchesne, comme le prouve une lettre écrite par L'Hermite à ce dernier, au nom de « la Touraine trop jalouse de l'honneur qu'elle a reçu d'avoir donné le jour à monsieur votre père pour ne pas me solliciter de luy donner la place qu'il mérite avec les illustres de cette province » (ms. fr. 6046, fol. 282). Il l'inséra dans son *Histoire généalogique de la noblesse de Touraine* (Paris, 1665, in-fol., p. 533-545). Il y a d'A. Duchesne une biographie manuscrite, du xviie siècle également, dans le ms. fr. 17676, fol. 80. Les notices que lui ont consacrées le P. Lelong (*Bibl. histor. de la France*, t. III, suppl., p. xv) et Niceron (*Mémoires des hommes illustres*, t. VII, p. 323-335) ont un caractère plus spécialement bibliographique. Comme travaux modernes, on peut citer ceux de Chalmel (*Histoire de Touraine*, Tours, 1841, 4 vol. in-8°, t. IV, p. 150); Carré de Busserolle (*Dictionnaire d'Indre-et-Loire*, t. II [Mémoires de la Société archéologique de Touraine, t. XXVIII], p. 235); C. Couderc dans la *Grande Encyclopédie*, t. XIV, col. 1185); Jal, *Dictionnaire critique*, p. 380, a ajouté quelques indications biographiques nouvelles à celles de ses devanciers.

2. L'Ile-Bouchard, Indre-et-Loire, arr. Chinon, ch.-l. de canton.

3. Il eut deux frères plus âgés que lui, Louis, qui fut seigneur de la Sansonnière, et Pierre, capitaine d'une compagnie d'infanterie, tué aux Pays-Bas.

4. L'Hermite de Souliers, *op. cit.*, p. 533. — Les armes de la famille étaient d'argent, à deux écureuils passants de gueules, le second contourné ou contre-passant.

à Loudun ses études[1], qu'il termina à Paris sous la direction de J.-C. Boulenger[2], et en 1602, à l'âge de dix-huit ans, fit paraître son premier ouvrage, l'*Egregiorum seu electorum lectionum et antiquitatum liber*[3]. Les volumes se succèdent ensuite avec une rapidité prodigieuse. En 1609, Duchesne inaugure ses travaux sur l'histoire de France par la publication des *Antiquités et recherches de la grandeur des rois de France*[4], et dès lors se consacre plus spécialement aux études de ce genre. Les brevets de géographe, puis d'historiographe du roi[5], avec 2.400 livres d'appointements, vinrent le récompenser de ses efforts, et apporter un encouragement aux vastes projets de publication qu'il continuait à pousser avec activité, et pour lesquels il pouvait semble-t-il, compter sur l'appui du cardinal de Richelieu. Un accident imprévu vint l'arrêter dans l'accomplissement de la tâche gigantesque qu'il avait entreprise. Le 30 mai 1640, il tomba de la voiture qui le ramenait à Paris de sa petite propriété de Verrières, si malheusement qu'il se tua dans sa chute. Il fut inhumé dans l'église de Saint-André-des-Arcs[6].

1. Selon une tradition plus ou moins sûre (cf. la notice insérée dans le Cabinet d'Hozier, t. 92, n° 2433, fol. 12), A. Duchesne aurait été quelque temps correcteur d'imprimerie. La chose paraît douteuse, et ses biographes du XVIIe siècle ne font aucune allusion à un épisode de ce genre.

2. Sur les travaux du jésuite Jules-César Boulenger, né à Loudun en 1558, mort à Cahors en 1628, cf. Sommervogel, *Bibliothèque de la Compagnie de Jésus*, t. II, p. 366.

3. *Andreae Quernei Turonensis egregiorum seu electorum lectionum et antiquitatum liber unus.* Ad spectatissimum ornatissimumque virum DD. Jul. Caes. Bulengerum... Paris. J. Le Bouc, 1602, in-12. — C'est un recueil d'extraits se rapportant à divers usages de l'antiquité romaine.

4. *Les antiquités et recherches de la grandeur et majesté des roys de France, recueillies tant des auteurs anciens que des meilleurs écrivains de ce siècle.* Paris, Petitpas, 1609, in-8°.

5. Selon L'Hermite de Souliers (*op. cit.*, p. 538) ce serait à l'occasion du projet de publication des *Scriptores historiae Francorum*, en 1632, que le brevet de géographe et d'historiographe du roi aurait été accordé à A. Duchesne. Mais sa nomination comme géographe est antérieure au 15 septembre 1619, date à laquelle il reçoit ce titre, dans un acte cité par Jal (*Dictionnaire critique*, p. 380).

6. On fait souvent mourir A. Duchesne en Touraine. Cette affirmation ne

A. Duchesne fut marié deux fois. Il eut de sa première femme, Suzanne Soudan ou Soudain, qu'il épousa en 1615, deux fils : François, né à l'Ile-Bouchard, le 22 mars 1616, et André, né le 15 septembre 1619, à Paris, mentionné en 1642 comme étudiant à l'Université de cette ville, mais dont la vie n'est pas autrement connue. Le 20 août 1635, l'historien, devenu veuf, avait épousé en secondes noces Valentine de Vaucorbeil, sœur de Jean de Vaucorbeil, lieutenant des eaux et forêts de la vicomté de Paris[1]. Il n'en eut qu'une fille, Marie, née le 10 mai 1636, et morte six jours après.

François, le seul des enfants d'André qui ait laissé un nom, suivit comme l'on sait la même voie que son père, mais avec moins d'ardeur et de succès que ce dernier, et en consacrant à la littérature légère une part de son activité[2]. Il avait obtenu, par lettres patentes du 14 juin 1640, la survivance des emplois paternels[3], et c'est l'achèvement d'ouvrages entrepris par An-

paraît pas avoir d'autre source que l'anecdote rapportée par l'abbé de Longuerue (*Longueruana*, Berlin, 1757, in-8°), d'après laquelle l'historien, abandonné par Richelieu et contraint par la misère à se retirer en Touraine, serait tombé d'une charette chargée de foin. Mais en réalité il ne paraît jamais avoir encouru la disgrâce de Richelieu (cf. Carré de Busserolle, *Dictionnaire d'Indre-et-Loire*, t. II, p. 235); il mourut et fut enterré à Paris. Le billet mortuaire de l'historien s'est conservé : « Vous êtes priez d'assister au convoy, service et enterrement de defunt noble homme Me André Duchesne, vivant conseiller et historiographe du Roy, decédé en sa maison, rue des Deux-Portes, qui se fera vendredy premier jour de juin 1640, à six heures du matin, en l'église Saint-Benoît sa paroisse, où les dames se trouveront, s'il leur plaist » (Cabinet d'Hozier, t. 92, n° 2433, p. 11). D'autres part les registres paroissiaux de l'église Saint-André-des-Arcs indiquaient au 1er juin 1640 son transfert de Saint-Benoît à Saint-André (ms. fr. 32589, p. 425). Son épitaphe ne se trouve point parmi celles qu'a recueillies M. Raunié, *Épitaphier du vieux Paris* (Paris, 1890-1899, 3 vol. in-4°).

1. Jal, *Dictionnaire critique*, p. 380; cf. ms. fr. 32589, p. 407. — Valentine de Vaucorbeil survécut à son mari et épousa, après la mort de celui-ci, J. Ivard, avocat au Parlement, également conseiller et historiographe du roi.

2. Cf. en particulier les pièces réunies dans le ms. fr. 6046, dont un dépouillement très détaillé a été donné dans le *Catalogue des manuscrits français*, in-4°, t. V, p. 203-205.

3. On ne le trouve cependant pas mentionné parmi les historiographes du roi dans le compte de l'épargne de 1649 (ms. fr. 23045, fol. 126), mais il figure dans celui de 1657 comme touchant 2400 livres de pension (ms. fr. 14127, fol. 4).

dré qui constitue presque exclusivement l'œuvre scientifique de François[1]. C'est principalement à des recherches généalogiques que paraissent s'être rapportés ses travaux personnels, et un grand nombre des volumes qui forment aujourd'hui la collection Duchesne contiennent les recueils de généalogies composées ou copiées par lui, ou la correspondance qu'il échangea à ce sujet avec divers personnages, en particulier avec P. d'Hozier[2]. François Duchesne avait épousé Anne Corrard, qui lui survécut. Il en eut un fils, dont il est question à diverses reprises dans sa correspondance, mais dont la vie ne paraît pas autrement connue, et une fille qui épousa le généalogiste Haudicquer de Blancourt. François mourut à Paris et fut enseveli en l'église de Saint-Étienne-du-Mont, le 8 juillet 1693[3].

2. — L'activité d'A. Duchesne s'est exercée dans des branches assez diverses de l'érudition, et, bien que mort à 56 ans, il a énormément publié[4]. Il est inutile de donner ici une bibliographie de ses œuvres[5]. Il est bon cependant de rappeler ses principaux travaux, pour donner une idée de la nature des documents que l'on peut s'attendre à trouver dans les collections formées par lui. Son premier ouvrage, l'*Egregiorum seu selectorum lectionum et antiquitatum liber*, concernait plus spécia-

1. Les ouvrages parus sous son nom comme l'*Histoire des Papes* (1653), ou le *Traité des officiers qui composent le conseil d'état* (1662) sont le développement ou l'achèvement d'ouvrages entrepris par André.

2. Une grande partie de la correspondance de P. d'Hozier avec François Duchesne se trouve dans le t. 10 de la collection Duchesne. Il faut ajouter qu'elle concerne moins des questions historiques que les parties faites ou à faire par les deux généalogistes dans divers cabarets.

3. Le billet mortuaire de F. Duchesne s'est également conservé (Cabinet d'Hozier, vol. 92, n° 2433, fol. 10).

4. Trop rapidement quelquefois, comme il le reconnaît lui-même, par exemple dans la préface des *Antiquitez* : « Ce livre a été si précipité que je n'ai pas eu seulement le loisir de relire ce que j'escrivois avant de le bailler sous la presse. Aussi plusieurs fautes d'importance s'y sont-elles glissées, ou qui changent le sens du discours et détournent son intelligence, ou qui lui dérobent la grâce ».

5. On la trouvera d'ailleurs dans les notices sur Duchesne citées plus haut, en particulier dans celle du P. Lelong.

lement l'antiquité classique. Ses *Figures du Cabinet des dames*[1] ne semblent guère se rattacher aux ouvrages qui lui ont valu sa gloire, non plus que sa traduction des *Controverses magiques* du jésuite espagnol Martin Delrio[2], relatives aux opérations magiques considérées surtout au point de vue de la répression judiciaire. En 1610, il avait préparé un petit traité sur le couronnement de la reine Marie de Médicis. L'assassinat de Henri IV en rendit la publication inutile, et Duchesne le remplaça par un éloge funèbre du roi[3]. En 1607, il avait traduit les satires de Juvénal[4]. La littérature du Moyen âge et de la Renaissance lui est redevable d'éditions des œuvres d'Alcuin[5], d'Abélard[6], d'Alain Chartier[7], des lettres d'Étienne Pas-

1. *Les figures mystiques du riche et précieux Cabinet des dames, où sont représentées au vif tant les beautés, parures et pompes du corps féminin que les perfections, ornements et atours spirituels de l'âme.* Paris, 1605, in-12. — L'ouvrage est dédié à « messire M. Ruzé, seigneur de Beaulieu, premier secrétaire des commandemens de Sa Majesté », et non à la fiancée de Duchesne (Suzanne Soudain?) comme on le dit parfois.

2. Sur Martin Delrio et ses ouvrages, cf. Sommervogel. *Bibliothèque de la Compagnie de Jésus*, t. II, col. 1894. La traduction d'A. Duchesne parut en 1611 sous ce titre : *Les controverses et recherches magiques de Martin Delrio... divisées en six livres*, traduit et abrégé du latin par André Duchesne, Tourangeau. Paris, Petitpas, 1611, in-8°.

3. *Les tiltres d'heur et de vertu de feu très chrestien Henri IIII. du nom.., accommodez au noble et glorieux surnom de Grand, à lui publiquement donné pour épithète d'honneur....* Paris, Petitpas, 1610, in-8°. Le même ouvrage fut aussi publié sous le titre d'*Épithète d'honneur d'Henri IIII le Grand*, la même année, chez le même libraire.

4. *Les Satyres de Juvénal d'Aquin*, traduites en françois par A. Duchesne, Tourangeau. Paris, Jean Le Bouc, 1607, in-8°.

5. *Beati Flacci Albini, sive Alchuwini abbatis, Karoli magni regis ac imperatoris magistri, opera quae hactenus repereri potuerunt...* ; *accessere B. Paulini Aquileiensis patriarchae contra Felicem Urgell. episc. libri IIIes...*; studio et diligentia Andreae Quercetani Turonensis, Paris, Cramoisy, 1617, in-fol.

6. *Petri Abaelardi, Sancti Gildasii in Britannia abbatis, et Heloisae conjugis ejus... opera nunc primum ex mss. codd. eruta et in lucem edita*, studio et diligentia Andreae Quercetani Turonensis. Paris, N. Buon, 1616, in-4°. Certains exemplaires désignent comme l'auteur de l'édition Fr. d'Amboise qui, d'après l'introduction, communiqua à Duchesne l'un des mss. dont se servit ce dernier. — L'ouvrage est dédié à Benjamin de Brichanteau, évêque de Laon.

7. *Les œuvres de M. Alain Chartier contenant l'histoire de son temps et du règne de Charles VII.* Paris, S. Thiboust, 1617, in-4°.

quier[1], et il avait entrepris la publication de celles de Guillaume du Vair[2].

Mais c'est surtout vers l'histoire de France que se portèrent de bonne heure ses efforts. Il se préoccupa, dès le début de sa carrière, de réunir les monuments anciens pouvant contribuer « à faire chose profitable à la France, recueillant de l'histoire la grandeur et majesté de ses souverains princes »[3], et commença à remplir la tâche qu'il s'était assignée en publiant, en 1609, ses *Antiquités et recherches... des roys de France*[4], qu'il dédia au Dauphin. Les *Antiquités et recherches des villes de France*[5], suivirent de près, préparant la *Description du royaume de France,* dont le projet seul fut publié en 1614[6].

En sa qualité d'historiographe, d'ailleurs, Duchesne se trouvait astreint à divers travaux en quelque sorte officiels, que lui-même jugeait assez absorbants, à en juger d'après une lettre qu'il écrivait en 1628 à l'un de ses amis de Reims[7] : « S'il estoit aussi aisé de composer des histoires comme de

1. *Lettres d'Etienne Pasquier.* Paris, Petitpas, 1619, 3 vol. in-8°.

2. Lettre de Peiresc à Dupuy, du 25 janvier 1624 (*Lettres de Peiresc aux frères Dupuy*, t. I, p. 24).

3. *Antiquitez des roys de France*, Advertissement au lecteur.

4. *Les Antiquitez et recherches de la grandeur et majesté des roys de France, recueillies tant des auteurs anciens que des meilleurs écrivains de ce siècle, et divisées en III livres.* Paris, Petitpas, 1609, in-8°.

5. *Les Antiquitez et recherches des villes, chasteaux et places plus remarquables de toute la France, divisées en huict livres, selon l'ordre et ressort des huict parlements.* Paris, Petitpas, 1609, in-8°. — Dédié à Bruslard de Sillery, grand chancelier de France.

6. *Dessein de la description entière et accomplie du très florissant et très célèbre royaume de France.* Paris, 1614, in-4°. D'après ce projet, la première partie de cette *Description* était destinée à se rapprocher beaucoup de ce qu'on appellerait aujourd'hui une « histoire de la civilisation ». On devait y trouver d'abord des renseignements « sur tout ce que nous pouvons savoir des Gaulois, de leurs mœurs et coustumes, de leur religion, ministres et traditions d'icelle, de leur gouvernement et manière de vivre » ; de même pour les époques postérieures. La seconde partie de l'ouvrage devait être consacrée à la description proprement dite du pays, province par province.

7. Lettre d'A. Duchesne à M. Roger, prévôt de l'échevinage de la ville de Reims (ms. n. acq. fr. 1906, fol. 15).

faire des ouvrages de main, il y a longtemps que je me serois acquitté de celle de Reims, à laquelle je me suis engagé. Car, attendue la volonté que j'en ay conformément à ma promesse, j'aurois prins des ouvriers pour m'ayder, quand le temps m'a manqué. Les commandements du roy, qui me gage et appointe, m'ont tousjours tenu occupé tellement ailleurs, que je n'ay peu me desgager encore jusqu'à présent. Et tout nouvellement on m'a donné charge de travailler ailleurs. Prenant les gages du roy, je ne puis m'excuser de faire ce qui m'est commandé de sa part. » Ce que furent ses occupations comme historiographe du roi, il est difficile de le savoir[1], et quoiqu'il pût en dire, il sut trouver le temps de mener à bien ses travaux personnels. Les histoires généalogiques qu'il a laissées de diverses familles françaises peuvent être considérées comme des modèles, tant au point de vue de l'abondance des documents réunis par l'auteur qu'à celui de l'honnêteté scientifique avec laquelle ces documents ont été mis en œuvre[2]. En 1617, il avait publié l'*Histoire de la maison de Luxembourg*, due à N. Vignier[3]. Lui-même composa celles des maisons de Chastillon[4], de Rais de Breil[5],

1. C'est peut-être dans ce genre qu'il faut ranger un certain nombre de mémoires, demeurés manuscrits : sur la *loi salique* (ms. fr. 17500, fol. 1), sur la principauté d'Orange (collection Dupuy, t. 643, fol. 95), sur le royaume de Lorraine (Dupuy, t. 683, fol. 1), sur les filles de la Maison de France alliées aux hérétiques (ms. fr. 17 500, fol. 16).

2. A titre d'exemple des principes historiques que Duchesne entendait appliquer, on peut citer ces quelques lignes de l'Advis au lecteur de l'*Histoire des papes* : « L'affection que je porte au bien public, où toutes les histoires tendent, en a moyenné l'achèvement. Que si j'ay librement remarqué les vices d'aucuns papes, je l'ay fait selon le pur et simple devoir de l'historien... J'ay principalement suivy les escrivains qui ont pu voir ou entendre ce qu'ils en ont rescité; de mesme à leur défaut ay-je imité ceux qui m'ont semblé moins tenir de la passion, et où j'ay recognu moins de desguisement. »

3. *Histoire de la maison de Luxembourg, par Nicolas Vigner... nouvellement mise en lumière avec autres pièces sur le même sujet*, par André Du Chesne. Paris, Thiboust, 1617, in-8°.

4. *Histoire de la maison de Chastillon-sur-Marne, avec les généalogies et armes des illustres familles de France et des Pays-Bas, lesquelles y ont été alliées....* Paris, Cramoisy, 1621, in-fol.

5. *Généalogie des seigneurs de Rais du Breil....* Paris, 1621, in-4°.

de Montmorency[1], de Vergy[2], de Guines et d'Ardres[3], de Dreux[4], des Chasteigners[5], de Béthune[6]. Il avait également préparé celle de La Rochefoucauld, dont un projet seul a été publié[7], et celle des Bouteillers de la maison de Senlis[8], qui, laissée manuscrite, a été éditée de nos jours. L'histoire provinciale lui est redevable de deux volumes consacrés aux rois et ducs de Bourgogne[9]. Il avait également songé à écrire une histoire de Reims, et commencé à réunir des documents à ce sujet[10].

1. *Histoire généalogique de la maison de Montmorency et de Laval, justifiée par chartes, titres, arrêts, et autres bonnes et certaines preuves....* Paris, Cramoisy, 1624, in-fol.

2. *Histoire généalogique de la maison de Vergy, justifiée par chartes, titres, arrêts, et autres bonnes et certaines preuves....* Paris, Cramoisy, 1625, in-fol.

3. *Histoire généalogique des maisons de Guines, d'Ardres, de Gand et de Coucy, et de quelques autres familles illustres qui y ont été alliées....* Paris, Cramoisy, 1631, in-fol.

4. *Histoire généalogique de la maison royale de Dreux et de quelques autres familles illustres qui en sont descendues par femmes....* Paris, Cramoisy, 1631, in-fol.

5. *Histoire généalogique de la maison des Chasteigners..., justifiée par chartes de diverses églises, arrêts de la cour de Parlement, titres domestiques...* Paris, Cramoisy, 1634, in-fol.

6. *Histoire généalogique de la maison de Béthune, justifiée par chartes de diverses églises....* Paris, Cramoisy, 1639, in-fol.

7. *Généalogie de l'ancienne et illustre maison de La Rochefoucauld, dressée sur les chartes, titres et histoires plus fidèles.* Paris, Martin, 1622, in-fol.

8. Collection Duchesne, t. 51. Il existe également une généalogie de la maison du Plessis-Richelieu, dressée par lui, dans le ms. 3168 de la Bibliothèque Mazarine.

9. *Histoire des roys, ducs et comtes de Bourgongne et d'Arles, extraite de diverses chartes et chroniques anciennes, et divisée en IIII livres.* Paris, Cramoisy, 1619, in-4°. — *Histoire généalogique des ducs de Bourgongne de la maison de France, à laquelle sont ajoutés les seigneurs de Montagu, de Sombernon et de Couches....* Paris, Cramoisy, 1628, in-4°.

10. Cf. la lettre que lui écrit de Reims, le 22 novembre 1626, Jean Roger, prévôt de l'échevinage de Reims (ms. fr. 8334, fol. 1), lui annonçant la découverte d'un ms. curieux pour l'histoire de cette ville, et l'envoi de pièces relatives à l'histoire de Reims. Ces pièces forment aujourd'hui les mss. fr. 8334 et 8335. — Les gens de Reims espéraient tirer de cette publication quelque profit au point de vue de leurs démêlés avec leur archevêque, mais Duchesne s'en défendait, et écrivait à Roger, le 28 décembre 1628 : « Les troubles qui ont esté et peuvent encore survenir entre les archevêques et vous ne pourront pas estre décidez par mes narrations, d'autant que l'historien ne doibt se

Mais son œuvre principale semble avoir été dans sa pensée la publication d'un recueil général des anciens historiens de la France, destiné à remplacer en le complétant celui de P. Pithou. La *Bibliothèque des auteurs qui ont escript l'histoire et topographie de la France*[1], qui parut en 1618, peut être considérée comme l'amorce de cette vaste entreprise. Elle était destinée à « fournir la curiosité louable de plusieurs personnes qui désirent et recherchent journellement toutes nos histoires imprimées, et à exciter ceux qui en ont de manuscrites à les communiquer en public, en corps ou par parcelles », ou à en faire profiter Duchesne lui-même, en vue du recueil qu'il préparait. La publication de celui-ci était décidée dès 1632[2]. L'année suivante Duchesne donnait le plan du *Corpus* projeté[3], pour indiquer en même temps ce qu'il possédait déjà en fait de textes historiques, et inviter les « curieux » à lui signaler ceux qui demeuraient encore inconnus dans les bibliothèques, en particulier les textes diplomatiques. D'après le projet primitif, les *Scriptores historiæ Francorum* devaient comprendre douze volumes[4]. Le plan choisi, à la fois chronologique et topographique[5], était bien conçu, et grâce à ses subdivisions suf-

montrer ni passionné, ny partisan. Et si je faisois autrement, j'aurois sans doute, et à juste raison, Monsieur vostre archevesque en teste, qui me sçauroit bien faire rendre compte de mes discours. Le tout se doibt traiter en sorte que ny les uns ny les autres n'ayent subjet de se plaindre. » (Ms. n. acq. fr. 1906, fol. 15.)

1. *Bibliothèque des auteurs qui ont escript l'histoire et topographie de la France, divisée en deux parties selon l'ordre des temps et des matières.* Paris, Cramoisy, 1618, in-8°.

2. Il en est question dans une lettre de Peiresc à Dupuy, du 15 juillet 1632 (*Lettres de Peiresc aux frères Dupuy*, t. II, p. 315), et depuis cette époque Peiresc ne cesse d'insister sur la nécessité de mettre bientôt le projet à exécution.

3. *Series auctorum omnium qui de Francorum historia et de rebus Francicis scripserunt ab exordio Franciae ad nostra usque tempora, quorum editionem pollicetur Andreas Duchesnius, G. R.* Paris, Cramoisy, 1633, in-fol.

4. Et non vingt comme on le dit souvent.

5. Le volume des *Historiae Normannorum scriptores antiqui*, publié en 1619 (Paris, Cramoisy, in-fol.), pourrait être considéré comme le modèle de cette série d'histoires de telle ou telle province. Il devait y en avoir d'analogues

fisamment larges, devait permettre de respecter l'unité de chaque texte, tout en fournissant des volumes spécialement consacrés à une époque ou à une région déterminée.

L'appel adressé par Duchesne à ses confrères en érudition fut entendu; des documents nouveaux arrivèrent à sa connaissance, et la seconde édition des *Series auctorum*[1], qui parut deux ans après la première, prévoyait 24 volumes pour l'ensemble de la publication. Les deux premiers, dédiés au roi et au cardinal de Richelieu, parurent en 1636[2]. Les deux suivants étaient sous presse lors de la mort d'André, et virent le jour par les soins de son fils, qui donna encore en 1649 un cinquième volume, s'arrêtant au début du règne de Philippe-le-Bel, puis la publication demeura interrompue, sans que François paraisse avoir songé à la continuer.

D'autre part, à côté de l'histoire proprement dite, A. Duchesne avait entrepris un recueil de coutumes de France. L'impression ne paraît jamais en avoir été commencée, mais c'est à ce projet que se rapportent sans doute les copies réunies dans le t. 40 de la collection Duchesne. Ses travaux sur les grands officiers de la couronne présentaient un caractère à la fois historique et généalogique. L'*Histoire des chanceliers et gardes des sceaux* a été publiée en 1680 par les soins de Fr. Duchesne[3]. Celle des Ministres d'État a disparu, à moins que, comme le suppose le P. Lelong, elle ne soit identique à celle que Ch. Combault, baron d'Auteuil, ami des deux Duchesne, publia sous son propre nom en 1642[4].

pour l'Anjou, l'Aquitaine, la Flandre, et en général pour chacun des grands fiefs.

1. Paris, Cramoisy, 1635, in-fol. Duchesne prévoyait alors vingt-quatre volumes, quatorze pour la série chronologique, et dix pour la série topographique.

2. *Historiae Francorum scriptores coaetanei*. Paris, Cramoisy, 1636, in-fol.

3. *Histoire des chanceliers et gardes des sceaux de France, distingués par les règnes de nos monarques depuis Clovis... jusqu'à Louis le Grand, XIVe du nom...* Paris, chez l'auteur, 1680, in-fol.

4. *Histoire des ministres d'État qui ont servi sous les rois de France de la troisième lignée, avec le sommaire des règnes auxquels ils ont vécu...* Paris, Courbé, 1642, in-fol.

A l'histoire politique devait s'ajouter une histoire ecclésiastique de la France. C'est à Duchesne que l'on doit la publicatisn et l'annotation de la *Bibliotheca Cluniacensis* de Martin Marrier [1]. Camuzat, Mabillon et les Bollandistes lui sont également redevables de la communication d'un certain nombre de vies de saints insérées dans leurs recueils hagiographiques [2]. En 1616, lui-même publiait une *Histoire des Papes* jusqu'à Paul V, conçue d'ailleurs particulièrement au point de vue français [3]. Plus tard, à la demande du cardinal de Richelieu, il entreprenait une *Histoire des cardinaux français*, qui fut interrompue par sa mort, mais dont son fils publia en 1660 et en 1666 les deux premiers volumes [4] (l'ouvrage entier devait en comprendre quatre). Mais de l'Histoire ecclésiastique de la France, qu'il annonçait en 1616 dans son *Histoire des papes* [5], il ne paraît avoir rien publié. Il songeait également à donner au public un recueil des lettres des papes, depuis In-

1. *Bibliotheca Cluniacensis, in qua SS. patrum abbatum Cluniacensium vitae, miracula, scripta, statuta, privilegia... collecta sunt*, opera Martini Marrier et Andreae Quercetani, qui hanc notis illustravit. Paris, Fouet, Cramoisy et Nivelle, 1614, in-fol.

2. Cf. Collection Duchesne, t. 38 et 83-86.

3. *Histoire des Papes et souverains chefs de l'Église, contenant les affaires plus mémorables advenues sous l'autorité du Saint Siège apostolique, depuis saint Pierre... jusque à Paul V aujourd'hui séant*. Paris, N. Buon, 1616, 2 vol. in-4°. — Dans la dédicace à Denis-Simon de Marquemont, archevêque de Lyon, Duchesne rattache en quelque sorte l'ouvrage à ses autres travaux en faisant remarquer que « le royaume de France, premier et plus ancien royaume chrestien a seul donné plus de papes au siège apostolique que tous les autres royaumes estrangers ensemble,... comme la France est l'œil et l'ornement du monde. » A. Duchesne fit une autre tentative dans le domaine de l'histoire étrangère en publiant, en 1634, une *Histoire d'Angleterre*, sans grande valeur.

4. *Dessein de l'Histoire de tous les cardinaux françois de naissance, ou qui ont été promus au cardinalat par l'expresse recommandation de nos rois...* Paris, Cramoisy, 1653, in-fol. — *Histoire de tous les cardinaux françois*. Paris, chez l'auteur, 1660, 2 vol. in-fol.

5. *Histoire des papes*, t. II, p. 1196 : « Nous nous réservons d'en parler [des lettres d'Eugène III à Louis VII et à divers seigneurs et prélats français] plus amplement en nostre Histoire ecclésiastique de France, où nous les rapporterons toutes entières, avec une infinité d'autres pièces, et monumens nciens, qui sont à présent entre nos mains. » Cf. *ibid.*, p. 1262.

nocent III[1]. Rien non plus n'en a paru; les matériaux recueillis par lui pour Innocent III furent communiqués par son fils à l'érudit bourguignon J. de Chevanes[2], pour être utilisés dans l'édition préparée par celui-ci, qui resta elle-même inachevée[3].

3. — « On est saisi d'étonnement à la vue des recueils que Duchesne avait composés et qui sont presque tous écrits de sa main. Encore ces recueils, renfermant des chartes, des chroniques, des vies de saints, des généalogies, des lettres de savants et des renseignements de la nature la plus variée, n'ont-ils pas été conservés dans leur intégrité [4]. » En particulier la collection qui a conservé le nom de Duchesne n'en contient qu'une assez faible partie, et peut-être les volumes qu'elle renferme ne sont-ils pas, au point de vue historique, les plus intéressants parmi ceux qui proviennent de Duchesne.

Rien tout d'abord ne paraît s'être conservé des notes ou des matériaux que Duchesne avait dû réunir pour préparer ses éditions d'auteurs anciens ou du Moyen âge. La presque totalité de ce qui a subsisté paraît se rapporter aux travaux historiques qui ont valu à A. Duchesne son surnom de « père de l'histoire de France », et aux documents généalogiques réunis par son fils François.

A. Duchesne avait déployé, pour amasser les matériaux de son *Corpus* des anciens historiens français, une activité prodigieuse. « Il y a six ans et plus, écrivait-il en 1614, que je feuillette les livres tant imprimez qu'escripts à la main, desquels

1. Ou du moins depuis la cinquième année d'Innocent III, date à laquelle s'arrêtait la publication des lettres de ce pape par Bosquet (Toulouse, 1635, 2 vol. in-fol.).

2. Je consacrerai à ce projet de publication une notice spéciale.

3. On trouvera dans la *Bibliothèque* du P. Lelong et dans Chalmel (*Hist. de Touraine,* t. I, p. 154) une longue liste de travaux entrepris par Duchesne et interrompus par sa mort. Quelques-uns ne semblent se rapporter qu'au grand projet de publication des *Scriptores*, comme l'édition de la *Vita Sugerii*, du moine Guillaume, que François donna sous son nom en 1648 (Paris, H. Bouillerot, in-8°).

4. L. Delisle, *Catalogue des actes de Philippe-Auguste*, Introduction, p. XXXII.

j'ay pensé tirer de l'ayde et des secours pour cette œuvre, que je pratique des cognoissances par tous les coins et le milieu de la France pour avoir des mémoires, des tiltres et des enseignements nécessaires à ce sujet, que je m'enquiers, que je cherche, que je fouille partout où je m'imagine trouver quelque advancement, quelque lustre et quelque splendeur pour annoblir et orner ce dessein » [1].

A. Duchesne continua, jusqu'à sa mort, à chercher et à fouiller. Tout d'abord, soit par lui-même, soit par l'intermédiaire de ses nombreux correspondants, il avait formé une petite collection de manuscrits anciens, renfermant des chroniques, des textes littéraires ou administratifs [2]. Quelques-uns de ces manuscrits furent vendus par François à la reine Christine de Suède [3], et se retrouvent aujourd'hui à la Bibliothèque du Vatican. D'autres, en plus grand nombre, furent donnés au ministre Colbert, également par François [4], et firent ainsi retour à la Bibliothèque du roi. On ignore la destinée précise de ceux qui ne figurent point parmi les volumes acquis par Christine ou par Colbert. Certains d'entre eux paraissent être actuellement conservés dans les collections de la Bibliothèque nationale, mais en l'absence de toute cote ancienne, ou de toute mention sur les volumes, indiquant que ceux-ci aient fait partie de la bibliothèque de Duchesne, il est bien difficile de les identifier avec certitude.

Mais la portion la plus considérable des collections de manuscrits de Duchesne se composait de recueils de « mémoires », de copies et d'extraits faits par lui d'après les documents que lui transmirent différents érudits, de sa correspondance avec ces derniers au sujet de différents travaux. Selon le P. Lelong [5], il aurait laissé cent volumes écrits de sa main. Le chiffre est peut-être un peu exagéré, mais la quantité de pièces co-

1. *Dessein de la description du royaume de France*, p. 4.
2. Cf. ci-après, p. 183, Appendice, n° I.
3. Cf. ci-après, p. 190, Appendice, n° III.
4. Cf. ci-après, p. 188, Appendice, n° II.
5. *Bibliothèque historique de la France*, t. III, App., p. XVIII.

piées de la main même de Duchesne n'en est pas moins surprenante, et sa correspondance témoigne des efforts faits par lui pour obtenir communication du plus grand nombre possible de documents relatifs à l'histoire de France. C'est ainsi que Peiresc explora pour lui les bibliothèques méridionales[1] et lui transmit des copies de divers manuscrits de cette région, entre autres d'Eginhard[2]. Justel fournit également à Duchesne des renseignements sur l'histoire de l'Auvergne[3]. Le 27 avril 1622, il annonce à Duchesne l'envoi d'un volume de Petau, qui lui avait été communiqué : « Mais n'en dites rien à personne, car on ne l'auroit pas presté à un autre, et je sçavois bien qu'on ne me le refuseroit pas[4]. » Besly le documenta sur le Poitou[5], Aubert Le Mire sur le Hainaut[6]; Jean Bolland lui envoya des copies des *Annales Bertiniani*[7], et J. Roger des documents concernant Reims[8]. Le Prévost[9] et Jean Bi-

1. Cf. Gassendi, *De vita N. C. Peireskii*, Paris, in-4°.

2. R. Poupardin, *Note sur un manuscrit perdu d'Eginhard et de Roricon*, dans *Annales du Midi*, 1905.

3. Collection Duchesne, t. 46, fol. 196.

4. Clairambault, t. 1021, n° 122 : « J'ay parmi les titres de Beaufort trouvé une dispense du pape Clément, dont je vous envoie coppie, laquelle vous apprendra que le fils de Guy et comte de Forets s'appeloit Louis et fut accordé avec Jeanne de Beaufort, qui eut une sœur mariée à un seigneur de Beaujeu. En travaillant je mets de côté tout ce que je croy que vous serez bien aise de voir... »

5. Cf. ms. fr. 2812, fol 193-202.

6. Lettre d'Aubert Le Mire à Duchesne, ms. franç. 2812, fol. 189.

7. *Historiae Francorum scriptores*, t. III, p. 150; Mélanges Colbert, t. 46, fol. 280.

8. Cf. *supra*.

9. Lettre de Le Prévost à A. Duchesne, du 26 juin 1638 (Collection Duchesne, t. 38 fol. 356) : « Monsieur. — Voicy la vie de notre saint Remy, que je vous avois promise l'hyver dernier, lorsque j'acquis l'honneur de vostre connoissance. Si j'ay différé de vous l'envoyer un peu trop longtemps, je supplie votre courtoisie d'interpréter en bonne part ce retardement, et ne l'imputer au privilège du bon pays, mais aux dificultez qui se sont présentées lorsque je me suis efforcé de transcrire la pièce, qui n'estoit pas en ma disposition. Celuy de messieurs les religieux de Sainct-Ouen, qui est dépositaire du manuscrit, dont je l'ay extraicte, a de si grands et continuels employs dans sa maison qu'ayant luy-mesme commencé de l'extraire, il a esté contrainct de me permettre d'achever en son absence, et pour cet effet m'abandonner le livre,

got[1] dépouillèrent pour lui les manuscrits des bibliothèques ecclésiastiques de Rouen, et ce dernier mit à la disposition de Duchesne quelques-uns des volumes de sa propre collection. On pourrait multiplier les exemples de ce genre.

A. Duchesne fit d'ailleurs libéralement profiter ses amis des documents ainsi réunis par lui, et si, en « mettant ainsi au poing des larrons la clef de ses trésors »[2], il s'exposa à quelques désagréments[3], bien des publications utiles furent faites néanmoins d'après des copies communiquées par lui. Son fils François, auquel après sa mort passa sa bibliothèque, continua sur ce point les traditions paternelles. Je citerai seulement, à titre d'indication, quelques-uns des érudits qui eurent recours à l'obligeance des possesseurs de « ce cabinet d'où escoulent comme d'une fontaine par tout le monde des ruisseaux de science[4] ». D'Achery donna ses éditions du

contre l'ordinaire de ceux de sa profession, qui sont assez jaloux de leurs titres et monuments. Aussy ce seroit à sa franchise et non à mon petit et inutile service que l'obligation tourneroit, s'il en pouvoit naistre d'un tel sujet. Mais comme nous nous estimons, luy et moy, très obligez de ce que vous nous permettez de contribuer de si peu à un dessein tel que le vostre, et qui ne demande rien que de grand, il ne nous reste qu'un regret, qu'il faille faire parade de nostre pauvreté... »

1. Lettre de Jean Bigot à A. Duchesne, du 3 janvier 1633 (Coll. Duchesne, t. 80, fol. 120) : « Monsieur, A mon retour des champs, j'ay trouvé vos lettres, lesquelles m'ont doublement resjouy, tant pour le témoignage qu'elles m'ont donné d'estre encore honoré de votre souvenir que pour le très louable et désiré ouvrage que vous entreprenez, lequel sera très estimé par tout le monde, et vous assure que le libraire qui l'imprimera sera très riche de ce seul livre, ou plutôt bibliothèque, laquelle grossira à chaque impression et donnera après subject au libraire de mettre en pareil volume les aultres autheurs françois en leur langue naturelle. Pour ce que vous désirez de moy, je vous offre tout ce que je possède et m'oblige de publier partout votre honorable dessein afin de tâcher de vous contenter, et ne négligeray de vous mander particulièrement tout ce que je pourray descouvrir. » — Cf. deux autres lettres de J. Bigot à A. Duchesne, Collection Duchesne, t. 95, fol. 16, et t. 30, fol. 184.

2. Lettre de Besly à A. Duchesne, ms. fr. 2812, fol. 193.

3. Il eut ainsi, en 1628, malgré « son ingénuité et sa débonnaireté », des « picques » avec MM. de Sainte-Marthe (*Lettres de Peiresc aux frères Dupuy*, t. I, p. 680), avec lesquels il se trouvait quelques années auparavant dans les meilleurs termes, leur fournissant des pièces et des renseignements historiques (ms. n. acq. fr. 6208, fol. 126, 188, 190).

4. Lettre de Delaunay à F. Duchesne (Coll. Duchesne, t. 46, fol. 64).

Chronicon Centulense, d'Hariulf[1], et du *De vita sua*, de Guibert de Nogent[2], d'après des copies effectuées par A. Duchesne sur des manuscrits aujourd'hui perdus. J. Bigot, en échange des renseignements et des extraits fournis par lui, obtint communication d'un recueil relatif à l'histoire de Normandie[3]. F. Duchesne prêta également à Marca des pièces sur l'histoire de Béarn[4], à Dufourny des mémoires de Louvet sur la noblesse du Beauvaisis[5] ; à l'érudit bourguignon De Chevanes des extraits de divers cartulaires[6], de manuscrits de Guillaume de Saint-Amour[7], des notes prises en vue de l'édition des lettres d'Innocent III[8] ; à P.-G. de Sainte-Marthe une vie du président Henri de Mesme[9] ; au jurisconsulte Doujat diverses lettres sur l'histoire du XVIe siècle[10] ; à Élisabeth, fille légitimée de France, une vie de Robert d'Arbrissel[11] ; à l'abbaye de Saint-Germain-des-Prés une copie des *Actus pontificum Cenomannensium*[12] ; à celle de Saint-Victor un recueil de lettres de Clément IV[13].

1. *Spicilegium*, t. IV, p. 419. — Cf. Hariulf, *Chronique de Saint-Riquier*, éd. F. Lot, Paris (1895, in-8° ; Collection de textes pour l'étude et l'enseignement de l'histoire, fasc. 17), introduction, p. LIX.
2. *Guiberti de Novigento opera*. Paris, 1651, in-fol., p. 456. La copie de Duchesne, d'après laquelle fut faite l'édition de d'Achery, se trouve aujourd'hui dans le t. 42 de la collection Baluze.
3. Ms. fr. 15248, fol. 1. J. Bigot dit avoir fait un « extrait d'un livre in-fol., lequel estoit ms., touchant les abbez de Saint-Oüen de Rouen, lequel me fust presté par M. Duchesne, Tourangeau, l'an 1621. » Ce volume (cf. ci-après, p. 189, app. II, n° 12) est aujourd'hui le ms. fr. 24946 de la Bibliothèque nationale.
4. *Histoire de Béarn*. Paris, 1640, in-fol., introduction.
5. Collection Duchesne, t. 46, fol. 39.
6. *Ibid.*, fol. 97.
7. *Ibid.*, fol. 67 et 69.
8. Cf. *supra*.
9. Collection Duchesne, t. 30, fol. 219.
10. Collection Duchesne, t. 46, fol. 28.
11. Ms. franç. 6046, fol. 268.
12. J. Havet, *Les actes des évêques du Mans*, dans la *Bibliothèque de l'École des chartes*, 1893, p. 646. — Ce manuscrit forme aujourd'hui les fol. 68 à 144 du t. 45 de la Coll. Baluze.
13. Coll. Duchesne, t. 46, fol. 28. — En outre, comme « un océan inépuy-

La bibliothèque d'André Duchesne, ainsi qu'il vient d'être dit, passa à son fils François. Celui-ci accrut les collections de manuscrits formées par son père d'un certain nombre de volumes de notes, de copies, de mémoires et de lettres concernant principalement ses propres travaux généalogiques. Beaucoup de pièces, en particulier, lui furent transmises par N. Camuzat; ce sont soit des copies de chartes faites par l'érudit troyen dans divers dépôts d'archives de la Champagne, soit même des documents originaux du XVIe siècle provenant des archives de la famille de Dinteville sur lesquelles il avait mis la main, et qu'il distribua libéralement entre ses amis [1]. François, d'ailleurs, se défit des manuscrits anciens recueillis par son père, ou tout au moins d'une grande partie d'entre eux [2]. Il laissa également passer, on ne sait trop comment, dans divers cabinets, un certain nombre des volumes les plus intéressants réunis par André [3]. Les meilleurs, au point de vue historique, échurent à Baluze, et c'est dans les tomes 38 à 61 de la Collection Baluze qu'il faut chercher la portion la plus considérable des copies de chroniques et surtout de cartulaires que Duchesne transcrivit de sa main ou reçut de ses correspondants [4]. D'autres « mémoires » passèrent dans la bibliothèque de Colbert. La liste de ceux-ci s'est conservée [5]; mais il est probable qu'une partie d'entre eux fut restituée à Fr. Duchesne ou à ses ayant droit, car on en retrouve quelques morceaux dans la Collection Duchesne, telle qu'elle existe actuellement. Quelques manus-

sable pour les vrays estimateurs de bons livres » (Lettre de Besly à Duchesne, ms. fr. 2812, fol. 195), on s'adresse à lui pour se tenir au courant des nouveautés littéraires, et ses amis mettent en rapport avec lui, pour cet objet les étrangers de marque de passage à Paris. Cf. pour le nonce de Flandre, une lettre de J.-J. Chifflet (Collection Duchesne, t. 46, fol. 121), pour le cardinal J. Aléandre une lettre de Peiresc (*ibid.*, fol. 114).

1. Je dois ce renseignement à l'obligeance de M. L. Dorez.

2. Cf. *suprà*.

3. L. Delisle, *Le Cabinet des manuscrits*, t. I, p. 333.

4. On en trouvera un état sommaire dans la *Bibliothèque de l'École des chartes*, t. XXXV, 1876, p. 272-3. Le vol. 263 de la collection Baluze, qui contient des Chroniques du Limousin, provient aussi de Duchesne.

5. Ci-après, p. 192, Appendice, n° IV.

crits, enfin, passèrent dans des cabinets divers, notamment à Saint-Germain-des-Prés[1], et plusieurs d'entre eux se trouvent ainsi disséminés dans les divers fonds de la Bibliothèque nationale. C'est ainsi que la copie du *Chronicon Centulense* se trouve aujourd'hui dans le ms. lat. 12 893; le ms. fr. 16675 contient, toujours de la main d'André, des extraits du cartulaire de la Trinité de Vendôme; le ms. lat. 10190 des extraits de celui du Saint-Sépulcre de Jérusalem : il y a des extraits de divers cartulaires, de la même main, dans le tome 103 de la collection De Camps (aujourd'hui ms. nouv. acq. fr. 7433), et la copie de la Chronique de Richard le Poitevin a passé dans un volume de mélanges, le ms. lat. 17556, entré à la Bibliothèque nationale avec le fonds des Blancs-Manteaux[2].

Quant au lot important qu'avait conservé François Duchesne[3], il échut, après la mort de ce dernier, à son gendre Haudicquer de Blancourt. Celui-ci, généalogiste de son état, avait débuté comme copiste dans le cabinet de d'Hozier. Convaincu d'avoir fabriqué et contrefait d'anciens titres de noblesse, il fut condamné, le 3 septembre 1701, par la Chambre de l'Arsenal, à une prison perpétuelle, et mourut, détenu au château de Caen, vers le commencement de 1714. Le 10 juillet 1708 un arrêt du Conseil d'État attribua à la Bibliothèque du roi les papiers saisis chez Haudicquer.

Ces manuscrits comprenaient 59 volumes de recueils historiques ayant appartenu aux Duchesne, et 20 registres généalogiques provenant d'Haudicquer[4]. Tous furent réunis en une même série et figurent sous les cotes 9612 A et suivantes, inscrits de la main de l'abbé de Targny dans le Catalogue de la Bibliothèque du Roy, au début du XVIIIe siècle[5]. Lors de la refonte du

1. L. Delisle, *Le Cabinet des manuscrits*, t. I, p. 333.

2. Cf. E. Berger, *Richard le Poitevin* (Bibliothèque des Écoles françaises d'Athènes et de Rome, série in-8°, fasc. VII), p. 76.

3. Sur les destinées de ces mss. cf. L. Delisle, *loc. cit.*

4. Il y a de ces 80 volumes un inventaire sommaire du XVIIIe siècle dans les mss. 5711 et 5712 des nouv. acq. françaises.

5. Ms. nouv. acq. franç. 5410.

Cabinet des titres, au milieu du XIXe siècle, les vingt registres de généalogies d'Haudicquer furent versés dans la série des volumes reliés dudit Cabinet des titres, où ils reçurent les numéros 86 à 105[1]. On les remplaça, ainsi que l'indique une note de la main de Michelant, par 60 volumes « tirés du Cabinet ou qui n'avaient pas encore été intercalés ». Ces volumes représentent « les volumes et portefeuilles qui étoient contenus en six gros paquets sous le nom de M. Duchesne et de M. Oyénart », au XVIIe siècle[2]. On les avait numérotés de 1 à 60 et abusivement désignés sous le nom d'Oihénart, parce qu'ils renfermaient, avec un bien plus grand nombre de recueils venant des deux Duchesne, la portion des papiers de l'historien gascon entrée dans les collections de Colbert. A ces volumes vinrent s'ajouter le n° 97 *bis*, retiré du Supplément latin, le n° 120, entré à une date indéterminée à la Bibliothèque et rapproché des autres après coup, et enfin le n° 121, donné en 1828 par le généalogiste Arminot.

En résumé la Collection Duchesne actuelle comprend les recueils historiques et généalogiques d'André et de François Duchesne, diminués de très nombreux volumes de copies et d'extraits passés dans d'autres collections, en particulier dans celle de Baluze, et augmentés de vingt-trois volumes de papiers d'Oihénart, dont il faut indiquer brièvement l'historique.

4. — Arnaud d'Oihénart[3], né le 9 août 1592, syndic du Tiers-État de Soule le 30 avril 1623, puis « avocat au Parlement de Bordeaux et intendant de la maison de Monseigneur le comte de Grammont, » établi à Saint-Palais, mourut vers la fin de l'année 1667[4]. Les recherches qu'il eut à faire pour la défense des

1. Aujourd'hui mss. franç. 31862-31883.

2. Ms. fr. nouv. acq. 5532, fol. 19, qui donne un état sommaire de ces recueils.

3. Sur ce personnage il existe une bonne étude de M. J.-B.-E. de Jaurgain, *Arnaud d'Oihénart et sa famille* (Paris, 1885, in-8°; extrait de la *Revue des Basses-Pyrénées et des Landes*).

4. La date exacte de cette mort est inconnue.

privilèges des Souletins[1], ou des intérêts de la famille de Grammont, contribuèrent sans doute à lui donner le goût des travaux d'archives. En tout cas on le voit, durant les années 1631 et suivantes[2], explorer divers dépôts pour y relever les documents relatifs à l'histoire du pays basque ou de la Gascogne en général, et ce travail aboutit en 1637 à la publication de la *Notitia utriusque Vasconiae*[3].

Les recueils de copies formés par Oihénart furent, comme ceux de Duchesne, dispersés après sa mort. En 1675 son fils Gabriel, juge de la sénéchausséé de Saint-Palais, en donna 23 volumes à Colbert[4]. Ce sont ces volumes qui ont été incorporés dans la collection Duchesne, dont ils constituent aujourd'hui les tomes 96-99 et 101-119.

Mais d'autres volumes, et les titres anciens réunis par l'historien gascon, étaient restés dans sa famille, à Saint-Palais. C'est là que dom Martène et dom Durand les consultèrent en 1711, chez son petit-fils[5]. Cette collection fut à son tour démembrée. En 1753, A. de Ricouart, comte d'Hérouville, inspecteur d'infanterie, au cours d'une de ses tournées, acquit de Bernard-Étienne d'Oihénart, lieutenant-colonel d'infanterie, un certain nombre de ces manuscrits. Parmi eux se trouvait un exemplaire du *Jouvencel*, de Jean de Bueil, qu'il communiqua à La Curne de Sainte-Palaye[6]. D'Hérouville avait, paraît il,

1. Collection Duchesne, t. 46, fol. 97.

2. En tête de chaque série de notes prises par Oihénart dans les divers dépôts où il travailla se trouve indiquée la date à laquelle les extraits furent faits. Le relevé des principales indications de ce genre a été fait par M. de Jaurgain, *op. cit.*, p. 23, n. 2.

3. *Notitia utriusque Vasconiae, tum Ibericae, tum Aquitanicae, qua, praeter situm regionis et alia scitu digna, Navarrae regum caeterarumque in iis insignium vetustate et dignitate familiarum stemmata ex probatis auctoribus et vetustis monumentis exhibentur* Paris, Cramoisy, 1637, in-fol.

4. Au moins est-ce en 1675 qu'ils furent portés dans la bibliothèque de Colbert, comme l'indique une note de la collection Baluze, t. 100, fol. 76 : « Pour le port de deux ballots des mémoires de feu M. Oihénart, 3 livres 19 sous. » Cf. L. Delisle, *Cabinet des manuscrits*, t. I, p. 452, n.

5. *Voyage littéraire de deux Bénédictins*, Paris, 1717-1724, 2 vol. in-4°, t. I, 2e partie, p. 12.

6. *Mémoires de l'Académie des Inscriptions*, t. XXVI, p. 721.

l'intention de donner ces volumes à la Bibliothèque du roi [1], mais il ne paraît pas avoir donné suite à son projet. D'autres manuscrits, restés aussi à Saint-Palais, se trouveraient aujourd'hui en la possession de Mme la comtesse de Brancion [2].

Enfin quelques « mémoires », distraits à une époque indéterminée des papiers d'Oihénart se retrouvent aujourd'hui épars dans diverses collections. Le ms. fr. 16674, qui provient de Galland, contient (fol. 317) un mémoire d'Oihénart « touchant l'usurpation du royaume de Navarre »; le ms. fr. 20210 une généalogie de la famille d'Andoins; le ms. fr. 20222, fol. 169, une notice sur la maison de Grammont; le ms. Dupuy 590, fol. 123, un extrait d'une *Navarra injuste rea;* les ms. Baluze 14 et 16 des copies de bulles et autres pièces concernant le Béarn.

II. — BRÉQUIGNY

Louis-Georges-Oudart Feudrix de Bréquigny, né le 22 février 1714 [3] à Gainneville (Seine-Inférieure), membre de l'Académie des Inscriptions (1759) et de l'Académie française (1772), mourut à Paris le 3 juillet 1795. Sa vie et ses œuvres ont été l'objet de notices assez étendues pour qu'il soit inutile d'y revenir ici [4]. — Il suffit d'indiquer sommairement ceux des divers travaux de cet historien auxquels se rapportent plus particu-

1. Secousse, *Histoire de Charles II*, t. I, p. 363.

2. Jaurgain, *Arnaud d'Oihénart*, p. 25, n. — Selon le même historien, un dernier lot des papiers d'Oihénart, resté à Saint-Palais, aurait passé dans le cabinet de l'abbé de Vergès, historiographe de France et se trouverait vraisemblablement aujourd'hui parmi les fonds non classés du Séminaire d'Auch.

3. Ou 1716, selon certains biographes. Mais en 1793 Bréquigny écrit lui-même qu'il a 79 ans (Collection Bréquigny, t. 157, fol. 313).

4. Dacier, *Notice sur la vie et les ouvrages de Bréquigny*, dans la *Table chronologique des chartes et diplômes*, t. IV (1836), p. XXII; et pour tous les travaux qui se rapportent aux publications du Cabinet des chartes, X. Charmes, *Le Comité des Travaux historiques*. Paris, 1836, in-4° (*Collection de documents inédits*), tome I, passim.

lièrement les pièces contenues dans les 165 volumes qui constituent aujourd'hui, à la Bibliothèque nationale, la collection dite de Bréquigny.

C'est à l'étude de la langue grecque que s'était d'abord consacré cet érudit : il publia, en 1751 et 1752, deux volumes de *Vies des orateurs grecs*[1], contenant celles de Lysias et de Dion Chrysostome. M. de Malesherbes l'engagea à donner de la *Géographie* de Strabon[2] une édition nouvelle, accompagnée d'une traduction, dont le premier volume parut en 1763, mais ne fut suivi d'aucun autre, car les circonstances firent prendre à l'activité de Bréquigny une direction toute différente.

Lorsqu'à la mort de Secousse, en 1754, M. de Villevault[3], alors conseiller à la Cour des aides, fut chargé de continuer l'édition du *Recueil des Ordonnances*, il demanda qu'on lui adjoignît, comme collaborateur, Bréquigny qui avait été son ami d'enfance. En raison des occupations professionnelles de Villevault, puis de sa maladie, ce fut Bréquigny qui prit en réalité la part principale à la publication des tomes X à XIV de l'ouvrage[4].

Ces travaux le désignèrent pour entrer, en 1762, dans le Comité des chartes, que Bertin venait d'organiser sur la proposition de Moreau, et pour remplir en Angleterre la mission dont il fut chargé en 1764[5], mission dont l'objet était, comme l'on

1. *Vie des anciens orateurs grecs*, Paris, Nyon fils, 2 vol. in-12. — Les papiers relatifs à la préparation de cette édition se trouvent dans les tomes 27, 49 et 86 de la Collection Bréquigny.

2. *Strabonis rerum geographicarum libri XVII ad fidem mss. emendati, cum latina Xylandri interpretatione recognita.* Paris, 1763, in-4°. La traduction complète se trouve aux tomes 148-150 de la Collection Bréquigny.

3. Sur M. de Villevault et la part prise par lui à la publication, cf. la notice de Bréquigny dans les *Ordonnances des rois de France*, t. XIV, préface p. XXXIII, et le mémoire du même, du 8 septembre 1787, publié par X. Charmes, *Le Comité des travaux historiques*, t. I, p. 290.

4. Les t. X à XIII parurent sous les noms de Villevault et Bréquigny, le t. XIV, après la mort de Villevault, sous celui de Bréquigny seul.

5. Sur cette mission en Angleterre, en dehors du *Comité des travaux historiques*, de X. Charmes, cf. Champollion, *Correspondance de M. de Bréquigny relative à ses recherches sur l'histoire de France dans les archives d'Angleterre* (Paris, 1831, in-8°) et la préface mise par le même en tête des *Lettres de rois*,

sait, de recueillir dans les diverses archives de ce pays, en particulier à la Tour de Londres, les documents concernant l'histoire de France. Son travail, poussé avec acharnement, dura deux ans et demi, et les copies de plusieurs milliers de pièces qu'il en rapporta forment aujourd'hui les volumes 623 à 733 de la Collection Moreau[1].

Mais il ne s'était pas borné à rechercher et à faire copier les seuls documents destinés à entrer dans les recueils du Cabinet des chartes. Il s'était attaché, comme il le dit lui-même, à ne laisser passer aucun papier sans l'avoir examiné, et sans avoir cherché à en tirer « les détails propres à éclaircir quelques points de l'administration de nos provinces, à rappeler le souvenir de quelques usages oubliés, à jeter du jour sur les généalogies de notre noblesse. » C'est ce qui explique que tous les papiers relatifs à la mission d'Angleterre n'aient pas passé au Cabinet des chartes et par suite dans la Collection Moreau. Dans la Collection Bréquigny proprement dite se trouvent conservées des descriptions de manuscrits de bibliothèques anglaises, des notes relatives à divers points d'histoire locale et généalogique, les minutes et les pièces annexes des rapports sur les recherches faites à Londres, etc.[2].

D'autre part, depuis quelques années, Bréquigny était devenu l'un des principaux collaborateurs de la publication de la *Table chronologique des pièces imprimées concernant l'histoire de France*, pour la direction de laquelle il remplaça, en 1763, son ami La Curne de Sainte-Palaye. Ses recherches à Londres n'interrompirent que peu son travail[3], et le premier volume de la *Table* parut en 1769. Comme membre du Comité des

de reines, etc. des archives d'Angleterre. Paris, 1839-1847, 2 vol. in-4° (*Collection de documents inédits*).

1. Cf. H. Omont, *Inventaire des manuscrits de la collection Moreau*, p. IX et 36-39.

2. Collection Bréquigny, n°s 75-77, 83, 93, 96-105.

3. Pendant le séjour de Bréquigny à Londres, Moreau écrivait à Sainte-Palaye : « Si M. de Bréquigny était ici et avait avec lui son ouvrage, rien ne seroit plus facile [que de faire imprimer la *Table*]. Malheureusement il l'a emporté avec luy... » (Collection Bréquigny, t. 163, fol. 159).

chartes, il prit également la part principale à la rédaction du premier volume des *Diplomata*[1], qui ne parut qu'en 1791. Dans un tout autre domaine, il avait été, en 1781, chargé de surveiller l'impression des *Mémoires relatifs à la Chine*, que, sous l'inspiration de Bertin, publiaient les missionnaires jésuites de Pékin[2].

La Révolution vint suspendre les travaux du Comité des chartes, mais, dès la fin de l'année 1790, Bréquigny fut désigné pour faire partie de la Commission des monuments[3], chargée de « marquer d'un sceau d'élection tous les objets nécessaires à l'histoire et utiles aux arts, au milieu des destructions nécessaires que l'amour de la liberté et de l'égalité commandoit ». Malgré son âge, il paraît avoir pris une part assez active aux travaux de ce comité. On lui doit notamment un assez curieux projet de constitution de musées-bibliothèques dans les églises désaffectées[4] et l'un des rapports sur les travaux de la Commission, présentés au Comité d'instruction publique de la Convention[5].

1. Collection Bréquigny, nos 28, 44, 46, 51, 53, 54, 62, 133, 157.

2. Collection Bréquigny, nos 1-23, 58, 106-114, 121-126.

3. Sur les origines de la Commission des monuments cf. J. Guillaume, *Procès verbaux du Comité d'Instruction publique de l'Assemblée législative*, Introduction, p. XIV-XVI; et *Commission des Monumens. Exposé succinct des travaux*. S. l. n. d., in-8°, p. 2-5, et principalement, pour tout ce qui concerne les travaux de ladite commission, les *Procès-verbaux de la Commission des monuments* (1790-1794), publiés et annotés par Louis Tuetey (Paris, 1902-1903, 2 vol. in-8°; Société de l'histoire de l'art français). — Avant même la constitution de la Commission des monuments, le Comité d'aliénation avait eu occasion de faire appel au concours de Bréquigny, pour « conférer avec des personnes instruites dans les divers genres de connaissances sur la conservation des monuments, ouvrages d'art et autres objets précieux qui se trouvent dans les maisons ecclésiastiques » (Lettre de La Rochefoucauld, président du Comité d'aliénation, du 31 octobre 1790; Collection Bréquigny, t. 157, fol. 305).

4. Collection Bréquigny, t. 157, fol. 330; L. Tuetey, *Procès-verbaux de la Commission des monuments*, t. I, p. 265 et suiv.

5. L. Tuetey, *Procès-verbaux de la Commission des monuments*, t. II, 33-34. Le secrétaire de la commission, Mulot, écrit le 1er octobre 1793 à Bréquigny : « Citoyen collègue, la Commission des monumens a lu avec sensibilité les témoignages d'attachement que vous lui donnez. Elle regrette que votre santé

Ces occupatiens multiples n'empêchèrent d'ailleurs pas Bréquigny de collaborer activement aux *Mémoires de l'Académie des Inscriptions* [1], au *Journal des Savants*, sans parler d'un recueil périodique, qui s'imprimait en Hollande sous le titre de *Bibliothèque française* [2].

En dehors des notes et papiers relatifs à ces diverses publications, la collection de Bréquigny contient un certain nombre de lettres et de mémoires concernant ses relations avec les érudits de son temps [3]. Parmi ceux-ci il faut faire une place à part à La Curne de Sainte-Palaye. C'est dans la Collection Bréquigny que se sont conservés beaucoup de documents, de notices de mss., etc., concernant les travaux de Sainte-Palaye, ou même ses rapports avec son frère et le roi Stanislas [4].

Les papiers de Bréquigny furent légués par lui à son collaborateur et ami La Porte du Theil, et à la mort de ce dernier en 1815, furent réunis aux collections de la Bibliothèque royale [5]. Ils se trouvaient alors renfermés dans 23 cartons,

ne vous permette pas d'assister à ses séances, mais profitant de vos offres, elle me charge de vous annoncer qu'elle vous a choisi pour faire conjointement avec les citoyens Sergent, président, et Mulot, secrétaire, le tableau des travaux de la Commission depuis son origine jusqu'à ce moment » (Collection Bréquigny, t. 157, fol. 319).

1. On trouvera l'indication des mémoires publiées par Bréquigny dans ce recueil, soit dans la *Table* des *Mémoires*, de MM. de Rozière et Châtel (Paris, 1856, in-4°), soit dans l'article consacré à Bréquigny dans la *Grande Encyclopédie* par L.-G. Pélissier. — Cf. Collection Bréquigny, n°s 78-80.

2. Collection Bréquigny, n° 75.

3. Collection Bréquigny, n°s 24, 25, 50.

4. Collection Bréquigny, n°s 48, 62, 66, 68, 131, 144, 147. — Les manuscrits de Sainte-Palaye ont d'ailleurs passé pour partie dans la Collection Moreau, pour partie à la Bibliothèque de l'Arsenal. Cf. L. Delisle, *Le Cabinet des manuscrits*, t. I, p. 571-576.

5. L. Delisle, *op. cit.*, t. II, p. 284. — Le 6 brumaire an IX, La Porte du Theil écrit au consul Le Brun : « Héritier et possesseur de tous les papiers de M. de Bréquigny, qui me les avoit donnés en propre, j'ai enrichi la Bibliothèque nationale de plus de 20.000 pièces, fruit des recherches de cet homme si recommandable dans les archives de la Tour de Londres ». Il s'agit sans doute des volumes de copies aujourd'hui conservés dans la Collection Moreau, entrés à la Bibliothèque seulement en 1796, un an après la mort de Bréquigny (H. Omont, *Inventaire de la Collection Moreau*, p. IX, n. 2).

dont il existe un inventaire manuscrit très détaillé, mais parfois inexact, au t. Ier du recueil de *Petits catalogues* [1], dus à Champollion-Figeac. Depuis cette époque les pièces, dont on a conservé l'ordre ancien [2], ont été reliées en 165 volumes format généralement in-folio. Un inventaire très sommaire [3] de ceux-ci a été publié, en 1874, par M. L. Delisle.

1. Ms. nouv. acq. fr. 5531, fol. 102. Il en existe également un état sommaire, dû à Lalande, dans le ms. fr. nouv. acq. 5668.

2. Les pièces se suivant dans les volumes dans le même ordre que dans les cartons, j'ai cru inutile de donner une concordance entre les deux séries. Les volumes sont tous reliés en parchemin blanc, de formats assez divers. Comme chacun d'eux contient des pièces de nature et de grandeur très différentes, j'ai cru également inutile, pour les volumes de mélanges, de donner des dimensions ou des indications de format approximatif. Cette dernière observation s'applique également aux volumes de la collection Duchesne.

3. *Bibliothèque de l'École des chartes*, t. XXXV, p. 277-282.

COLLECTION DUCHESNE

1

Catalogues des archevêques et évêques de France.

Listes des évêques des villes dont les noms suivent :

Fol. 1. Lyon. — Fol. 12. Autun. — Fol. 14 v°. Langres. — Fol. 17 v°. Mâcon. — Fol. 20. Chalon-sur-Saône (laissé en blanc). — Fol. 23. Rouen. — Fol. 26. Bayeux. — Fol. 27. Avranches. — Fol. 28. Évreux. — Fol. 29. Séez. — Fol. 30 v°. Lisieux. — Fol. 32. Coutances. — Fol. 33. Tours. — Fol. 36. Angers. — Fol. 38 v°. Le Mans. — Fol. 41. Rennes. — Fol. 44. Nantes. — Fol. 48 v°. Vannes. — Fol. 49. Léon. — Fol. 49 v°. Cornouailles. — Fol. 50 v°. Tréguier. — Fol. 51 v°. Saint-Brieuc. — Fol. 53. Saint-Malo. — Fol. 55. Dol. — Fol. 57. Sens. — Fol. 61. Chartres. — Fol. 64. Auxerre. — Fol. 67. Troyes. — Fol. 69 v°. Orléans. — Fol. 72 v°. Paris. — Fol. 78. Meaux. — Fol. 80 v°. Nevers (laissé en blanc). — Fol. 83. Besançon. — Fol. 86. Belley (laissé en blanc). — Fol. 87. Metz, Toul, Verdun (laissés en blanc). — Fol. 93. Reims. — Fol. 96. Soissons. — Fol. 99. Châlons-sur-Marne. — Fol. 202. Laon. — Fol. 204 v°. Senlis. — Fol. 207. Beauvais. — Fol. 210. Amiens. — Fol. 213. Noyon-Tournai. — Fol. 217 v°. Thérouanne. — Fol. 220 v°. Cambrai-Arras. — Fol. 225. Bourges. — Fol. 228 v°. Clermont. — Fol. 231 v°. Rodez. — Fol. 232 v°. Albi. — Fol. 233 v°. Cahors. — Fol. 235. Limoges. — Fol. 239. Mende. — Fol. 239 v°. Le Puy. — Fol. 242. Castres. — Fol. 242 v°. Vabres. — Fol. 243. Tulle. — Fol. 244. Saint-Flour.

Fol. 245. Bordeaux. — Fol. 248 v°. Agen. — Fol. 250. Angoulême. — Fol. 253. Saintes. — Fol. 256. Poitiers. — Fol. 259. Périgueux. — Fol. 261. Condom. — Fol. 261 v°. Maillezais. — Fol. 262. Luçon. — Fol. 262 v°. Sarlat (laissé en blanc). — Fol. 263.

Auch. — Fol. 266. Dax. — Fol. 267. Lectoure. — Fol. 268. Comminges. — Fol. 269. Conserans (laissé en blanc). — Fol. 270. Aire. — Fol. 271. Bazas. — Fol. 272. Tarbes. — Fol. 273. Oloron. — Fol. 274. Bayonne. — Fol. 275. Narbonne. — Fol. 276. Béziers. — Fol. 277. Agde. — Fol. 278. Carcassonne. — Fol. 279. Nîmes. — Fol. 280. Lodève. — Fol. 281. Saint-Pons-de-Thomières. — Fol. 282. Alet. — Fol. 283. Montpellier. — Fol. 284. Uzès. — Fol. 285. Toulouse. — Fol. 287. Pamiers. — Fol. 288. Mirepoix. — Fol. 289. Montauban (laissé en blanc). — Fol. 290. Lavaur. — Fol. 291. Rieux (laissé en blanc). — Fol. 292. Lombez. — Fol. 293. Saint-Papoul. — Fol. 295. Aix. — Fol. 296. Riez. — Fol. 297. Apt. — Fol. 298. Fréjus. — Fol. 299. Gap. — Fol. 300. Sisteron. — Fol. 301. Vienne. — Fol. 305. Valence. — Fol. 308. Viviers. — Fol. 309. Grenoble. — Fol. 311. Genève. — Fol. 312 v°. Maurienne. — Fol. 313. Arles. — Fol. 316. Marseille. — Fol. 318. Orange. — Fol. 319. Saint-Paul-Trois-Châteaux. — Fol. 320. Toulon. — Fol. 321. Avignon. — Fol. 323. Carpentras. — Fol. 324 v°. Vaison. — Fol. 326. Cavaillon. — Fol. 327. Embrun. — Fol. 329. Digne. — Fol. 330. Grasse. — Fol. 331. Vence. — Fol. 332. Glandèves. — Fol. 333. Senèz. — Fol. 334. Nice.

334 feuillets. — Table alphabétique des diocèses en tête du volume.

2

Formulaire des papes Jules II et Paul III.

Recueil de bulles et de pièces diverses extraites des registres de Jules II et de Paul III ;

Copie du milieu du XVIe siècle. — 185 feuillets.

3

Mélanges. — Recueil de contrats de mariage.

Fol. 1. Mémoire sur la préséance des princes étrangers dans l'Ordre du Saint-Esprit, dressé par le sieur d'Hozier (1687). — Fol. 5. Extrait des registres du Grand Conseil : installation du chancelier Boucherat et séance du 6 mars 1687. — Fol. 24. « Contrerolle du logement du fauxbourg Saint-Anthoine a commencé à la porte Saint Anthoine du costé droit, allant à Picquepuss. » — Fol. 44. Mémoires sur les droits de préséance des ducs et pairs et sur ceux de la maison de Lorraine (1687). — Fol. 64. Procurations générales données par le cardinal Mazarin à J.-B. Colbert (2 février 1660; imprimé, in-fol.). — Fol. 70. Requêtes de M. Louis Bruant des Carrières, conseiller du roi, contre la veuve et les héritiers de Colbert, au sujet de la possession d'une maison rue Neuve-des-Petits-Champs (30 décembre 1683 et 4 février 1684; imprimés, in-fol.). — Fol. 77. Opposition formée par J. Monicault, avocat, contre l'élection de Me H. Dheulland comme syndic des avocats au Conseil du roi (23 janvier 1690; imprimé, in-fol.). — Fol. 84. Extrait des registres du Parlement : installation du chancelier Boucherat et séance du 6 février 1687 (cf. fol. 5). — Fol. 92. Notice sur Louis Boucherat et sa nomination aux fonctions de chancelier (1685).

Contrats de mariage de divers personnages :

Fol. 100. François de Clèves, duc de Nivernais, et Marie d'Estouteville (2 octobre 1559). — Fol. 106. Antoine de Croy, prince de Portien, et Catherine de Clèves (4 octobre 1560). — Fol. 112 v°. François de Clèves, comte d'Eu, et Anne de Bourbon (6 septembre 1561), et pièces se rapportant à ce mariage.—Fol. 124. François d'Orléans, comte de Dunois, et Françoise d'Alençon (6 avril 1505). — Fol. 128. Ferdinand le Catholique et Germaine de Foix (19 octobre 1505). — Fol. 129. François, comte d'Angoulême, et Claude de France (22 mai 1506). — Fol. 133. Antoine de Luxembourg, comte de Brienne, et Gillette de Coëtivy (17 juin 1516). — Fol. 137. Charles de Bourbon, comte de Vendôme, et Françoise d'Alençon (16 mai 1513). — Fol. 143 v°. Charles, duc de Lorraine, et Claude de France (19 janvier 1558). — Fol. 145. François II et Marie Stuart (19 avril 1558). — Fol. 147. Charles IX et Elisabeth d'Autriche. — Fol. 149. Henri III et Louise de Lorraine (14 février 1575). — Fol. 150. Henri IV et Marie de Médicis (15 avril 1600). — Fol. 152. Louis XIII et Anne d'Autriche (20 août 1612).

Fol. 156. Épitaphe satirique du cardinal de Richelieu. — Fol. 158. « Le concert Barentin », pièce satirique (de la main de F. Duchesne).

Fol. 160. Contrats de mariage de divers personnages : Bernard, marquis de Baden, et Françoise de Luxembourg (19 mars 1533). — Fol. 164. Philippe le Long et Jeanne de Bourgogne (2 mars

1295). — Fol. 169. Marie de Bourbon et Thomas de Savoie (10 octobre 1624). — Fol. 174. Charles, duc de Lorraine et Marie-Anne-Françoise Pajot (18 avril 1662). — Fol. 176. Charles de Valois et Marguerite, fille de Charles II, roi de Sicile (28 décembre 1289). — Fol. 180. Philippe de Valois et Jeanne de Bourgogne (juin 1313). — Fol. 183. Robert d'Estouteville et Marguerite de Montmorency (janvier 1351) — Fol. 186. Jean de Bourbon, comte de la Marche, et Catherine de Vendôme (28 septembre 1364). — Fol. 190. Louis de Bourbon, comte de Vendôme, et Blanche de Roucy (21 décembre 1414). — Fol. 194. Charles d'Anjou, comte du Maine, et Isabelle de Luxembourg (15 décembre 1443). — Fol. 200. Jean de Bourbon, comte de Clermont, et Jeanne de France (23 décembre 1446). — Fol. 206. Robert d'Estouteville et Ambroise de Loré (31 mars 1446-1447). — Fol. 210. Louis de Bourbon, comte de Vendôme, et Jeanne de Laval (26 avril 1466). — Fol. 228. François de Bourbon, comte de Vendôme et Marie de Luxembourg (4 septembre 1487). — Fol. 237. Anguilbert de Clèves et Charlotte de Bourbon (23 février 1489). — Fol. 245. Charles VIII et Anne de Bretagne (16 décembre 1491). — Fol. 249. Louis XII et Anne de Bretagne (1er janvier 1499). — Fol. 252. Henri, duc de Longueville, et Louise de Bourbon (5 mars 1617). — Fol. 256. Catherine Henriette de France, fille légitimée de Henri IV, et Charles de Lorraine, duc d'Elbeuf (19 janvier 1619). — Fol. 261. Charles de Lorraine, prince de Vaudémont, et Nicole de Lorraine (1621). — Fol. 265. Charles de Créquy, maréchal de France, et Françoise de Lesdiguières (13 décembre 1623). — Fol. 269 [Gaston], duc d'Orléans, fils de Henri IV, et mademoiselle de Montpensier (14 janvier 1608). — Fol. 270. Charles, comte de Soissons et Anne de Lucé (3 décembre 1601). — Fol. 280. Philippe-Guillaume, prince d'Orange, et Léonore de Bourbon (19 novembre 1606). — Fol. 284. Gaston, duc d'Orléans, et mademoiselle de Montpensier (cf. fol. 269). — Fol. 287. Henri, prince de Condé, et Charlotte de Montmorency (2 mars 1609). — Fol. 296. Philippe II d'Espagne, et Élisabeth de France (20 juin 1559). — Fol. 303. Jean, fils de saint Louis, et Yolande de Bourgogne (7 juin 1258). — Fol. 304. Hugues le Brun, comte de la Marche, et Béatrice de Bourgogne (7 juillet 1266). — Fol. 305. Ferdinand, fils du roi de Castille, et Blanche, fille de saint Louis (7 juillet 1266), et extraits relatifs aux frères de saint Louis (de la main d'A. Duchesne). — Fol. 307. Joachim de Chastenay et Jeanne de Chaumont (26 janvier 1575). — Fol. 311. « Bibliotheca Gallo-Suecica sive syllabus operum selectorum quibus Gallorum Suecorumque, hac tempestate belli proferendi, pacis evertendae studia publico exhibente, Erasmus Irenicus collegit... » (pièce satirique ; la fin manque).

326 feuillets.

4

Mélanges historiques.

Fol. 1. Lettres de Martin Meurisse, évêque de Madaure, à A. Duchesne (13 janvier 1633 et s. d.). — Fol. 5. Extraits des registres du Trésor des chartes relatifs à la famille de L'Aubespine. — Fol. 8. Vente faite par Hugues de Chaumont à l'abbaye de Saint-Victor de Paris (1182). — Donation du comté de Chaumont en Vexin à Guillaume de Chaumont par Charles VII (mars 1423, n. st.). — Fol. 13. Accord entre Guillaume, comte de Chaumont, et Jean de Mello (24 novembre 1338). — Fol. 14. Accord entre Galeas, Jacques et Bernard de Chaumont (21 avril 1518). — Fol. 35. Extraits de titres de l'abbaye de la Pitié de Rameru, au diocèse de Troyes (XIIIe-XVe siècle). — Fol. 44. Fondation du prieuré de Longpont [v. 1061]. — Fol. 45. Vente faite au chapitre de Troyes par Jean de Valery (décembre 1227). — Fol. 46. Donation faite à l'abbaye d'Auchy par Gui de Dampierre (1118). — Fol. 48. Lettre de N. Camuzat (20 octobre, s. d.). — Fol. 49. Accord entre Jean de Sens, seigneur de Marigny, et Jean de Balaines, tuteur des enfants de Guillaume de Chaumont (14 décembre 1513). — Fol. 50. Charte de Hugues I, comte de Troyes, pour Montiéramey (1120). — Fol. 51. Extraits du nécrologe du prieuré de Notre-Dame-en-l'Isle au diocèse de Troyes. — Fol. 52. Généalogie de la famille de Dinteville, et pièces la concernant (1470-1554). — Fol. 75. Lettre de Camuzat (7 février, s. d.). — Fol. 76. Notes relatives à la famille de Vauldrey (XVe-XVIe siècle). — Fol. 83. Famille de Choiseul (1210-1543) et extraits divers (1084-1553) la concernant. — Fol. 107. Instructions données à M. de Tailladis par Henri, duc de Guise, prisonnier à Ségovie (2 novembre 1651). — Fol. 108. Certificat de noblesse donné par le duc Victor-Amédée II de Savoie à un gentilhomme. — Fol. 109. Lettres d'Alexandre II et de Grégoire VII à Raoul, archevêque de Tours.

Fol. 111. « Discours de la France, composé l'an 1580 »; copie de la main d'A. Duchesne. — Fol. 119. Note sur l'histoire de l'administration des Eaux et Forêts jusqu'à la fin du XVIe siècle. — Fol. 122. Chartes d'Alfonse VI et d'Alfonse VII, rois de Léon, pour le monastère de Saint-Servan de Ségovie (1058-1129). — Fol. 129. Extraits des Registres aux Mémoriaux de la ville d'Arras (1428-1429). — Bulles de Jean XXII relatives à l'excommunication de Louis de Bavière (1328). — Fol. 140. Liste des prévôts des marchands et des échevins de Paris (1411-1547). — Fol. 147. Extrait du tome III de la chronique de Vincent Reversey, préchantre de Sens (chartes des XIe-XIIe s.). — Fol. 155. Chartes du monastère de Cormery (1080-1275). — Fol. 166. Fiefs de la chatellenie de Beaumont. — Fol. 167. « Ordinatio facta de releveiis feodorum Wlcassini gallici » (1230). — Fol. 168. Serment prêté par Archembaud de Bourbon à Philippe-Auguste (mars 1215). — Fol. 169. Règlement du partage de l'héritage de Charles de Valois entre ses fils (janvier 1322). — Fol. 171. Extraits de l'inventaire des titres de la Chambre de Champagne relatifs à la châtellenie de Vitry. — Fol. 173. Extraits de titres relatifs à la maison de Bourbon. — Fol. 175. Extraits d'un Cartulaire de Champagne. — Fol. 178. Chartes de Villeloin (18 mai 859-27 mai 863). — Fol. 182. Lettre de C. de Combauld à Duchesne sur la généalogie des comtes de Clermont (22 juin 1631). — Fol. 184. Extraits des titres de l'église de Beauvais, de Froidmont et de Cauvigny. — Fol. 189. Extraits du Cartulaire de Notre-Dame de Josaphat. — Fol. 195. Extraits des titres de Cheminon. — Fol. 197. Extraits des cartulaires de l'église de Paris. — Fol. 209. Chartes de la Daurade de Toulouse (1077-1115). — Fol. 211. Extraits des chartes de l'abbaye de Loroy. — Fol. 215. Extraits du cartulaire du prieuré de Variville. — Fol. 216. Extraits de l'histoire de Saint-Vaast d'Arras par Guiman. — Fol. 217. Extraits du cartulaire de Froidmont (1136-1649). — Fol. 229. Remontrances adressées au roi par le Parlement de Toulouse au sujet des religionnaires de Castres. — Fol. 234. Catalogue des abbés de Montiéramey d'après le cartulaire.

Fol. 236. Bulles d'Innocent II et de Lucius II pour l'église de Paris. — Fol. 343. Vie de Louis de Montjoye, chambellan de

Charles V. — Fol. 306. Extrait des registres du Parlement (1611-1636). — Fol. 335. Bulle de Clément VII autorisant le culte à Arles et à Avignon des bienheureux Pierre de Luxembourg et Louis Alemand (9 avril 1527). — Fol. 336. Donation faite par Louis IX aux Trinitaires de la chapelle de Fontainebleau (juillet 1259). — Fol. 338. Fondation par Louis IX d'une église à Fontainebleau (1269). — Fol. 330. Harangue au cardinal de Richelieu, prononcée par [Pierre Fenouillet], évêque de Montpellier (23 septembre 1632). — Fol. 342. Harangue de M. de Sabran à la Seigneurie de Gênes. — Fol. 344. Extraits des registres du Parlement concernant le duc de Vendôme (17 mai 1641). — Fol. 346. Mémoire au conseil du roi au sujet de l'élection de l'abbesse de Notre-Dame de Bourbourg. — Fol. 348. Brevet du roi en faveur de la reine mère pour la nomination aux évêchés et abbayes de ses domaines (4 janvier 1644). — Fol. 349. « Cérémonie que l'on observe lorsque le roi donne le bonnet à un cardinal ». — Fol. 350. Estimation de la dépense d'un ambassadeur à Rome durant trois années. — Fol. 354. Déclaration de guerre du roi de France à la République de Venise (13 avril 1509). — Fol. 360. Mémoire touchant les droits du roi de France sur le royaume de Naples. — Fol. 365. Note sur l'élection et le couronnement des Papes. — Fol. 366. Capitulation du duc de Montpensier pour le royaume de Naples (octobre 1495). — Fol. 367 v°. Traité entre les rois de France et d'Aragon au sujet dudit royaume (mai 1502). — Fol. 370. Arrêt du conseil du roi interdisant à Louise de la Roche-sur-Yon de prétendre aucun droit sur les biens de la maison de Bourbon (3 avril 1537). — Fol. 371. Remarques sur les *Libertés de l'église gallicane* de P. Pithou. — Fol. 379. Couronnement du pape Grégoire XIV. — Fol. 386. Érection de la terre de Richelieu en duché-pairie (4 septembre 1631). — Fol. 388. Érection de la terre de Saint-Simon en duché (1er février 1635). — Fol. 393. Érection de la seigneurie d'Aiguillon en duché de Puylaurens (incomplet, suivi d'un fragment du titre d'érection du duché de La Rochefoucauld). — Fol. 403. « Histoire de Mélicerte, par M. L. C. D. L. » (de la main de F. Duchesne).

320 feuillets; les fol. 16 à 34 manquent. — Nombreuses pièces, en particulier les fol. 35-41, 130-133, etc. de la main de Nic. Camuzat.

5

Recueil de généalogies.

Généalogies des familles dont les noms suivent :

P. 1. Vicomtes de Thouars. — P. 6. Vignerot. — P. 9. Louvel. — P. 11. De Louvencourt. — P. 25. De Hault. — P. 27. De Rougé. — P. 30. Gillier. — P. 38. Levesque. — P. 39. Des Fossés. — P. 45. De la Croix. — P. 49. De Hardentun. — P. 51. De Biencourt. — P. 53. De Susanne. — P. 55. De Ligny. — P. 57. De Calonne. — P. 59. De Fouilleuses. — P. 61. De Pipemont. — P. 63. Clément. — P. 75. De Brancas. — P. 77. De Baylens. — P. 79. Clérembault. — P. 83. De Simiane. — P. 88. De Beaumanoir. — P. 90. De Balzac. — P. 92. D'Amboise. — P. 98. De Savonnières. — P. 103. Du Chastelet. — P. 106. De Grouches. — P. 108. De Cremeaulx. — P. 112. De Felix. — P. 116. De Barville. — P. 120. De Montberon. — P. 126. Descendants de Clotaire Ier. — P. 128. De Lusignan. — P. 130. De La Rochefoucault. — P. 150. De Liniers. — P. 154. De La Rochefaton. — P. 162. De Beaumont. — P. 170. De Peugerais. — P. 173. D'Argenton. — P. 175. De Furstenberg. — P. 181. D'Agoult. — P. 186. Gombault. — P. 188. De Mailleret. — P. 189. De La Rochemon. — P. 190. De Moy. — P. 194. De Barbesières-Chemerault. — P. 195. Vignerot (cf. p. 6). — P. 196. De Guémadeuc. — P. 201. De Campremy. — P. 202. Du Chastelard. — P. 206. De Montlyard. — P. 208. De Boyseon. — P. 210. De Crevecœur. — P. 222. De Limoges. — P. 225. De Longueval. — P. 232. De Mailly. — P. 242. De Mornay. — P. 253 *ter.* De Saint-Blimont. — P. 257. De Rambures. — P. 260. De Héricourt. — P. 267. De Sailly. — P. 270. De Saveuse. — P. 274. Tiercelin. — P. 280. De Rumet. — P. 283. De Morviller. — P. 285. Le Picard. — P. 289. De Wignacourt. — P. 293. De Clere. — P. 301. D'Ongnies. — P. 307. De ~~Fleilly~~. Heilly.

307 pages ; les p. 13-24, 41-44, 71-74, 157-161, 216-225, etc. sont blanches.

6

Recueil de généalogies.

Généalogies des familles dont les noms suivent :

Fol. 1 v°. Gorillon. — Fol. 6. De Gennes. — Fol. 10. D'Arcussia. — Fol. 11. De France. — Fol. 14. Le Moutonnier. — Fol. 15. Barbery. — Fol. 18. Le Gay. — Fol. 19. De Lancy. — Fol. 22. Le Prestre. — Fol. 26. Guérapin. — Fol. 27. De La Reynie. — Fol. 30. Raoult. — Fol. 31. Flahault. — Fol. 34. De Campagne. — Fol. 40. Testart (et notes concernant cette famille). — Fol. 51. Partenay. — Fol. 59. Arbalestrier. — Fol. 61. De Bailly. — Fol. 67. De Vitré. — Fol. 68. Du Parc. — Fol. 71. D'Acigné. — Fol. 81. De Lannion (au fol. 87; accord entre Jean II, duc de Bretagne et Roland de Dinant, 1282). — Fol. 97. Hemery. — Fol. 101. Champion. — Fol. 102. De Languenoez. — Fol. 103. Gueho. — Fol. 104. Le Vayer. — Fol. 105. De Bellovan. — Fol. 106. De Rimaison. — Fol. 107. Lamoureux. — Fol. 109. De Montfort. — Fol. 110. De Redoret. — Fol. 111. Thommelin. — Fol. 113. Letelier. — Fol. 127. Comtes de Soissons. — Fol. 132. Charreton. — Fol. 140. De Prunelay. — Fol. 141. Le Fevre. — Fol. 143. Villet. — Fol. 144. De Villette. — Fol. 145. Guérin. — Fol. 149. Turpin. — Fol. 156. De La Chastre. — Fol. 160. Bourdin. — Fol. 166. Le Fevre. — Fol. 170. Séguier. — Fol. 172. D'Aquin. — Fol. 191. De Bar. — Fol. 197. Lestocq. — Fol. 201. Arrêt déboutant Charles Boullanger de ses prétentions au titre d'écuyer (6 novembre 1669).

202 feuillets; les fol. 3-5, 7-9, 23-26, 48-50, 54-58, 63-66, 94-96, 116-124, etc. sont blancs.

7

Mélanges généalogiques.

Fol. 1. Généalogie de la maison de Landais. — Fol. 13. Maison de Gaulcher. — Fol. 45. Maison de Vieupont. — Fol. 53. Maison de Mornay. — Fol 61. Maison de Montfort. — Fol. 63. Maison de Pas. — Fol. 75. Maison de Saint-Blimont. — Fol. 81. Maison de Creil. — Fol. 85. Vers adressés à divers membres de la famille d'Aubigné. — Fol. 96. Généalogie de cette famille. — Fol. 115. Maison d'Aubigny ou Aubigné-Brient. — Fol. 157. Donation faite à l'église de Pruillé, par Pierre d'Échelles (28 octobre 1350). — Fol. 165. Déclaration des biens et droits appartenant aux chanoines de Saint-Merry de Linas. — Fol. 169. Reconnaissance de la créance de Michel Daniel, marchand de Toulon, contre les héritiers d'Antoine-Benoit de Clermont-Tonnerre, évêque de Fréjus (10 septembre 1683). — Fol. 171. Demande en remise de dette adressée au roi par Louis et Jacques Donneau (1692). — Fol. 173. Arrêt du grand conseil en faveur des chevaliers de Saint-Lazare (27 février 1672). — Fol. 175. Arrêt relatif à l'instruction de l'affaire des Poisons (7 avril 1679). — Vente d'une rente de 1.500 l. par Claude de Guénégaud à Pierre d'Hozier (9 juillet 1677). — Fol. 179. État de la succession de Jean de Gavay (15 juin 1512). — Fol. 182. Pièces relatives à la succession de Jean d'Allix (1675). — Fol. 199. Extrait de l'inventaire des terres dépendant de la seigneurie de Champdaloux. — Fol. 201. Mémoire concernant le remboursement adjugé à Louis Duplessier de Genonville par arrêt du Conseil d'État du 28 janvier 1673. — Fol. 205. Pièces relatives à la généalogie de la famille Foubert. — Fol. 209. — Extraits concernant la maison de Neufchatel. — Fol. 215. Famille Gervier. — Fol. 219. Lettres patentes d'Henri III autorisant Claude Blatier à changer son nom en celui de Belley (décembre 1584). — Fol. 221. Famille Nogent d'Aquin. — Fol. 239. Nomination de Pierre Leand comme conseiller secrétaire honoraire de la maison du roi 27 janvier 1672). — Fol. 240. Nomination de François Fournier comme greffier du conseil (28 décembre 1652). — Fol. 244. Lettres d'anoblissement de la famille de Lesguisé (3 juin 1430). — Fol. 248. Donation de Henri Cadoret à son fils (16 octobre 1410).

Pièces diverses relatives à la noblesse des familles dont les noms suivent.

Fol. 250. Duché. — Fol. 251. Guillerault. — Fol. 253. Lormarin. — Fol. 257. Turpin. — Fol. 259. Le Féron. — Fol. 261. Vrevin. — Fol. 263. Clément.

Fol. 267. Extraits de montres des archives de la Chambre des Comptes (imprimé, in-fol.). — Fol. 271. Extraits de diverses montres des xve et xvie siècles. — Fol. 285. État de la noblesse de la généralité de Limoges. — Fol. 293. Inventaire de lettres d'anoblissement. — Fol. 297. Rôle de la compagnie d'hommes d'armes du roi commandée par M. de La Guiche (26 octobre 1628). — Fol. 305. Liste des gouverneurs et seigneurs de Provence. — Fol. 320. Maison des Grimaldi. — Fol. 323. Gouverneurs de Dauphiné. — Fol. 331. Notices sur les premiers présidents du Parlement de Dauphiné, par Guy Allard. — Fol. 356. Liste des conseillers au Parlement de Dauphiné, des membres de la Chambre des comptes, etc., en 1671. — Fol. 371. « Noms et armes de ceux qui ont esté gouverneurs et grands-baillifs de... Béthune ». — Fol. 377. Liste des abbés de Sainte-Geneviève, Saint-Victor de Paris, etc. — Fol. 373. Note sur diverses seigneuries de la comté de Bourgogne. — Fol. 381. Premiers présidents de la Cour des Monnaies (1522-1662). — Fol. 382. Généraux des Monnaies (1296-1339).

382 feuillets ; les fol. 71-74, 154-156, 315-318, 327-330, 348-354, 366-370, etc. sont blancs.

8

Recueil de généalogies et de pièces généalogiques.

Fol. 1. Testament de Louis, duc d'Orléans (19 octobre 1403), copie du début du xve siècle, parchemin. — Fol. 14. Lettre relative aux affaires d'Italie adressée à M. de Malras (14 juillet 1557). — Fol. 15. Instructions données par le duc de Toscane à M. d'Abain (23 mai 1588). — Fol. 20. Instructions données au même par Henri III (13 avril 1588).

Généalogies de diverses familles :

Fol. 23. Famille Echalard. — Fol. 27. Famille Chasteigner, et lettres écrites à ce sujet à Duchesne, par Henri-Louis [Chasteigner de la Rochepozay], évêque de Poitiers (14 janvier 1635-9 août 1638) et par Besly (10 juillet 1635-18 octobre 1637). — Fol. 43. Famille de Lezay. — Fol. 49. De Rochechouart. — Fol. 51. De Maillé. — Fol. 53. De Dercé. — Fol. 56. De Beaumont. — Fol. 57. Rouault et Boucher. — Fol. 61. Lettre de Henri-Louis [de la Rochepozay], évêque de Poitiers, à Duchesne (10 juillet 1634). — Fol. 62. Famille De Magné. — Fol. 63. De Lezay. — Fol. 64. De la Grèze. — Fol. 67. Du Puy.

Fol. 69. Donation de « Girerius de Castenario » à Fontevrault [1170]. — Fol. 70. Extraits des titres de la maison de Champdenier.

73 feuillets.

9

Correspondance de François Duchesne.

Lettres adressées à F. Duchesne par M. de Montmaur, élu en l'élection du Bas-Limousin (16 juillet 1643-5 janvier 1685).

98 feuillets.

10

Correspondance de François Duchesne.

Lettres adressées à F. Duchesne par Pierre d'Hozier (27 janvier 1652-27 septembre 1660) et par Nicolas Camuzat; parmi ces dernières, au fol. 153, une lettre de Paul Petau (6 février 1613).

185 feuillets.

11

Recueil de pièces relatives à l'histoire de Rennes, par Michel Le Bouré, chanoine de cette ville.

Fol. 1. Litanies et notes sur les reliques de divers saints. — Fol. 1 *ter*. Statuts du chapitre de Rennes. — Fol. 25. Instructions pour la célébration de la messe selon les décrets du concile de Trente (en italien). — Fol. 31. Miracles de saint Yves (1541). — Fol. 34. Bulle de Calixte III pour les chanoines de Rennes (21 mars 1455). — Fol. 35 v°. Catalogue des évêques de Rennes jusqu'en 1639. — Fol. 49. Fragment relatif aux origines de l'église de Rennes. — Fol. 50. Cérémonial de l'entrée des ducs de Bretagne à Rennes. — Fol. 54. État, pour une année, des recettes de l'église de Rennes. — Fol. 60 v°. Extrait des registres du Parlement concernant les privilèges de ladite église (17 janvier 1624). — Fol. 62. Liste de redevances et droits de procuration dus à l'évêque de Rennes (1587-1588).

74 feuillets.

12

Liste des Secrétaires du Roi.

Liste des 240 secrétaires du roi conservés en vertu de l'édit d'avril 1672, précédée d'une table alphabétique des noms desdits secrétaires. — Fol. 36. Interdiction faite par les maréchaux de France à MM. de Chastillon de se battre contre MM. de Goulard et du Puy-Cadoret.

147 feuillets; les fol. 36 *bis*, 57 et 137-147 sont blancs.

13

Recueil de généalogies.

Généalogies des familles dont les noms suivent :

Fol. 1. D'Estrées. — Fol. 2. De Themines. — Fol. 3. De Pas. — Fol. 4. De Senneterre. — Fol. 5. Le Valois d'Aubigné. — Fol. 6. De Brichanteau. — Fol. 7. De Cougny. — Fol. 8. Brulart. — Fol. 9. Bavyn. — Fol. 10. Poussemothe-Thiersanville. — Fol. 11. Hohenzollern. — Fol. 14. De La Vallée. — Fol. 15. De Clermont. — Fol. 15 *bis*. De Barville. — Fol. 16 *bis*. De Goussé. — Fol. 18. De Beaujeu. — Fol. 19. Brisson. — Fol. 20. De Gigault. — Fol. 21 Le Febvre. — Fol. 22. Le Maistre. — Fol. 23. Bonnot. — Fol. 24. Morin. — Fol. 25. De Polliart. — Fol. 26. Bavyn. — Fol. 27. De Chabenat. — Fol. 28. D'Albert. — Fol. 29. Aubery. — Fol. 30. Bouette. — Fol. 31. Le Normant. — Fol. 32. D'Ailly. — Fol. 34. Bouette. — Fol. 35. De Gigost. — Fol. 36. Le Bey. — Fol. 37. De Pluviers. — Fol. 38. Prevost. — Fol. 39. Baudet, Brisson, Le Normant. — Fol. 40. Le Normant. — Fol. 42. Roy. — Fol. 43. De Chastillon. — Fol. 44. Le Maistre. — Fol. 46. Vaillant de Guélis. — Fol. 47. Du Haultoy. — Fol. 48. Prevost. — Fol. 49. Montmorency. — Fol. 50. De Mesmes. — Fol. 51. Maison de Lorraine. — Fol. 52. Roy. — Fol. 53. Du Cambout. — Fol. 54. De Conflans. — Fol. 55. Le Camus. — Fol. 58. De Saveuse. — Fol. 59. De Machault. — Fol. 61. De Bron. — Fol. 62. D'Albert. — Fol. 62 *bis*. De Rostaing. — Fol. 63. Faucon. — Fol. 63 *bis*. De Mesmes. — Fol. 63 *ter*. Le Fevre. — Fol. 65. D'Aquin. — Fol. 66. De Crevecœur. — Fol. 67. Bazin. — Fol. 69. De Froullay. — Fol. 70. Huault. — Fol. 71. D'Albert (cf. fol. 62). — Fol. 72. Maison de Lorraine. — Fol. 73. De Beaumanoir. — Fol. 74. Le Boulanger. — Fol. 75. Le Tellier. — Fol. 76. Notes généalogiques diverses. — Fol. 80. Anoblissement de Jacques de Boullemer (s. d.). — Fol. 87. Maison de Courtenay. — Fol. 88. D'Amboise. — Fol. 90. Le Picart. — Fol. 92. De Felins. — Fol. 93. Fragments divers.

Fol. 100. Berthelot. — Fol. 103. Robert de Gramont. — Fol. 105. Lettre de M. de Villebreuil à M. du Plessis (23 décembre 1689). Fol. 107. Roy. — Fol. 108. De Bragelonne. — Fol. 111. Testament de Guillaume Manessier (1561). — Fol. 112. Lettre du s[r] Allaire à Mme la comtesse de Poussay (28 décembre 1678). — Fol. 113. Fragments divers. — Fol. 130. De Conflans. — Fol. 131. Ripault. — Fol. 133. De Coste. — Fol. 137. Milon. — Fol. 138. Pièces relatives à la généalogie de la famille de La Coste. — Fol. 139. De Verthamon. — Fol. 140 et 142. Copie de montres de 1411. — Fol. 143. Fragments divers. — Fol. 149. François. — Fol. 149 *bis*. Landais. — Fol. 150. Lefébvre. — Fol. 157. Du Merle. — Fol. 159. La Rochebernard. — Fol. 160. Renneval. — Fol. 161. Renty. — Fol. 162. Bardin. — Fol. 163. De Laval. — Fol. 166. Ravenel. — Fol. 168. Fragments divers. — Fol. 177. Fragment d'une généalogie de la maison des Budes (imprimé, in-fol.). — Fol. 179. De la Trémouille. — Fol. 180. De Harlay. — Fol. 181. Brulart. — Fol. 182. De Beauvais. — Fol. 187. Arrêt de la Cour des aides, du 29 décembre 1615, reconnaissant la noblesse du sieur de Rumet (imprimé, in-4°). — Fol. 195. Famille de Rumet. — Fol. 197. « Le portrait d'une véritable fortune », pièce de vers par Nanteuil (placard imprimé). — Fol. 198. De Meulant. — Fol. 199. Regnault. — Fol. 200. Notes sur la maison de Polignac. — Fol. 203. D'Humières. — Fol. 204. De Crevant. — Fol. 205. De La Chastre, de Cugnac, de la Grange.

208 feuillets.

14

Numéro non employé.

15

Généalogies. — Mélanges.

Fol. 1. Famille de Cugnac. — Fol. 2. D'Eschelles. — Fol. 3. Ferrand. — Fol. 4. Foucaut. — Fol. 5. De Sens. — Fol. 7. De Cardenac. — Fol. 9. De Senneterre. — Fol. 10. Colbert. — Fol. 12. Arnauld. — Fol. 13. De Menou. — Fol. 14 et 16. De Fleurigny. — Fol. 15. Le Coigneux. — Fol. 17. Ancêtres de Hugues Capet. — Fol. 19. Ancêtres de reines de France et de femmes de princes de la maison royale, depuis le temps de Hugues Capet. — Fol. 40. Projet d'une histoire des Ordres de chevalerie. — Fol. 47. Lettres de Louis XIII renouvelant l'alliance avec les Suisses (décembre 1618). — Fol. 50. Requêtes des colonels et capitaines des régiments Suisses au roi (17 décembre 1602). — Fol. 51. Privilèges des rois pour les Suisses, de Louis XI à Louis XIII. — Fol. 68. « Capitulation que le Roy accorde au sieur colonel de Grile pour la levée d'un régiment de cavalerie liégeoise ». — Fol. 72. Conditions requises des pensionnaires du Collège Mazarin. — Fol. 73. Extrait d'un état de la France (fin du XVIIe siècle). — Fol. 79. Notes sur diverses mentions de gentilshommes (1322-1618). — Fol. 83. Extraits du *Menagiana*. — Fol. 86. Remarques sur les Papes. — Fol. 88. Sur la famille de Noailles. — Fol. 89. Extraits du *Mercure galant* de 1691. — Fol. 91 v°. Extraits de la *Gazette de Paris* (14 juillet 1691-31 juillet 1700).

279 feuillets.

16

« Portefeuille de parchemin, contenant plusieurs paquets de tables généalogiques, sans ordre. » — *En déficit.*

17

Mélanges généalogiques.

P. 1. Titres produits par Madame Claude de Pluviers pour devenir chanoinesse de Remiremont. — P. 81. Famille Le Tourneur. — P. 85. Familles Le Bourg et de l'Isle. — P. 97. Contrat de mariage de Pierre Hureau et Élisabeth Vidal (24 novembre 1585). — P. 106. Foi et hommage d'Antoine de Rancé pour sa seigneurie de La Chapelle (13 mai 1533). — P. 108. Foi et hommage de Pierre Hureau pour sa seigneurie de Brandin (18 mars 1555). — P. 111. Actes de relief et de rachat concernant la seigneurie de Moyenval (1522-1575). — P. 123. Pièces relatives à Jacques Vivien, seigneur des Tournelles, et à sa famille (1559-1586). —

P. 147. Mariage de Jacques Le Febvre, seigneur de Moyenval, avec Anne des Avenelles (1er mai 1557). — P. 152. Transfert de la seigneurie de Frocourt à Jean Le Febvre de Moyenval (22 mars 1534). — P. 163. Pièces relatives à la famille Bouzier (1475-1614). — P. 219. Pièces relatives à la famille Le Boult (1541-1601). — P. 245. Pièces relatives à René Laurens, seigneur de Ponthou (1571-1574). — P. 250 v°. Pièces relatives à Jacques Chouart (1560-1561). — P. 255. Foi et hommage d'Antoine Baudet pour la terre du Couldray (14 décembre 1551). — P. 259. Mariage de Nicolas Compain et de Françoise Baudet (13 mai 1579).

Généalogies et pièces relatives à diverses familles : P. 267. Regnauld de Barres (1486-1610). — P. 287. Mesnard (1538-1603). — P. 299. De Jouastre. — P. 301. Brodeau. — P. 303 et 317. Canelle. — P. 307. Gamard. — P. 319. Saint-Belin, Choiseul, Le Veau. — P. 321. Marcel. — P. 323. Des Essarts. — Fol. 324. Doucet. — P. 327. Pinette. — P. 331. Martineau. — P. 343. La Boissière (xve-xviie siècle). — P. 363. Testament de Pierre Le Gendre, seigneur de Hallaincourt (novembre-décembre 1524). — P. 371. Liste de lettres de noblesse contenues dans les registres de la Chambre des comptes de Dijon.

Généalogies et inventaires de titres relatifs à diverses familles : P. 377. De Billon. — P. 385. Bommy. — P. 389. D'Aubusson. — P. 399. Picon. — P. 415. De Bar. — P. 477. De Gilles. — P. 491. De Paris. — P. 497. De Saint-Germain. — P. 503. Benoise.

P. 507. Légitimation des enfants naturels de Louis XIV et de Madame de Montespan (décembre 1673). — P. 509. Légitimation d'Alexis, fils de Philippe de Lorraine (mars 1674). — P. 512. Donation de la terre d'Aubigny à la duchesse de Portsmouth (décembre 1673). — P. 515. Érection de la terre de Liancourt en marquisat (août 1673). — P. 519. Érection de foires à Montmirail en faveur de M. Penault (juin 1673). — P. 521. Commutation du titre de la seigneurie du Saint-Sépulcre en celui de Villacerf (décembre 1673). — P. 523. Mémoire de Henri de Maubreuil, bailli général du duché de Saint-Simon, sur la maison de Saint-Simon (25 août 1655), et pièces diverses concernant la même maison. — P. 575. Mémoire de M. Charton pour obtenir la survivance de la charge de son père, président aux requêtes du Palais [1680]. — P. 581. Notes sur le caractère des Maîtres des requêtes. — P. 589. Notes sur le caractère des membres du Parlement de Paris.

621 pages.

18

Mélanges généalogiques.

Fol. 1. Titres de la famille Clément. — Fol. 3. Preuves de noblesse de Benoit Bidal. — Fol. 7. Mémoire sur la famille de Charles de Tilly, marquis de Blaru. — Fol. 44. Notes pour la famille de Montmorency. — Fol. 45. Extraits des *Preuves de l'Hist. de la Maison d'Harcourt* (Paris, 1662; in-fol.). — Fol. 50. Famille de Chasteigner. — Fol. 53. Notes relatives à diverses familles, Couturier, Millet, etc. (1513-1634). — Fol. 58. Famille d'Estampes. — Fol. 66. Famille Goulas. — Fol. 70. Famille de la Chaussée d'Eu. — Fol. 80. Extraits généalogiques divers. — Fol. 85. Extraits des comptes de l'archevêché de Paris (1604). — Fol. 86. Famille de Lafon. — Fol. 88. Famille de Saint-Yon. — Fol. 94. Extraits généalogiques divers.

Inventaires de titres de diverses familles dont les noms suivent :

Fol. 96. De Karnazet. — Fol. 107. De Bonneval. — Fol. 127. D'Escars. — Fol. 133. Guardie. — Fol. 137. De Stuart. — Fol. 156. D'Escars. — Fol. 168. Bourbon-Carency. — Fol. 179. Saintrailles.

Fol. 185. Extrait du « registre des ouvriers monoyers du serment de France ». — Fol. 188. Nécrologe des religieux de la Charité, selon l'ordre de leurs décès (1615-1671). — Fol. 191. Catalogue des abbés de Saint-Symphorien de Beauvais. — Fol. 192. Noms et armes des membres du Parlement de Rouen (août 1653). — Fol. 196. Extrait de l'Armorial de Gilles le Bouvier. — Fol. 199. Famille de Bar.

205 feuillets.

19

Histoire de la maison de Chastillon.

« Mémoires de la maison de Chastillon sur Marne, non imprimés en l'*Histoire* »; recueil de copies et d'extraits, la plupart de la main d'A. Duchesne, et notes généalogiques.

560 feuillets.

20

Mélanges historiques.

Fol. 1. Hiérarchie ecclésiastique du diocèse de Soissons. — Fol. 4. Procès-verbal de clôture de l'abbaye de Sainte-Glossinde de Metz (1664). — Fol. 6. Poésies de Baudri de Bourgueil. — Fol. 21. Traduction du *De Amicitia* de Cicéron, par F. Duchesne, dédiée au cardinal de Richelieu. — Fol. 49. Généalogie du duc d'Enghien, par le même, d'après les mss. de son père. — Fol. 58. « Relation véritable de ce qui s'est passé dans le comté d'Urpoix,.. du vingt jusqu'au vingt-quatre de juillet 1668 » ; pièce satirique. — Fol. 63. Relation de la réception du légat du pape, à Orléans et à Paris, par François de Bourbon, écuyer de la maison du roi (1669). — Fol. 81. Lettres relatives à la première Croisade. — Fol. 83. Extrait d'une chronique française finissant à la mort de Charles VII. — Fol. 86. Relation de l'expédition du Dauphin Louis contre les Suisses (1444). — Fol. 88. Accord entre les habitants de Limoges et Marie, femme d'Artus de Bretagne, vicomtesse de ladite ville (1275). — Fol. 92. Mémoire sur les droits de Louis de Nemours à la succession du comté d'Armagnac. — Fol. 105. Histoire de la guerre entre Walther, évêque de Strasbourg (1260-1263), et les bourgeois de cette ville. — Fol. 108. Liste d'hommages rendus au comte d'Armagnac. — Fol. 114. Miracles de sainte Élisabeth. — Fol. 138. « Eulogium Joannis Cornubiensis ad Alexandrum papam III. » — Fol. 153. Accord entre Alfonse, comte de Toulouse, et Raimond, comte de Barcelone (16 octobre 1125). — Fol. 154. Acte de soumission de Raimond de Toulouse au roi de France (20 octobre 1242). — Fol. 155. Privilège du synode de Germigny pour le monastère de Saint-Laumer de Blois (843).

Fol. 157. Fragment d'une chronique de Tolède, du XIVe siècle, dont la fin se trouve au fol. 179. — Fol. 175. Notes sur les chanceliers. — Fol. 183. Extrait du *Memoriale historiarum*. — Fol. 185. Extraits relatifs aux pairs de France et à divers seigneurs. — Fol. 190. Extraits du recueil d'épitaphes de Pierre Bureteau, de Sens. —

Fol. 196. Extraits de Hayton. — Fol. 198. Extraits des *Assises de Jérusalem*. — Fol. 199. Extrait du récit des voyages de l'archiduc Philippe d'Autriche en Espagne (1501), par Antoine de Lalaing. — Fol. 203. Bulle de Grégoire VII pour l'excommunication de Foulques le Réchin (Jaffé, n° 5231). — Fol. 204. Notes sur les premiers seigneurs de Sully. — Fol. 205. Généalogie de la maison de Joinville. — Fol. 217. Extraits du cartulaire de Saint-Denis de Nogent-le-Rotrou. — Fol. 220. Extraits du Trésor des chartes concernant les maisons de Montfort et de Beaumont. — Fol. 221. Extrait d'un cartulaire de l'évêché de Chartres. — Fol. 234. Extraits du cartulaire de l'église de Limoges (la suite se trouve aux fol. 248 et 259). — Fol. 244. Extraits du cartulaire de Saint-Martin-en-Val. — Fol. 255. Catalogue des abbés de Saint-Aubin d'Angers. — Fol. 256. Catalogue des abbés de Saint-Amand de Boisse. — Fol. 257. Testament de Gouffier des Tours (août 1357). — Fol. 258. Extraits des titres de la maison d'Albret. — Fol. 265. Lettres de Raoul, archevêque de Tours, etc., extraites d'un ms. de Saint-Aubin d'Angers. — Fol. 271. Chartes mérovingiennes extraites du cartulaire de la Chapelaude. — Fol. 273. Chartes de Notre-Dame de Soissons (666-1175). — Fol. 279. Extrait du nécrologe de Notre-Dame-en-l'Ile, à Troyes. — Fol. 282. Extraits du cartulaire de Notre-Dame de Gimont. — Fol. 284. Extrait des archives de Saint-Quentin en Vermandois. — Fol. 286. Extraits du cartulaire de Saint-Serge d'Angers. — Fol. 290. Fondation du monastère du Dorat par Boson le Vieux, comte de la Marche. — Fol. 292. Extraits d'un registre du comté de Clermont relatifs à la famille de Hangest. — Fol. 295. Extraits de la *Continuatio Coloniensis* de Martin le Polonais. — Fol. 299. Catalogue de copies de contrats de mariage de rois et de princes du sang de France, possédées par F. Duchesne.

Fol. 300. Pièces relatives à la maison de Joinville. — Fol. 309. Extraits des titres de l'église de Chartres. — Fol. 321. Lettre de Guy XIV de Laval, concernant Jeanne d'Arc. — Fol. 323. Traité de Corbeil, entre les rois de France et d'Aragon (11 mai 1258). — Fol. 325. Charte de B[arthélemy], évêque de Châlons-sur-Marne, pour l'abbaye de Montier-la-Celle (1150). — Fol. 326. Extrait du cartulaire de l'abbaye de Boulancourt. — Fol. 331. Lettre de N. Camuzat. — Fol. 333. Pièces sur la maison de Joinville (1105-1351). — Fol. 361. Généalogie des comtes de Bar. — Fol. 367. Comtes de Montbéliard. — Fol. 369. Chartes concernant l'évêché de Langres (1206-1238). — Fol. 374. Deux chartes du monastère de Rigny (XIIe siècle). — Fol. 377. Extraits de chartes de l'évêché de Langres (1244-1272). — Fol. 378. Extraits du cartulaire de la Chapelle-aux-Planches. — Fol. 380. Chartes concernant les biens de Marmoutier en Champagne (1118-1229); la suite est au fol. 390. — Fol. 384. Extraits du cartulaire de Saint-Loup de Troyes. — Fol. 388. Extraits du cartulaire de la Chapelle-aux-Planches (cf. fol. 378). — Fol. 391. Extraits du cartulaire de Notre-Dame de Troyes. — Fol. 392. Extraits du cartulaire de Rigny, etc. — Fol. 397. Extraits du cartulaire de Montier-la-Celle (la suite au fol. 415). — Fol. 412. Chartes et pièces troyennes copiées par N. Camuzat, et lettre de ce dernier à Duchesne. — Fol. 429. Table du volume suivant (Duchesne 21).

430 feuillets; les feuillets 332 et 368 manquent; nombreuses copies de la main des deux Duchesne et de celle de N. Camuzat.

21

Mélanges sur l'histoire de la Champagne.

Fol. 1. Chartes de l'abbaye de Montiéramey (1195-1225). — Fol. 7. Extraits du nécrologe de la même abbaye. — Fol. 8. Charte de Marie, duchesse de Bar, pour Montiéramey (octobre 1402). — Fol. 9. Vente faite au chapitre de Troyes par Jean de Vellery (décembre 1227). — Fol. 10. Extraits du cartulaire de Longuay (1170-1276), par Camuzat. — Fol. 52. Titres de la commanderie du Temple de Troyes (1231-1272). — Fol. 60. Chartes de Montiéramey. — Fol. 63. Chartes du prieuré du Saint-Sépulcre (1428-1432). — Fol. 67. Inventaire des titres de la maison de Brienne. — Fol. 75. Notes sur Larrivour. — Fol. 77. Pièces relatives à la maison de Brienne et de Luxembourg, rangées par ordre chronologique (1223-1489). — Fol. 141. Testament de Robert de Colaverdey (1451). — Fol. 142. Testament d'Ysabeau de Flamericourt, veuve du précédent (1452). — Fol. 143. Pièces relatives à Jean et Pierre de Foicy (1420-1445). — Fol. 146. Extrait d'un registre de l'évêque de Troyes (1518). — Fol. 147. Épitaphes de Troyes. — Fol. 148. Extrait d'un registre de l'évêque de Troyes (1517). — Fol. 149 et 178. Chartes de l'abbaye de Trois-Fontaines.

Fol. 152. Actes relatifs à la maison de Brienne-Luxembourg (1301-1521). — Fol. 165. Union de la Maison-Dieu du Chêne à l'abbaye de Saint-Rémi de Reims (1250). — Fol. 167. Actes relatifs à la maison de Brienne (1309 et 1317). — Fol. 172. Actes concernant les salines de Vic. — Fol. 173. Arrêt du Parlement touchant la possession du comté de Roucy (16 février 1408). — Fol. 181. Arrêt du Parlement en faveur de l'Hôtel-Dieu de Corbeil contre Claude de Châtillon (1550). — Fol. 183. Donation du comté d'Eu au comte de Saint-Pol (août 1466). — Fol. 187. Renonciation par Ogier, sire de Gigny, à la dîme du « Meis Thiecelin », en faveur de l'église de Troyes (1319). — Fol. 189. Arrêt du Parlement de Paris concernant la maison de Salignac (29 juillet 1552). — Fol. 195. Fondation du monastère de Saint-Pierremont (1245-1247). — Fol. 198 et 210. Chartes de l'abbaye de Trois-Fontaines (1110-1224). — Fol. 208. Lettres de l'empereur Maximilien confirmant à François de Bourbon, comte de Saint-Pol, le comté de Roucy (25 septembre 1494). — Fol. 222. Note d'un missel de Jean de Saarebruck (1396). — Fol. 223. Donation faite par Jeanne de France, comtesse de Roussillon, à Jean d'Anneville (28 août 1490). — Fol. 224. Acquisition par Charles V des villes de Mouzon et Beaumont (16 juillet 1379). — Fol. 229. Testament de Jeanne de Champagne, reine de France (25 mars 1304). — Fol. 231. Fragment d'une requête adressée au roi par les héritiers du s[r] de Couasnay (XVIIe siècle). — Fol. 233. Fondation de l'église de Notre-Dame de Rosnay par le comte Isembard. — Fol. 236. Aveu rendu au roi par Claude de Dinteville (15 septembre 1442). — Fol. 237. Diplôme du roi Eudes pour Montiéramey (30 septembre 892). — Fol. 238. Chartes de Montiérender.

242 feuillets ; les feuillets 227 et 228 manquent. — Une partie des textes, notamment les fol. 9 à 59, 167 à 170, etc., sont de la main de N. Camuzat.

22

Mélanges. — Extraits de cartulaires.

Fol. 1. Extrait du testament d'Étienne, comte de Montbéliard (1397). — Fol. 2. Charte de Louis, comte de Ferrette, pour l'abbaye de Pairis (1187). — Fol. 3. Couronnement de Charles le Chauve à Metz (869), etc. — Fol. 6. Donation faite par Louis de

Luxembourg, comte de Saint-Pol, à Antoine Villiers de l'Isle-Adam (6 novembre 1472). — Fol. 7. Mandement de Louis XI à Jacques Villiers de l'Isle-Adam de prendre possession de la ville de Paris (1er août 1461). — Fol. 8. Extraits du cartulaire de Brioude. — Fol. 28. Charte du vicomte Néel pour l'abbaye de Jumièges. — Fol. 29. *Historia Selebiensis, Eboracensis dioceseos* (cf. Labbe, *Bibl. Nova*, I, p. 594). — Fol. 40. Extraits d'un obituaire de l'église du Mans. — Fol. 43. Donation de Louis, duc de Bourbon, à la même église (18 août 1392). — Fol. 44. Extraits du cartulaire de Saint-Aubin d'Angers. — Fol. 48. Généalogie des fondateurs de l'abbaye de Jouarre, d'après un martyrologe. — Fol. 50. Notice sur les origines de Ferrières en Gâtinais. — Fol. 52. Liste des bulles pontificales de Fontevrault. — Fol. 53. Chartes de Vernon (1186-1518). — Fol. 57. Charte de Robert, duc de Normandie, pour le monastère de Montivilliers (1035). — Fol. 60. Extraits de l'obituaire d'Hérivaux. — Fol. 61. Tableau des filiales de Clairvaux. — Fol. 65. Extraits du cartulaire d'Auberive, au diocèse de Langres. — Fol. 69. Extraits du cartulaire de Longuay. — Fol. 73. Extraits du cartulaire de Montiérender. — Fol. 79. Extraits du cartulaire de l'Isle-en-Barrois. — Fol. 87. Extraits du cartulaire de Beaulieu en Limousin.

Fol. 102. Extraits d'un cartulaire de l'évêché de Langres (1272-1297). — Fol. 104. Extraits d'un cartulaire de l'église d'Angers (843-1119). — Fol. 110. Extraits d'un cartulaire de Royaumont. — Fol. 111. Extraits d'un registre de Saint-Merri de Paris. — Fol. 112. Chartes d'Angers (1061-1115). — Fol. 121. Extraits de l'inventaire des titres de Notre-Dame-des-Clairets. — Fol. 123. Accord entre Robert, comte de Dreux, et l'évêque de Paris (1209; — il y en a une autre copie au fol. 150). — Fol. 124. Extraits du cartulaire de la forêt de Halatte. — Fol. 128. Chartes de Vierzon (926-1270). — Fol. 137. Extraits du cartulaire de Massay. — Fol. 138. Généalogie des seigneurs de Vierzon. — Fol. 139. Diplôme de Louis d'Outre-Mer pour Saint-Merri (1er février 937). — Fol. 140. Extraits des cartulaires de l'évêché de Paris. — Fol. 152. Chartes de Grammont. — Fol. 156. Extraits du cartulaire de Maubuisson. — Fol. 158. Extraits de l'obituaire de Sainte-Croix d'Orléans. — Fol. 160. Extraits du cartulaire de la chapelle de Saint-Lazare de Blois. — Fol. 163. Extraits du cartulaire de Notre-Dame du Bourg-Moyen de Blois. [Ms. Vatic. Ottoboni 2960]. — Fol. 167. Extrait des titres de l'abbaye de l'Étoile (de Poitiers). — Fol. 169 v°. Chartes de La Merci-Dieu. — Fol. 171. Extraits du cartulaire de Saint-Martin-des-Champs concernant les seigneurs du Puiset. — Fol. 172. Extraits d'un cartulaire de Saint-Père de Chartres. — Fol. 175. Extraits d'un martyrologe de l'église de Chartres. — Fol. 181. Extraits des cartulaires de Saint-Père. — Fol. 194. Lettre de Manassès, archevêque de Reims, à Hugues de Die. — Fol. 199. Extrait d'un obituaire de Saint-Barthélemi de Béthune.

Fol. 202. Charte de Baudouin V, comte de Flandre, pour l'abbaye de Marchiennes (1038). — Fol. 203. Échange entre l'abbaye de Saint-Vaast d'Arras et Robert, comte de Flandre (1106). — Fol. 204. Charte de Philippe I pour l'église Saint-Pierre d'Aire (1075). — Fol. 205. Charte de Hugues, châtelain de Cambrai, pour l'abbaye du Mont-Saint-Éloi (s. d.). — Fol. 206. Charte d'Enguerrand, comte de Saint-Pol, pour l'abbaye de Marchiennes (s. d.). — Fol. 207. Charte de Thierri, comte de Flandre, pour Enguerrand, comte de Saint-Pol (s. d.). — Fol. 208. Chartes d'Eaucourt en Artois. — Fol. 209. Charte de Jean, évêque de Thérouanne, pour l'église Saint-Pierre de Lille (1128). — Fol. 210. Note sur le mariage d'Isabeau de Barbazan (1459). — Fol. 211. Inventaire de reliques, extrait d'un processionnaire de l'église de Soissons. — Fol. 213. Extrait d'un cartulaire du prieuré de Donchery. — Fol. 214. Catalogue des abbés de Montiéramey. — Fol. 215. Catalogue des abbesses de Notre-Dame-du-Lys. — Fol. 216. Charte de Brunon, abbé de Montiéramey (s. d.). — Fol. 215. Extraits du cartulaire d'Uzerche. — Fol. 239. Extraits de chartes de la Couture du Mans. — Fol. 240. Extraits du cartulaire de Bonlieu en Limousin. — Fol. 243. Notes sur la maison de Mercœur. — Fol. 244. Extraits d'un martyrologe de Saint-Séverin de Paris. — Fol. 245. Extraits du cartulaire de Vendôme. — Fol. 249. Extraits du cartulaire de Saint-Pierre de Beauvais. — Fol. 251. Extraits du cartulaire de Saint-Rémi de Reims (1138-1152). — Fol. 254. Catalogue des abbés de la Chaise-Dieu. — Fol. 256. Extraits du cartulaire de Saint-Nicaise de Meulan. — Fol. 260. Extraits de la chronique de Saint-Mihiel de Verdun.

Fol. 266. Serment prêté par l'hérésiarque Bérenger. — Fol. 267. Extraits d'obituaires du Mont-Saint-Michel. — Fol. 271. Extraits des titres de Saint-Ulface. — Fol. 272. Extraits du cartulaire de Saint-Vincent du Mans. — Fol. 276. Extraits du cartulaire de Nogent-le-Rotrou. — Fol. 299. Extrait du cartulaire de Pont-aux-Dames (de Meaux). — Fol. 303. Chartes du prieuré de Lavardin. — Fol. 305. Extraits d'un cartulaire de Saint-Vincent de Laon. — Fol. 309. Extraits du cartulaire rouge de l'église de Laon. — Fol. 311. Chartes de Saint-Quentin près Beauvais (1114-1117). — Fol. 313. Extraits du cartulaire de Vierzon. — Fol. 321. Extraits du cartulaire de Beaulieu. — Fol. 327. Notes sur les chartes de Subiaco. — Fol. 329. Extraits du cartulaire de Saint-Thierry de Reims. — Fol. 331. Extraits d'un martyrologe de Saint-Avold. — Fol. 338. Chartes de Saint-Martin d'Épernay (1053-1127). — Fol. 340. Chartes de Saint-Vincent-au-Bois. — Fol. 347. Extraits du cartulaire de Tiron. — Fol. 361. Extraits des archives de Saint-Bavon de Gand. — Fol. 363. Extraits du cartulaire de Marchiennes. — Fol. 365. Extraits des archives de Saint-Pierre de Gand. — Fol. 387. Charte de Robert, comte de Flandre, pour l'église de Tronchiennes (1087). — Fol. 388. Charte de Baudouin, comte de Flandre, pour l'abbaye d'Einham (1064). — Fol. 389. Extraits des archives de l'évêché de Gand. — Fol. 393. Extraits de cartulaires de Saint-Bavon. — Fol. 401. Extraits des cartulaires et registres de Fontevrault. — Fol. 419. Extraits des titres de Beaugerais. — Fol. 435. Chartes de Villeloin. — Fol. 464. Extraits d'un cartulaire de l'église d'Amiens. — Fol. 471. Extraits du cartulaire de Clairmarais. — Fol. 477. Titres de Saint-Bertin. — Fol. 486. Charte de Baudouin, comte de Flandre, pour l'abbaye de Marchiennes (1038).

487 feuillets. — Nombreuses copies de la main d'A. Duchesne.

23

Recueil de généalogies.

Généalogies des familles dont les noms suivent :

Fol. 1. Du Gué. — P. 2. Ollier. — P. 3. Gayant. — P. 4. Vallée et de Vic. — P. 5. Lefebvre. — P. 6. Habert. — P. 7. Le Prestre. — P. 8. Hatte. — P. 9. Grangier. — P. 10. Palluau. — P. 11. Pinon. — P. 12. De Mesgrigny. — P. 14. d'Orsay. — P. 15. Roulier, Chartron, etc. — P. 16. De Bernage. — P. 17. Cotignon. — P. 18. De Champront. — P. 19. Du Mesnil. — P. 20. De Villers. — P. 21. Maillard. — P. 23. Quentin de Richebourg. — P. 24.

De Pleurre. — P. 25. — Pignart, Bavyn. — P. 26. Boyer. — P. 27. Canaye. — P. 28. Saintot. — P. 29. Angenoust. — P. 30. Bernard. — P. 31. Charlet. — P. 32. Prevost. — P. 33. De la Barre. — P. 34. De la Grange. — P. 35. De Calonne. — P. 36. Le Prevost. — P. 38. Le Comte. — P. 40. De Saint-Léger. — P. 41. De Framecourt. — P. 42. De Gibert. - P. 43. De la Vacquerie. — P. 44. De Beurville. — P. 45. De Roussé. — P. 46. Fraguier. — P. 47. Malon. — P. 48. Allard. — P. 49. Lescuyer. — P. 50. Barillon. — P. 51. Versoris. — P. 52. Luillier. — P. 53. Picot. — P. 54. Anthoine. — P. 55. De Cugnac. — P. 56. Le Loup. — P. 57. Gaillard. — P. 58. Cordelier. — P. 60. Raguier. — P. 61. Sombrie, Le Porc. — P. 63. Burdelot. — P. 64. Longuejoue. — P. 65. De Montmiral. — P. 66. Fournier. — P. 67. De Beaune. — P. 68. Simon. — P. 69. Fumée. — P. 70. Balue. — P. 71. Clutin. — P. 72. De Bérulle. — P. 73. Perrot. — P. 75. De Suzanne. — P. 76. De Fresnoy. — P. 78. Du Raynier. — P. 80. De Montaignat. — P. 81. De Mesmes. — P. 82. Grossain, etc. — P. 84. De Biencourt. P. 86. De Vere. — P. 87. Miron. — P. 88. De la Bretèche. — P. 89. Bourdin. — P. 90. De Vitry. — P. 92. Allemand de Faucigny. — P. 94. D'Arquinvillier. — P. 94. Touars et Montigny. — P. 96. La Fayette. — P. 97. Perrot. — P. 98. De Ligny. — P. 99. Huot. — P. 100. Prevost. — 102. Ridel.

P. 106. Ollivier de Leuville. — P. 108. Le Bel. — P. 110. Bouthillier. — P. 112. Maignart de Bernières. — P. 114. Brisson. — P. 116. De la Porte. — P. 119. De Fera. — P. 121. De Fitte. — P. 123. De Gondi. — P. 126. D'Aquaviva. — P. 127. Salviati. — P. 131. De Saint-Avy. — P. 132. De Bar. — P. 135. D'Humières. — P. 137. De Proisy. — P. 138. Des Barres. — P. 141. Le Groin. — P. 143. De Haucourt. — P. 145. Frotier. — P. 147: Chaponay. — P. 150. De Moges. — P. 152. De Warignies. — P. 155. De Fontaines. — P. 156. De Salezar. — P. 158. De Richebourg. — P. 160. De Trie. — P. 162. De Gannes. — P. 193. De Courtemont. — P. 164. De Condé. — P. 165. Cazillac. — P. 166. De Boulainvillier. — P. 171. Saintrailles. — P. 173. D'Ostun. — P. 175. Foucher. — P. 177. De Hellenvillier. — P. 181. De Mainbeville. — P. 185. Soreau. — P. 186. De Vernon. — P. 188. De Roffey. — P. 190. De Villiers. — P. 194. De Condé. — P. 195. Morin. — P. 197. Du Bosc. — P. 198. Pot. — P. 201. De Naillac. — P. 203. De Couesme. — P. 205. D'Aubigny. — P. 207. Roux. — P. 213. De Campet. — P. 214. De Beaujeu. — P. 217. Gruel. — P. 219. De Pluvinel. — P. 220. Mansel. — P. 221. De Gannes (cf. p. 162). — P. 222. Du Puy du Coudray. — P. 224. De Gaignon. — P. 226. De Bonneval. — P. 228. De Lenharé. — P. 231. Du Mesnil-Simon. — P. 232. De Mézières. — P. 233. De Bussu. — P. 236. Viau. — P. 238. De la Motte. — P. 241. De Girard. — P. 242. Du Fresne. — P. 244. De Creil. — P. 248. De Peyre. — P. 249. De Cardaillac. — P. 252. De Bressieux. — P. 254. De la Porte. — P. 256. De la Touche. — P. 258. Du Chesnay. — P. 259. Le Roy. — P. 260. Aubriot. — P. 262. De Pictavy. — P. 263. De la Rivière. — P. 264. Du Mesnil-Simon (cf. p. 231). — P. 268. Le Fort. — P. 269. De Rodon. — P. 270. De Blondeau. — P. 272. D'Orge. — P. 274. De Maubuisson. — P. 276. D'Oraison. — P. 278. D'Aulnay. — P. 280. Bertin. — P. 281. Donnois. — P. 282. Ravinel. — P. 283. Malortie. — P. 284. De Vienne. — P. 288. D'Espene. — P. 289. D'Estrades. — P. 290. De Beauçay. — P. 291. Puchot. — P. 292. Restaut. — P. 293. Bouchard. — P. 294. Baudouin. — P. 294. Marc de La Ferté. — P. 296. Le Tellier. — P. 297. Malherbe. — P. 298. Vauquelin. — P. 299. Du Val. — P. 300. De Malfillastre.

P. 301. De Blaye. — P. 302. Vaultier. — P. 303. De Bernières — P. 304. De Hotot. — P. 305. Anzeray. — P. 306. De Semilly. — P. 307. Morant. — P. 308. Belon. — P. 309. Franquetot. — P. 310. Bordier. — P. 311. Foudriac. — P. 312. Fyot. — P. 314. Joly. — P. 315. Baudinot. — P. 316. Espiard. — P. 317. Bernard. — P. 318. Du May — P. 319. Gaigne. — P. 320. Lantin. — P. 321. De Bierne. — P. 322. De Villemer. — P. 333. De Morillon. — P. 324. Morisot. — P. 325. Du Lys. — P. 328. De Meaux. — P. 330. Des Roches. — P. 331. Le Fèvre. — P. 332. Boysleve. — P. 334. Saumaise. — P. 336. Romé. — P. 339. De Croismare. — P. 339. De Félix.

P. 348. Aubelin. — P. 350. Berruyer. — P. 354. De la Mothe-Viala — P. 356. Bigot. — P. 362. Hallé. — P. 366. Du Bosc. — P. 372. De Bauquemare. — P. 375. De Grouchie. — P. 376. Raoulin. — P. 377. Roch de Varengeville. — P. 378. Le Maçon. — P. 382. Riglet. — P. 382. Labbe. — P. 384. Le Bègue. — P. 385. Jaupitre. — P. 386. Macé. — P. 387. Agard. — P. 388. Bouffet. — P. 389. Sarrazin. — P. 390. Cathrinot. — P. 391. Gassot. — P. 392. Bridard. — P. 394. De Sauzay. — P. 395. Esmard. — P. 396. De Boisrouvray. — P. 397. Belin. — P. 398. Boju. — P. 399. Gougnon. — P. 400. Paulin. — P. 401. Texier. — P. 402. Chambellan. — P.

404. Fouchier. — P. 406. De Rambouillet. — P. 409. Tallemand. — P. 410. Carré. — P. 412. Sardé. — P. 414. De Charron. — — P. 422. Sallat. — P. 424 Girard. — P. 426. Quarré. — P. 428. De Vidal. — P. 430. De Corberon. — P. 431. Sarred. — P. 434. Chenu. — P. 435. Charlemagne. — P. 436. — Lelarge. — P. 437. De Lestang. — P. 438. Ragueau. — P. 440. Chaumeau. — P. 441. Chabenat. — P. 442. Leveillé. — P. 444. Pelourde. — P. 446. Montaulieu. — P. 448. Compain. — P. 450. Bethoulat. — P. 451. Le Prestre. — P. 452. Picault. — P. 453. Seurrat. — P. 455. Gallus. — P. 456. Tullier. — P. 458. Brachet. — P. 460. Le Large. — P. 462. Bothereau. — P. 466. Arthuys. — P. 468. Le Peigné. — P. 470. Levescat. — P. 472. Le Roy. — P. 474. Gouges de Charpaignes. — P. 476. Roland. — P. 478. Mocquot. — P. 480. Preudhomme. — P. 482. Lalemant. — P. 486. De la Boissière. — P. 488. Borel. — P. 490. Fuzée. — P. 491. De la Bucaille. — P. 492. Lambert de Thorigny. — P. 493. Lambert d'Herbigny. — P. 494. De Nouveau. — P. 495. Renazay. — P. 496. De Lautier. — P. 498. Dodieu. — P. 500. De Cambrai. — P. 502. Toustain. — P. 504. De Champagne. — P. 505. Le Mestayer. — P. 506. Le Chesne. — P. 507. Pinterel. — P. 508. Trexot. — P. 509. — d'Huguenat. — P. 510. Donon. — P. 512. De Vignancourt. — P. 514. Bretel de Grimonville. — P. 516. Baudrand. — P. 518. Champier. — P. 519. Gadagne. — P. 520. Vaillant. — P. 521. De Guibert. — P. 522. Auber. — P. 523. Guyon. — P. 524. Le Bigot. — P. 525. Alorge. — P. 526. Filleul. — P. 528. De Brevedent. — P. 530. Le Pesant. — P. 532. Roussel. — P. 533. Voisin. — P. 534. Le Roux. — P. 536. Morel des Champs. — P. 538. Le Prevost. — P. 540. Barthélemy. — P. 542. Goulas. — P. 543. Du Mesnil. — P. 544. La Bruyère. — P. 546. De Bugnons. — P. 548. Chastelain. — P. 550. Sauvat. — P. 552. De la Fontaine. — P. 553. De Fontaine. — P. 554. Le Chandelier. — P. 555. Le Brun. — P. 556. Barbe. — P. 558. Cottereau. — P. 564. Bengy. — P. 566. De Saint-Père. — P. 568. Du Faultray. — Fol. 570. D'Albert. — Fol. 572. Chauvel. — P. 574. De Meulles. — P. 576. De la Chesnaye. — P. 578. De Marsant. — P. 580. Groulart. — P. 581. Chomel. — P. 582. Coisnart. — P. 584. Hillerin. — P. 585. Ticquet. — P. 586. Buisson. — P. 587. Lucas. — P. 588. Benoise. — P. 590. Reynault. — P. 592. Galmet. — P. 593. Sonnet. — P.

594. De Rouvres. — P. 595. D'O. — P. 597. De Chalant. — P. 600. De Rochefort.

P. 601. De Pontaillier. — P. 602. De Clermont. — P. 603. De Senailly. — P. 604. De Bessey. — P. 605. De Gaudechart. — P. 606. D'Estaing. — P. 608. De Bouchet et de Bourzoles. — P. 609. De Romain. — P. 610. De Marcilly. — P. 611. De Pardieu. — P. 612. Du Puy. — P. 613. De Belloy. — P. 614. De Clere. — P. 615. D'Haussonville. — P. 617. De Fiquelmont. — P. 618. De Nettancourt. — P. 619. De Fleville. — P. 620. De Toullon, de Saint-Mange, de Watrouville. — P. 621. D'Abos, de la Fontaine. — P. 622. Karuel. — P. 623. De Blécourt. — P. 624. De Warty. — P. 625. De Baudéan. — P. 626. De Villequier. — P. 627. De Nourroy. — P 628. De Savigny. — P. 630. De Florainville. — P. 631. De Ville. — P. 633. De Sailly. — P. 634. De Bossut. — P. 636. De Sepoix. — P. 637. De Saint-Baussan. — P. 638. de Chasteauvillain. — P. 639. De Tavennes, etc. — P. 640. De Bordeaux. — P. 641. Le Peultre. — P. 642. Charpentier. — P. 643. Le Pelletier. — P. 644. Le Fèvre. — P. 645. Du Gué. — P. 646. Périer. — P 647. De Varaignes, etc. — P. 648. Des Mazis. — P. 651. Alleaume. — P. 652. Du Pont. — P. 653. Jurandon. — P. 654. Quignon. — P. 655. Belin, du Val, Censier. — P. 656. Pajot. — P. 657. Galland. — P. 658. Bizet. — P. 659. De Genouillé. — P. 660. De Sain. — P. 662. Le Beau. — P. 663. Talon. — P. 664. Boyvin. — P. 665. Coursillon. — P. 666. De Larche. — P. 667. Gallard. — P. 668. Daneau. — P. 669. Le Court. — P. 670. Le Fèvre. — P. 671. Vivien. — P. 672. Le Roy. P. 673. Bignon. — P. 674. Sourdrille. — P. 675. Cousturier. — P. 676. Le Jay. — P. 677. De Fromentières. — P. 678. Dolu. — P. 679. De Vienne. — P. 680. Regnault. — P. 681. Faure. — P. 682. Romans. — P. 683. Deschamps. — P. 684. Le Clerc de Courcelles. — P. 685. Le Noir. — P. 686. De Juye. — P. 687. Du Maitz. — P. 688. Bouju. — P. 689. De Brilhac. — P. 690. Tudert. — P. 692. De Villars. — P. 693. De Saint-Germain. — P. 694. Thiersault. — P. 695. Joubert. — 696. Portail. — P. 697. De Livré. — P. 698. Le Blanc. — P. 699. Gontier. — P. 700. De Bermond. — P. 701. Le Nain. — P. 702. Des Nos. — P. 704. Galland. — P. 705. Yvelin. — P. 706. Le Peletier. — P. 708. Le Pelletier.

711 pages.

24

Recueil de généalogies.

Généalogies de diverses familles dont les noms suivent :

P. 1. Larcher. — P. 3. Texier. — P. 5. Thumery. — P. 6. Braque. — P. 8. Godran. — P. 10. D'Hozier. — P. 11. Fouacier. — P. 12. Le Pere. — P. 13. Le Brun. — P. 14. Pajot. — P. 16. De Morogues. — P. 18. Le Comte de Voisinlieu. — P. 20. Roy. — P. 23. De Reilhac. — P. 25. De Loynes. — P. 26. Martines. — P. 28. De Geps. — P. 30. De Maillot. — P. 32. De la Plaine. — P. 33. De La Vergne. — P. 34. De Chasserat. — P. 35. De Blaires. — P. 36. De Villereau. — P. 37. De Vaucouleur. — P. 38. Le Prince. — P. 40. De Neufville. — P. 42. Clausse. — P. 43. Lavau. — P. 44. Perrinet. — P. 50. Goury. — P. 51. Le Meusnier. — P. 52. De Goué. — P. 54. De Bonnacourcy. — P. 55. Varlet. — P. 56. Balhaam. — P. 58. Charreton. — P. 64. De Chartres. — P. 66. Arondeau. — P. 67. Deya. — 68. Baudouyn. — P. 69. Beroul. — P. 70. Croiset. — P. 71. Berthemet. — P. 72. Ribier. — P. 74. De Chanuveux. — P. 75. Du Linage. — P. 76. La Mare. — P. 77. De Saint-Germain. — P. 78. Damiens. — P. 80. Chanterel. — P. 81. Chantarel. — P. 82. Radin. — P. 84. Guédon. — P. 86. De la Mare. — P. 90. De Burtio. — P. 91. De Lallier. — P. 92. Le Roy. — P. 94. Simony. — P. 96. Le Meneust. — P. 98. De la Porte. — 99. Boisbaudry. — P. 100. De Saint-Gilles. — P. 102. Du Breil. — P. 104. De Coetlogon. — P. 106. Anger. — P. 107. Le Liepvre. — P. 109. Godard. — P. 110. Colin. — P. 111. Bonneau. — P. 112. Lanier. — P. 114. De la Brunetière. — P. 116. Constantin. — P. 117. De Langan. — P. 118. Le Bel. — P. 119. Gallin. — P. 120. Ayrault. — P. 122. Juffé. — P. 123. De Monchal. — P. 124. Dupont d'Aubevoye. — P. 126. De Billon. — P. 128. De Villiers. — P. 129. Taillet. — P. 130. Laurens. — P. 132. Bar. — P. 133. Brice. — P. 134. Rigaut. — P. 135. Moreau. — P. 136. Paillart. — P. 137. Dalmas. — P. 138. De Vrevin. — P. 140. Philippes. — P. 141. Bordier. — P. 142. Le Grand. — P. 143. Hureau. — P. 144. Menjot. — P. 145. Mallion. — P. 146. Truden ou Trudaine. — P. 147. Ligier. — P. 148. Mignot. — P. 149. Louvet. — P. 150. De la Raye.

P. 151. Chahu. — P. 152. D'Abancourt. — P. 154. Canto. —

P. 155. Targer. — P. 156. Baudry. — P. 160. Brunet. 162. — Guimont. — P. 163. Le Maire. — P. 165. Martin. — P. 166. Ysambert. — P. 167. Bouchault. — P. 169. Guillier. — P. 173. Le Bel. — P. 171. Forestz. — P. 172. Fardoil. — P. 170. Porlier. — P. 174. De Berry. — P. 175. De Bery. — P. 176. Du Buisson. — P. 178. De Saint-Souplis. — P. 181. D'Aoust. — P. 182. d'Aguesseau. — P. 184. Carpentier. — P. 186. Le Feron. — P. 190. Pingré. — P. 191. Tuault. — P. 192. Rousseau de Bazoches. — P. 193. De l'Isle. — P. 194. Lespagnol. — P. 195. Rossignol. — P. 196. Merault. — P. 198. Boulanger. — P. 200. Chaufourneau. — P. 202. Pucelle. — P. 203. Pecquot. — P. 204. Fournier. — P. 205. Le Comte-Montauglan. — P. 206. Fleuriau. — P. 207. Barat. — P. 208. Beschefer. — P. 209. Lyé. —P. 210. Gargan. — P. 211. Buyer. — P. 212. Cazet de Vautorte. — P. 213. Ribaudon. — P. 214. Pollart. — P. 215. Chouaine. — P. 216. Tardieu. — P. 218. Desmartins. — P. 220. De Montrouge. — P. 221. Turgis. — P. 222. Noël. — P. 224. Trudaine. — P. 226. Rochereau. — P. 228. Josse. — P. 230. De Marle. — P. 232. De Verthamon. — P. 234. Durand. — P. 235. De Lutz. — P. 236. Camus. —P. 237. Des Réaux. — P. 238. Charruau. — P. 239. Rodot. — P. 240. D'Auvergne. — P. 242. Lefebvre. — P. 244. Scorjon. — P. 246. Le Vigneron. — P. 247. Vigneron. — P. 248. Goureau. — P. 252. D'Elbène. — P. 254. Le Camus. — P. 256. Du Couldray. — P. 258. Marchant. — P. 260. Thibault. — P. 262. Auzanet. — P. 265. Sapin. P. 266. Juglet. — P. 267. Corbin. — P. 268. Goyant. — P. 270. Talon. — P. 272. Choart. — P. 273. Faure. — P. 274. De Monts. P. 275. Gomer. — P. 278. Du Moncel. — P. 280. Le Forestier. — P. 281. De Saint-Clair. — P. 282. Le Michel. — P. 283. Du Mesnil. — P. 284. Balthazar. — P. 285. Bourgoin. — P. 286. Pidoux. — P. 288. Le Mairat. — P. 290. Du Lyon. — P. 294. De Gaumont. — P. 296. De Petremol. — P. 298. De Masparault. — P. 300. Foucquet. — P. 303. Cuissart. — P. 305. De Ludres. — P. 309. De Lutzelbourg. — P. 311. Ducs de Brabant. — P. 315. De Clèves. — P. 317. De La Marck. — P. 321. De Perusse-Escars. — P. 328. De Fiennes. — P. 331. Rois d'Écosse. — P. 333. Stuart. — P. 345. De Nogaret-La Valette. — P. 346. De Saint-Lary. — P. 348. D'Orbessan. — P. 349. D'Angennes.

P. 358. D'Ornezan. — P. 362. De Pierrebuffière. — P. 365. De Brouilly. — P. 372. De Goussencourt. — P. 374. De Wissocq. —

P. 376. De Hans. — P. 379. Thomassin. — P. 380. Fradet. — P. 383. Fredet. — P. 385. De Castelnau. — P. 389. De Maricourt. — P. 391. De Franc. — P. 392. Du Boys. — P. 395. D'Ybelin. — P. 399. Rois de Jérusalem. — P. 404. De Salins. — P. 407. De Fournillon. — P. 409. Gourdan. — P. 411. Le Normant. — P. 418. D'Averton. — P. 422. De La Taille. — P. 423. De Lyons. — P. 424. Carbonnel. — P. 427. De Thais. — P. 428. De Loubes. — P. 430. De Bery. — P. 432. Des Essars. — P. 439. De Vaux. — P. 440. De Malard. — P. 441. De La Mothe-Houdancourt. — P. 442. De La Felonnière. — P. 444. D'Aubigné. — P. 447. De Polignac. — P. 455. De Coetivy. — P. 458. D'Espagne-Montespan. — P. 463. De Pocquières. — P. 465. De Cochefilet. — P. 467. Comtes de Bourgogne. — P. 471. De Vienne. — P. 474. De Craon. — P. 481. De Malortie. — P. 485. Le Febvre. — P. 487 et 491. Gillon. — P. 488. De la Fons. — P. 490. Formé. — P. 492. De Friancourt. — P. 493. De Famechon. — P. 494. Du Gard. — P. 496. De Liévin. — P. 498. De Guiselin. — P. 500. L'Estocq. — P. 504. Caignet. — P. 505. Gouffier. — P. 510. Gorguette. — P. 511. Danzet. — P. 518. Lucas de Muin. — P. 519. Le Quien. — P. 514. Le Roy. — P. 515. De Jouich. — P. 516. De la Rue. — P. 517. Forestier. — P. 518. De Montigny. — P. 520. De Lancry. — P. 521. De Lenglantier. — P. 522. Morel. — P. 522 quinquies. Listes d'officiers royaux en Picardie. — P. 523. Suite de Morel. — P. 524. De Bommy. — P. 526. De Miremont. — P. 528. Picquet. — P. 530. De Guenluy. — P. 531. De Hertes. — P. 532. Du Gard. — P. 534. Du Bos. — P. 536. Tillette. — P. 538. De Runes. — P. 540. Truffier. — P. 542. De Chambly. — P. 544. Blondy. — P. 545. De Felins. — P. 546. Du Fresne. — P. 548. De Sens. — P. 554. Collier. — P. 556. De Villers. — P. 558. De Hen. — P. 559. D'Ally. — P. 560. De Hollandes. — P. 561. Berthes. — P. 562. Dragon. — P. 563. Creton. — P. 564. Thierry. — P. 565. Des Groseliers. — P. 566. Du Trousset.

566 pages.

25

Mélanges généalogiques. Copies et inventaires des titres de diverses familles.

Inventaires et extraits de titres relatifs aux familles dont les noms suivent :

Fol. 1. De Cardevac. — Fol. 17. De Blondel. — Fol. 25. De Preudhomme. — Fol. 41. De Croix. — Fol. 49. Thieulaine. — Fol. 70. De Mory. — Fol. 74. Warluzel, La Myre, Folleville etc. — Fol. 88. Briois. — Fol. 92. De Wit. — Fol. 100. Collot. — Fol. 108. Macé. — Fol. 118. Gervier.

Fol. 122. Fondation de la maison de Saint-Cyr (1686). — Fol. 128. Testament d'Anne-Marie-Louise d'Orléans (6 avril 1693). — Fol. 132. Accord entre Pierre, comte d'Alençon, et [Gui XII], sire de Laval (29 mai 1401). — Fol. 136. Procès entre Charles d'Arpajon et François de Soulages (1577). — Fol. 150. Titres de la famille Mithon. — Fol. 160. Pièces relatives à la famille Morice. — Fol. 164. Quittance donnée par Philippe de Flemy à Hector de Préaux. — Fol. 165. Note sur la marche à suivre par Mlle de More pour faire recônnaître la noblesse de sa famille. — Fol. 166. Reconnaissance de la noblese de Simon du Val (1653). — Fol. 170. Pièces relatives à la succession de Guy de Belloy (1569-1570). — Fol. 175. Cession faite par Michel Daniel, à Honoré Lauthier, d'une créance contre les héritiers de M. de Clermont (10 septembre 1683). — Fol. 176. Reconnaissances de foi et hommage faits par Pierre et Philippe Le Bel (1530 et 1550). — Fol. 178. Pièces concernant les fiefs des familles du Fresnoy et du Belloy. — Fol. 182. Constitutions de procureurs faites par le cardinal Georges d'Amboise. (1551-1552). — Fol. 186. Enquête sur la noblesse du marquis de Palvoisin (1667). — Fol. 198. Extraits des titres de la famille Gouffier. — Fol. 209. Titres produits par MM. de la Morlière. — Fol. 215. Généalogie de la maison de Collier.

Extraits des titres des familles dont les noms suivent :

Fol. 227. Poussemothe. — Fol. 231. Du Roux et Rochefort. — Fol. 236. De Magrand. — Fol. 238. Mydorge. — Fol. 248. Miron. — Fol. 256. Malortie. — Fol. 267. De Courcy. — Fol. 268. De Callaïs. — Fol. 269. De Vieupont. — Fol. 270. D'Erard. — Fol. 276. Le Gris. — Fol. 279. Du Merle. — Fol. 281 v°. D'Orbec. — Fol. 283. De Rousserolles. — Fol. 283 v°. D'Auber. — Fol. 284. Du Quesne. — Fol. 285. D'Erard et Legris. — Fol. 297. Du Merle. — Fol. 311. De Crevecœur. — Fol. 319. Moreau.

315 feuillets.

26

Pièces pour la généalogie de diverses familles.

Fol. 1. Arrêt de la Cour des aides reconnaissant la noblesse de Pierre Gauvain (3 février 1633). — Fol. 7. Pièces concernant la famille Le Brun (21 octobre 1518-18 juin 1668). — Fol. 39. Pièces concernant la famille de Courtils (17 octobre 1484-17 aout 1586). — Fol. 64. Nomination du tuteur d'Hélène de Billy (8 août 1580). — Fol. 69. Pièces concernant la famille de La Vergne (21 novembre 1556-17 juillet 1609). — Fol. 89. Arrêt de la Cour des aides reconnaissant la noblesse de Nicolas de Rumet (29 décembre 1615). — Fol. 97. Contrat de mariage de François de Maricourt et Michelle Robertet (7 mai 1562). — Fol. 102. Contrat de mariage d'Antoine du Saulzey et de Françoise Dumas (29 avril 1589). — Fol. 105 v°. Contrat de mariage de Laurent Cappon et d'Hélène Gadaigne (6 juillet 1554). — Fol. 118. Notes sur la famille de Crèvecœur. — Fol. 120. Supplément aux titres produits devant le chapitre de Remiremont par Geneviève de Montliart, par Haudicquer de Blancourt (1675). — Fol. 124. Pièces relatives à la famille de Montliart (28 avril 1498-18 décembre 1600). — Fol. 138. Contrat de mariage d'Antoine Le Boucher et Louise Le Blastier (26 octobre 1561). — Fol. 141. Généalogie de la famille de Naillac. — Fol. 142. Contrat de mariage de Claude Merault et Jeanne Le Comte (11 juillet 1596). — Fol. 144. Famille de Toulonjon. — Fol. 145. Arrêt du Parlement reconnaissant la noblesse d'Antoine de Carnazet (5 avril 1605). — Fol. 155. Extrait des preuves de noblesse de François Dauvet, chevalier de Saint-Jean de Jérusalem (1676). — Fol. 156. Contrat de mariage de Hugues de Civry et Claude d'Oudry. — Fol. 158. Testament d'Éléonore de Bergh, duchesse de Bouillon (19 avril 1657).

Extraits de titres relatifs à diverses familles dont les noms suivent : Fol. 162. De Besançon. — Fol. 164. Baillif. — Fol. 168. Blanquet etc. — Fol. 172. Meliand, etc. — Fol. 174. De Crèvecœur. — Fol. 181. De Montdoucet. — Fol. 183. De Blondeaux. — Fol. 184. De Machault. — Fol. 188. Favereau. — Fol. 190. Pasquier. — Fol. 193. Brachet. — Fol. 194 v°. De Saint-Gelais. — Fol. 196 v°. De Saint-Aulaire. — Fol. 198. Laisné. — Fol. 202. Pièces relatives à la famille de Selve (1487-1567). — Fol. 246. Familles Le Maire, Pignard, etc.

261 feuillets.

27

Inventaires de titres généalogiques.

Inventaire de titres se rapportant à la généalogie de diverses familles dont les noms suivent :

P. 1. Le Bascle. — P. 21. De Hériot. — P. 27. Le Boucher-Flogny. — P. 33. De Pontville. — P. 39. De Poitiers. — P. 43. De Gombault. — P. 53. De Soulfour. — P. 59. Le Bascle d'Argenteuil. — P. 63. De Longueil. — P. 65. « Mémoire des titres qui manquent pour faire la preuve de Remiremont de damoiselle Françoise Le Bascle. » — P. 79 et 129. De Menou. — P. 113. De la Chastre. — P. 147. Testament de Jeanne de Fleix. — P. 153. De Château-Chalon. — P. 165. De Marsay. — P. 171. De Varie. — P. 185. De Menou. — P. 221. Du Fau. — P. 225. Du Raynier. — P. 229. De Clere. — P. 263. Des Courtils. — P. 289. De Billy. — P. 305. De Boursault. — P. 319. De la Vergne. — P. 323. Viart. — P. 329. Brisson. — P. 357. Titres produits par Henri de Chastelet de Moyencourt pour être reçu dans l'ordre de Saint-Jean de Jérusalem. — P. 399. De Clere. — P. 411. De Pusteval. — P. 419. De Recusson. — P. 427. De Combault. — P. 441. De la Béraudière.

442 pages.

28

Titres généalogiques.

Fol. 1 et 15. Famille de Caumartin. — Fol. 5. Famille Gouffier. — Fol. 7. Famille Mangot. — Fol. 11. Famille Berthelin. — Fol. 17. *Remarques sommaires sur la maison de Gondi*, par d'Hozier (imprimé. Paris, 1652; in-fol.). — Fol. 29. Relation de la bataille de Rocroy (imprimé. Paris, 1643; in-fol.). — Fol. 39. « *Preuves littérales, toutes de la main du sieur Gabriel Sionite, comme il a imposé en tout ce qu'il a dit sur le sujet de la Bible qu'imprime Vitré* » (imprimé. Paris, 1640; in-fol.). — Fol. 47. « *Factum pour le sieur Chalochet, graveur ordinaire du roi contre le S*r *de Favane* » (imprimé, in-fol., s. d.). — Fol. 49. *Factum pour Emery Bigot, tuteur des enfants de... Nicolas Bigot*, contre Joseph Saunier (imprimé, s. d. in-fol.). — Fol. 52. Privilèges pour l'établissement, en France, d'une manufacture de glaces de Venise, 1665-1695 (imprimé, s. d.; in-fol.). – Fol. 62. Pièces relatives au procès de M. Veydeau de Grandmont, conseiller au Parlement (imprimé, s. d.; in-fol.). — Fol. 80. *Factum* pour Adrien de Lestocq, s[r] de Beaufort, contre Nicolas de Lestocq (imprimé, in-fol. s. d.). — Fol. 82. Factum pour Me François de la Serre, avocat au Parlement, accusé de fausse monnaie (imprimé, s. d.; in-fol.).— Fol. 86. Extrait des registres du Parlement, concernant François Dufresne, sieur de Gurridruin et la famille de la Touche (imprimé, s. d.; in-fol.). — Fol. 100. Factum pour messire Jean-Gustave, sire de Rieux, contre Hyacinthe-Anne le Seneschal, marquis de Carcado (imprimé, s. d.; in-fol. ; 2 exemplaires).

Fol. 104. *Lettre au serenissime prince de Malte, grand maistre de l'Ordre de Saint-Jean de Hierusalem*, par I. Baudoin (imprimé, 1629; in-fol.).— Fol. 109. Placet pour Suzanne de Girard-Basoges contre les Chartreux de Dijon. — Fol. 110. *Dessein de l'histoire de tous les cardinaux françois*, par Fr. Duchesne (imprimé, Paris, 1653; in-fol.). — Fol. 114. *Discours de la poésie, à Mgr. le cardinal de Richelieu*, poésie (imprimé, Paris, 1633; in-fol.). — Fol. 118. *Humble requeste à la reine sur les désordres qui se commettent dans les églises par les libertins du temps* (imprimé, Paris, 1645; in-fol.). — Fol. 141. Factum pour le règlement des qualités d'héritiers de la dame de Blerancourt (imprimé, s. d.; in-fol.). — Fol. 145. Factum pour les créanciers de Henri de Lorraine, comte de Harcourt (imprimé, s. d.; in-fol.).— Fol. 152. *État sommaire des obmissions de receptes, mauvaises dépenses, et erreur de calcul faites... par Messsire Nicolas de Frémont, grand audiancier de France.* (imprimé; s. d.); in-fol. — Fol. 162. Factum pour Jean-Baptiste Monginot, sieur de Courtery (imprimé; in-fol. incomplet). — Fol. 173. Factum pour D[lle] Christine Mongin (imprimé, s. d.; in fol.). — Fol. 187. Factum pour Pierre-Philippe Turpin, seigneur de Lormarin, contre les demoiselles Langlois (imprimé, s. d.; in-fol.). — Fol. 189. Généalogie de la maison d'Espinay (imprimé, s. d.; in-fol.). — Fol. 202. Procès-verbal de l'examen, par Baluze, Mabillon et Ruinart, des cartulaires et de l'obituaire de Saint-Julien de Brioude (imprimé, Paris, 1695; in-fol.).

219 feuillets.

29

Extraits historiques divers.

Fol. 1. Testament de Philippe, évêque de la Sabine (27 août 1372). — Fol. 5. Notice concernant le Saint-Suaire de Lirey. — Fol. 7. Testament de Raimond-Arnaud de Goth, seigneur de Rouillac (mai 1325). — Fol. 9. Bulle d'Urbain II pour le monastère de Saint-Victor de Marseille (4 avril 1095; Jaffé, n° 5560). — Fol. 10. Lettre d'Étienne de Suzy, évêque élu de Tournai, à Robert, archevêque de Reims [1300]. — Fol. 11. Fragment de chronique (début du XIIIe s.). — Fol. 16. Discussion si les fils peuvent épouser la concubine de leur père. — Fol. 21. Notes diverses sur l'histoire des Mérovingiens. — Fol. 22. Renouvellement de l'alliance entre la France et la Savoie (27 octobre 1452). — Fol. 24. Extraits des *Chroniques de Saint-Denis*. — Fol. 25. Vente de terres faite par Jeanne de Divion à Charles de Ranchicourt (31 juillet 1443). — Fol. 27. Notes extraites d'un registre du conseil échevinal d'Arras. — Fol. 28. Extrait de la Chronique de Flandre de Denis Sauvage, relatif aux Divion. — Fol. 30. Commission de colonel donnée par François, duc d'Anjou, à François de Divion (4 mai 1582). — Fol. 32. Requête adressée au roi par le s[r] Robert, officier (1 oct. 1588). — Fol. 34. Vente par le sire de Vaulinguehen à Hue le Borgne d'un fief sis à Divion (2 avril 1398).

Fol. 36. Prétendu diplôme de Charlemagne pour l'évêché de Brême (Böhmer-Mühlbacher, n° 286). — Fol. 37. Acte de constitution de procureur en la personne de Duchesne par Louis de Villeprouvée, conseiller du roi (11 octobre 1644). — Fol. 38. Pièces relatives à la fondation de la chapelle Notre-Dame de Liesse à Annecy (5 décembre 1371-7 décembre 1399). — Fol. 48. Fragment de table alphabétique. — Fol. 50. Note sur la famille de Thibaut le Tricheur. — Fol. 53. Fragment d'un abrégé de logique. — Fol. 60. Notes généalogiques diverses. — Fol. 67. Ordonnance de Charles-Emmanuel, duc de Savoie, interdisant dans les donations et testaments plus de quatre degrés de substitutions (4 octobre 1598). — Fol. 69. Contrat de mariage de Joseph Le Roy, sieur de la Sanguinerie, et de Marie-Therèse Lescot (1 septembre 1674).

70 feuillets.

30

Correspondance d'André et François Duchesne.

Lettres adressées à André et à François Duchesne par divers personnages :

Fol. 3. [J.-A.] de Chevanes (25 septembre 1654-3 février 1688). — Fol. 44. Pezard (27 avril 1656-18 septembre 1661). — Fol. 49. Lettre de M. de Saint-Antoine au marquis de Louvois (28 novembre 1681). — Fol. 51. De Grandmont (13 novembre 1684 et s. d.). — Fol. 54. Pezard (24 juin 1654-22 avril 1661) et Jeanne Pezard (20 septembre 1661). — Fol. 67. Duchesne (21 novembre 1676-20 juillet 1682). — Fol. 74. Auteuil (22 avril 1662-29 septembre 1687). — Fol. 80. Hennequin (7 août 1678-23 mai 1679). — Fol. 91. Dom Luc D'Achery (13 janvier 1657-26 janvier 1670). — Fol. 95. Jean de Saint-Martin (10 février 1651-28 avril 1652). — Fol. 102. P. Guichenon (24 janvier 1653-9 mars 1663). — Fol. 159. Citois (8 juillet 1627). — Fol. 161. P. de Gomiecourt (4 février 1622-7 avril 1632). — Fol. 166. R. de Scheilder (19 mars 1622-23 avril 1622). — Fol. 168. Pezard (28 octobre 1656). — Fol. 170. Page (24 avril 1624-20 février 1626). — Fol. 172. Pierre-François Chifflet (12 mai 1634). — Fol. 173. J.-J. Chifflet (24 août 1620-8 février 1624) et P. Chifflet (9 janvier 1622). — Fol. 177. Du Pescher (s. d.). — Fol. 178. De la Roque (s. d.). — Fol. 179. Bernier (s. d.). — Fol. 180. J. Pertuis (8 avril 1654). — Fol. 181. A. D'Oihénart (s. d.). — Fol. 182. Bignon (s. d.). — Fol. 183. Dupuy (s. d.). — Fol. 184. J. Bigot (19 février 1638). — Fol. 186. Peiresc (s. d.). — Fol. 188. Mme d'Aligre (22 août 1672). — Fol. 189. Auteuil (7 mai, s. d.). — Fol. 191. De Mornieu (9 avril 1622). — Fol. 192. De Vergy (10 novembre 1625). — Fol. 193. P. de Gomiecourt (1 août 1631). — Fol. 194. Du Bouchet (14 janvier 1638 et s. d.). — Fol. 198. Aubery (s. d.). — Fol. 199. Carreau, élu en l'élection de Tours (15 mars 1675). — Fol. 200. Ricault (s. d.). — Fol. 202. Sauvalle (s. d.). — Fol. 203. La Mothe (s. d.). — Fol. 204. Jacob (25 septembre 1632). — Fol. 205. De Malabry-Ligier (janvier-avril 1655). Fol. 209. Noël Damy (avril-juillet 1655). — Fol. 215. Abbé d'Aligre (7 avril, s. d.). — Fol. 216. Louis de Courtenay (25 juin 1668).

Fol. 217. De Chevanes (22 octobre 1683). — Fol. 218. De Challudet (22 août 1658). — Fol. 219. P. G. de Sainte-Marthe (s. d.). — Fol. 220. De Chevanes (s. d.). — Fol. 221. Tierrot (13 avril 1674). — Fol. 222. Du Bouchet (s. d.). — Fol. 225. R. Marceton (mars 1668). — Fol. 226. Vignier (s. d.). — Fol. 227. Paulmyer (18 décembre 1661). — Fol. 228. Cognart (9 mars 1680. — Fol. 229. Courtin (19 juillet 1679). — Fol. 230. Palliot (24 décembre 1670). — Fol. 231. Du Petipuy (s. d.). — Fol. 232. Dufourny (s. d.). — Fol. 233. D'O (6 juin 1676). — Fol. 234. De la Thaumassière (19 janvier 1667). — Fol. 235. De Junquières (25 janvier, s. a.). — Fol. 236. De Creil (s. d.). — Fol. 237. De Machault (26 février, s. a.) — Fol. 238. Ménage (s. d. et 25 janvier 1679). — Fol. 240 Ducange (21 avril s. a. et 28 juillet 1679). — Fol. 242. Le Tellier (29 mai 1649). — Fol. 243. A. D'Oihénart (15 mai 1636). — Fol. 244. Bourneau de Beauregard (1 avril 1622). — Fol. 244 *bis*. Hébert, avocat à Dieppe (6 mai 1684). — Fol. 245. Palliot (27 avril 1693). — Fol. 246. « Lettre d'un bourgeois de Liège à un de ses amis, escrite du camp devant Mons » [signée : Mathieu Larnot]. — Fol. 248. Butkens (s. d.) — Fol. 249. Trincant (s. d.) — Fol. 253. P. de Gomiecourt (25 octobre 1624). — Fol. 254. Bourneau [de Beauregard] (27 septembre 1622). — Fol. 255. A. Hauterive (?) (août 1621). — Fol. 156. Jean Meyer (14 mars 1622). — Fol. 257. Philippe Marmotin (s. d.). — Fol. 258. Marie de Vivonne (19 août 1621). — Fol. 258 *bis*. Fretay (s. d.). — Fol. 259. — Hardy (lettre s. d. à M. Durand (?), conseiller de la reine). — Fol. 260. De la Magdeleine (7 octobre 1647). — Fol. 261. Le P. Monod (26 mars 1622). — Fol. 262. Antoine de Mol (16 avril 1622). — Fol. 263. De Brienville (15 novembre 1621). — Fol. 263 *bis*. F.-M. Prouverre-Br[i]chetaux (20 avril 1627). — Fol. 264. François de Chevriers (30 mars 1622). — Fol. 265. Bergier (s. d.) — Fol. 266. Carravon (26 juin 1616). — Fol. 267. Lettre non signée (Besançon, 11 juin 1622). — Fol. 268. Baltazar (s. d.). — Fol. 269. Saint-Florent (10 septembre 1622). — Fol. 270. Le Batelier [d'Aviron] (25 février 1617). — Fol. 271. De Labroye (14 février 1624). — Fol. 172. A. Brun (19 octobre 1621).

272 pièces. — Les n°s 244, 258 et 263 sont en double.

31

Pièces relatives à François de Monferrand.

Fol. 1. « Salvations » produites devant le Parlement de Bordeaux dans le procès entre Jean d'Albret, comte de Rethel, d'une part, et François et Thomas de Montferrand, d'autre part (original). — Fol. 93. Enquête faite en octobre 1505 à Saint-Laurent en Médoc, au sujet des droits de François de Montferrand, par Nicole Ruffineau, conseiller du roi (original).

189 feuillets. Parchemin.

32

Généalogie de la maison de Maillé.

Fol. 1. Notice sur la maison de Maillé-Brézé. — Fol. 19. Généalogie de la maison de Maillé. — Fol. 21. Généalogie de Marie de Baussay, issue des Maillé. — Fol. 24. Généalogie de la maison de Ferrières. — Fol. 25. Extraits du cartulaire de Marmoutier pour le Vendômois. — Fol. 37. Arrêts du Parlement du 14 août 1462 et du 30 mars 1495 (v. st.) relatifs à la famille de Surgères. — Fol. 44. « Preuves de l'histoire généalogique de l'illustre maison de Maillé en Touraine, par François Duchesne ». — Fol. 64. Notes sur la famille de Maillé. — Fol. 68. Tableau généalogique des Maillé. — Fol. 71. Notes sur la famille de Montbazon. — Fol. 86. Notes sur les Maillé. — Fol. 94. Extraits des archives de Saint-Julien de Tours. — Fol. 95. Extraits de cartulaires de Saint-Sulpice de Bourges, de Fleury-sur-Loire, etc. — Fol. 98. Notice généalogique sur la maison de Maillé. — Fol. 118. Généalogie de la maison de Brézé, par Bourneau. — Fol. 143. Notes sur les premiers seigneurs de Maillé.

146 feuillets. — Les fol. 21-43 et 64-67 sont de la main d'A. Duchesne.

33

Généalogie de la maison des Chasteigners.

Notes et pièces recueillies par A. Duchesne pour son *Histoire généalogique de la maison des Chasteigners* (Paris, 1634, in-fol.), en grande partie fournies par Henri Chasteigner de la Roche-pozay, évêque de Poitiers, et correspondance de ce dernier avec Duchesne au sujet de l'impression de l'ouvrage.

207 feuillets.

34

Notes et pièces relatives à l'Ordre du Saint-Esprit.

Généalogies des familles des chevaliers du Saint-Esprit et notes s'y rapportant, parmi lesquelles on remarque les pièces suivantes :

Fol. 1. Généalogies de diverses maisons. — Fol. 111. Notices biographiques et généalogiques. — Fol. 153. Listes de diverses promotions de l'Ordre. — Fol. 253. Note pour le *Mercure galant* sur l'utilité des nobiliaires provinciaux. — Fol. 262. Lettres adressées à Haudicquer de Blancourt, au sujet de ses travaux généalogiques par Huez, Clairambault, etc. — Fol. 288. Notices sur les trésoriers du Marc d'or. — Fol. 317. Notices sur quelques intendants des Ordres du roi. — Fol. 331. Notice biographique sur Jean, comte d'Estrées, maréchal et vice-amiral de France. — Fol. 344. Notice sur Colbert de Croissy. — Fol. 345. Notice sur Jean-Jacques de Mesmes. — Fol. 352. Famille d'Effiat. — Fol. 354. Lettres écrites à Duplessis de Blancourt au sujet de travaux généalogiques. — Fol. 374. Chevaliers du Saint-Esprit créés en 1682 et 1686. — Fol. 384. Notice sur Geoffroy, comte d'Estrades. — Fol. 386. Listes des divers officiers des Ordres du roi, depuis 1578.

408 feuillets.

35

Pièces diverses pour l'histoire des évêques de France.

Fol. 1. Fragment d'une notice, en français, sur l'abbaye de Sainte-Benoite d'Origny, extraite d'un ms. de l'abbaye. — Fol. 2. Notes sur des chartes relatives à diverses abbayes du Midi de la France. — Fol. 6. Archevêques d'Aix. — Fol. 8. Évêques d'Albi. — Fol. 10. Évêques de Périgueux et d'Arles. — Fol. 12. Évêques d'Orléans, placard imprimé (1612). — Fol. 13. Évêques de Beauvais. — Fol. 17 v°. Listes des abbés des monastères du diocèse de Beauvais. — Fol. 25. Évêques de Castres. — Fol. 29. Évêques d'Angoulême. — Fol. 33. Évêques de Poitiers. — Fol. 42. Évêques d'Angoulême. — Fol. 57. Évêques de Saintes. — Fol. 63. Préface d'Isaac, évêque de Langres, à son recueil de canons. — Fol. 64. Évêques de Lescar. — Fol. 67. Textes relatifs aux archevêques de Lyon. — Fol. 83. Évêques de Luçon. — Fol. 84. Évêques de Maillezais. — Fol. 85. Évêques de Marseille. — Fol. 87. Évêques de Nantes. — Fol. 88. Obits de divers évêques d'Orléans. — Fol. 89. Archevêques de Narbonne. — Fol. 95. Extraits du Livre rouge de l'archevêché de Narbonne. — Fol. 97. Évêques de Nîmes. — Fol. 102. Évêques de Saint-Papoul. — Fol. 103. Évêques de Paris. — Fol. 114. Pièces diverses sur l'église et les évêques de Paris. — Fol. 128. Évêques de Soissons. — Fol. 132. Sur l'origine des comtes de Soissons. — Fol. 134. Extrait du Livre Vert de l'église de Sisteron. — Fol. 141. Évêques de Toulouse. — Fol. 143. Évêques de Tréguier.

Fol. 144. Archevêques de Tours. — Fol. 155. Évêques du Puy. — Fol. 156. Notes et pièces sur diverses abbayes du diocèse de Soissons. — Fol. 160. Documents sur divers archevêques de Tours. — Fol. 178. *C'est la vie et légende de Monsieur saint Arnoul, évesque et martyr.* (Imprimé, Chartres, 1607 ; in-8°.) — Fol. 184. Inscriptions métriques de la basilique de Saint-Martin de Tours. — Fol. 186. Vers latins en l'honneur de François Gueslé, archevêque de Tours (placard imprimé, 1597). — Fol. 187. Lettres de Besly à A. Duchesne au sujet de la Chronique de Tours (20 août-10 septembre 1616). — Fol. 193. Notes sur divers archevêques de Tours. — Fol. 214. « Recherches de l'antiquité de l'église cathédrale de Viviers, par Jacques de Romieu », et lettre de celui-ci à Duchesne (20 janvier 1602). — Fol. 221. Extraits d'une *Notitia Vasconiae*, de Scipion Dupleix. — Fol. 228. Extraits de Bernard Gui. — Fol. 230. Testament d'Haduindus, évêque du Mans (Pardessus, n° 300). — Fol. 234. Notes sur les évêques de Noyon. — Fol. 236. Notes diverses. — Fol. 239. Épitaphe en vers de Jean Olivier, évêque d'Angers. — Fol. 244. Extraits d'une histoire manuscrite du Ponthieu. — Fol. 252. Documents relatifs aux évêques d'Orléans. — Fol. 257. Notice sur Gautier de Bruges, évêque de Poitiers. — Fol. 258. Épitaphe de Pierre Trousseau, évêque de la même ville.

Fol. 260. Liste des prieurs de Saint-Martin-des-Champs, par Dom M. Marrier (placard imprimé, 1616). — Fol. 261. Notice de la découverte d'une chapelle souterraine à Montmartre, le 12 juillet 1611 (placard imprimé, 1611). — Fol. 262. Notice sur l'abbaye de Saint-Jean de Laon. — Fol. 264. Notice sur l'abbaye de Saint-Ruf d'Avignon. — Fol. 266. Pouillé de l'abbaye de Marmoutier. — Fol. 285. Pouillé de l'abbaye de Montiérender. — Fol. 287 v°. Pouillé de l'abbaye de Saint-Germain d'Auxerre. — Fol. 290. Pouillé de l'abbaye de Saint-Rémi de Reims. — Fol. 292. « Beneficia in exemptione Fiscanensi constituta. » — Fol. 295. Notice sur l'abbaye de Saint-Père de Melun. — Fol. 296. Pouillé du monastère de Saint-Florent de Saumur. — Fol. 298. Pouillé de l'abbaye de Saint-Jouin de Marne. — Fol. 300. Extraits des pouillés des abbayes d'Evron, Ruricourt, Saint-Martin de Pontoise, Saint-Denis, etc. — Fol. 302. Pouillé de l'abbaye de Montiéramey, et liste des prieurés dépendant de Moissac. — Fol. 303. Notes sur divers légats pontificaux.

303 feuillets. Nombreuses pièces de la main d'A. Duchesne.

36

Notes pour l'histoire de la maison de Laval.

Notes, extraits et copies de pièces (XIIIe-XIVe siècle) pour servir à l'histoire de la maison de Laval (cf. A. Duchesne, *Histoire généalogique de la maison de Montmorency et de Laval*, Paris, 1624; in-fol.).

121 feuillets.

37

« Mémoires de diverses maisons illustres. »

Fol. 3. Passages divers de poètes antiques concernant la noblesse. — Fol. 6. Sur les mots : Baron, Baronnie, Barnage. — Fol. 8. « Louanges du sceptre royal de France. » — Fol. 9. Maison de Mauvoisin-Rosny. — Fol. 17. Maison de Picquigny. — Fol. 18. Généalogie de la maison de Genève, extraite des Annales de Savoie du P. Monod. — Fol. 22. Généalogie de la maison de Harcourt, par Jacques d'Auzoles. — Fol. 24. Maison de Breteuil. — Fol. 25. Maison de Chevreuse. — Fol. 26. Maison de Mello. —

Fol. 27. Extrait d'une description du Leicestershire. — Fol. 34. Maison de Dammartin. — Fol. 33. Maison de Remefort.

Fol. 37 v°. Extraits d'un livre de généalogies du baron de Vieux-Chastel : Maison de Coetivy. — Fol. 39 v°. Govion-Matignon. — Fol. 39 v°. De Coetquen. — Fol. 40 v°. Rostrenan. — Fol. 41 v°. Du Chastel. — Fol. 42 v°. De Rohan. — Fol. 43 v°. De Chateaubriant. — Fol. 44 v°. De Lannion. — Fol. 46. Généalogies diverses classées par ordre alphabétique (Aguenin-Boucher).

Fol. 52. Généalogies diverses parmi lesquelles on remarque les suivantes : Fol. 55 v°. De Vienne. — Fol. 59. Du Plessis. — Fol. 64. Paillart. — Fol. 65 v°. Ganay. — Fol. 70. De l'Age. — Fol. 73. Poussard. — Fol. 75. Mesgrigny. — Fol. 78 v°. Luillier. — Fol. 79 v°. Ebrard. — Fol. 82. Chources de Malicorne. — Fol. 86. Morin. — Fol. 88. Catin. — Fol. 90. Marillac. — Fol. 91. Dauvet. — Fol. 94. Spifame. — Fol. 95. Bochart. — Fol. 96. Épitaphes de la famille de Chabannes. — Fol. 98. Neuville. — Fol. 102. Levis. — Fol. 105. De l'Isle-Adam. — Fol. 107. D'Amboise. — Fol. 108. Saint-Mesmin. — Fol. 111. Riboule. — Fol. 118. Épitaphes parisiennes diverses. — Fol. 121. Famille Boucher. — Fol. 123. D'Aumale. — Fol. 124. Berthelot. — Fol. 128. Des Ursins. — Fol. 131. Baussay. — Fol. 133. De l'Isle-Bouchard. — Fol. 134 *bis*. De Mauleuvrier. — Fol. 135. De Langeac. — Fol. 136. Malet.

139 feuillets, plus le feuillet 134 *bis*.

38

Recueil de Vies de saints et de textes se rapportant à l'histoire ecclésisatique.

Fol. 1. Vie de Robert, abbé de la Chaise-Dieu, par le moine Bernard [*Bibliotheca hagiographica latina*, n° 7263]. — Fol. 16. Histoire de la fondation de l'ordre du Val-des-Écoliers. — Fol. 25. *Nucleus de sacrificio missae*, de Pierre le Vénérable. — Fol. 46. Notes sur les premiers abbés de Cluny et la règle de l'ordre. — Fol. 53. État de l'abbaye de Saint-Martial de Limoges. — Fol. 58. *Narratio generationis* de Saint-Yrieix [*Bibl. hag. lat.*, n° 668]. — Fol. 60. Lettre des Florentins à Alexandre II sur le miracle de saint Pierre l'Igné [*ibid.*, n° 6714]. — Fol. 65. Fragment de la vie de saint Benoît d'Aniane, par Ardon Smaragde [*ibid.*, n° 1096]. — Fol. 72. Vie française de sainte Isabelle, fille de Louis VIII.— Fol. 91. Notice de la fondation de la maison de [Notre-Dame du] Pont au diocèse de Clermont. — Fol. 93. Fragment d'une « Passio sancti Stephani papae » [*Bibl. hag. lat.*, n° 7845]. — Fol. 95. Extrait de la vie d'Adalard de Corbie, attribuée à Gérard de Sauvemajeure [*ibid.*, n° 60]. — Fol. 99. Saints issus de la famille des ducs de Lorraine. — Fol. 102. Extrait de la vie de saint Géraud d'Aurillac, par Eudes de Cluny [*ibid.*, n° 3411]. — Fol. 205. Passion de saint Privat [*ibid.*, n° 6932]. — Fol. 106. Vie de saint Babolein [*ibid.*, n° 886]. — Fol. 116. Vie de saint Aubin, par Fortunat [*ibid.*, n° 234].

Fol. 118 v°. Catalogues épiscopaux d'Angers; le Mans, Nantes, Sens, Orléans, Poitiers. — Fol. 120. Vie de saint Maimbœuf [*Bibl. hag. lat.*, n° 5151]. — Fol. 138. *Sermo de tumulatione sancti Quintini* [*ibid.*, n° 7020]. — Fol. 161. Vie de saint Aunaire [*ibid.*, n° 805]. — Fol. 163. Vie de saint Eusice [cf. *ibid.*, n° 2755]. — Fol. 182. *Sermo de inventione sancti Maximi* [*ibid.*, n° 5821. — Fol. 190. Vie de saint Euspice de Micy [*ibid.*, n° 2757]. — Fol. 196. Vie de saint Folcuin [*ibid.*, n° 3079]. — Fol. 204 et 219. Passion de sainte Foi, et Miracles de la même sainte, par l'écolâtre Bernard [*ibid.*, n° 2931 et 2942]. — Fol. 217. Fondation du prieuré du Val d'Osne au diocèse de Troyes, et actes des seigneurs de Joinville. — Fol. 232. Vie de saint Paterne, par Fortunat [*Bibl. hag. lat.*, n° 6477]. — Fol. 233. Vie de saint Soleine [*ibid.*, n° 7818]. — Fol. 237. Extraits d'une vie de saint Maixent. — Fol. 220. Extraits relatifs à sainte Salaberge. — Fol. 240. Fragments de lectionnaire concernant saint Savin. — Fol. 242. Vie de sainte Salaberge [*Bibl. hag. lat.*, n° 7463]. — Fol. 248. Vie de saint Philibert, par Ermentaire [*ibid.*, n° 6807]. — Fol. 253. Vie de saint Déel (Deicolus) [*ibid.*, n° 2120]. — Fol. 259. Extrait de la translation de saint Sever [*ibid.*, n° 7681]. — Fol. 261. Mémoire sur saint Alpin de Châlons.

Fol. 263. Tables de divers manuscrits contenant des vies de saints. — Fol. 273. Vie de saint Léger [*Bibl. hag. lat.*, n° 4853]. — Fol. 290. Abrégé de la vie de Robert d'Arbrissel, par Baudri de Dol. — Fol. 294. Chartes de la reine Aliénor pour Fontevrault. — Fol. 294 *bis*. Lettre de dom Pavillon à F. Duchesne sur le projet d'une histoire de Fontevrault (24 mai 1664). — Fol. 295. Vie de saint Adalbéron de Metz [*Bibl. hag. lat.*, n° 29.]. — Fol. 311. Extrait de Raoul Glaber, *Hist.* l. III, c. IV. — Fol. 312. Extrait d'une vie de Léon IX. — Fol. 313. Table d'un lectionnaire de Saint-Jean de Laon. — Fol. 314. Vie de saint Silvain d'Ahun. — Fol. 316. *Conversio Othgerii militis* [*Bibl. hag. lat.*, n° 2831]. — Fol. 318. Vie de saint Victor d'Arcies [*ibid.*, n° 8564]. — Fol. 322. Vie de saint Hermeland [*ibid.*, n° 3851]. — Fol. 326. Miracles de saint Denis [cf. *ibid.*, n° 2202]. —Fol. 352. Office de saint Marius de Bodon [*ibid.*, n° 5540]. — Fol. 356. Lettre de Le Prévost à Duchesne sur l'envoi d'un ms. de la vie de saint Rémi (26 juin 1628). — Fol. 337. Vie de saint Rémi de Rouen [*Bibl. hag. lat.*, n° 7174]. — Fol. 359. Vie de Simon de Crépy [*ibid.*, n° 7757]. — Fol. 365. Extrait des *Gesta episcoporum Autissiodorensium.*

394 feuillets, plus le feuillet 294 *bis*.

39

Mélanges d'histoire religieuse.

Fol. 1. Litanies de Jésus. — Fol. 3. Homélie sur sainte Marie Madeleine. — Fol. 8. Vie de saint Arnoul de Soissons [*Bibl. hag. lat.*, n° 704]. — Fol. 46. Voyage en Terre-Sainte de Bernard de Breidenbach. — Fol. 82. Sur saint Jean l'Évangéliste (extrait du *De verbo mirifico* de J. Reuchlin).

95 feuillets.

39 *bis*

Histoire de Duguesclin.

Fol. 1. « Cy commence la table de toutes les rubriches de ce present livre, ou quel sont contenuz les faitz et hystoires du bon chevalier Bertran du Guesclin, en son vivant connestable de France... » — Fol. 15. Prologue commençant ainsi : « En ma pensée souventesfois me delite en oïr lire... ».

Abrégé en prose de Cuvelier (cf. Molinier, *Sources de l'hist. de France*, n° 3347), copié au mois d'août 1449, à Montereau, par Jean « de Vineel », pour Jean de Villereau, écuyer, seigneur de la Fosse-Mélart. — XVe siècle. Papier. 132 feuillets.

Transféré au fonds français des nouvelles acquisitions, n° 10402.

40

Histoire de la Maison de Montmorency.

Pièces et notes recueillies par Duchesne pour son *Histoire de la maison de Montmorency et de Laval* (Paris, 1624; in-fol.).

491 feuillets.

41

Mélanges généalogiques.

Recueil de généalogies, parmi lesquelles on remarque les suivantes: Fol. 1. Rois de Sicile et de Hongrie de la maison d'Anjou. — Fol. 3. Comtes de Rennes et de Bretagne. — Fol. 16. « Liste de Messieurs de la Cour des Monoyes » (placard imprimé). — Fol. 17. « Descentes de Maisons royalles ». — Fol. 32. Notes sur la maison de Villiers, envoyées à Haudicquer par Vezilly. — Fol. 38. Descendants de Florimond Robertet.

46 feuillets.

42

Histoire de la maison de Vergy.

Mémoires, notes et documents recueillis par Duchesne pour son *Histoire de la maison de Vergy* (Paris. 1625; in-fol.).

305 feuillets.

43

Mélanges relatifs à la Bretagne.

Fol. 1. Preséance aux États de Bretagne. — Fol. 5. Inventaire des titres prouvant que les amiraux de France n'ont aucun droit sur l'amirauté de Bretagne (1526-1647). — Fol. 33. Remontrances adressées au roi par le Parlement de Bretagne au sujet de la marine (3 septembre 1646). — Fol. 38. Inventaire de pièces concernant la marine envoyées au maréchal de La Meilleraye. — Fol. 39. Lettres de provision de la charge de lieutenant général et gouverneur du pays de Bretagne pour Guy de Laval (27 août 1526). — Fol. 42. Lettres de provision de la charge de lieutenant de l'amirauté en Bretagne pour Claude de Francheville (17 juillet 1641). — Fol. 45. Lettres de provision d'offices pour les huissiers de l'amirauté de Bretagne (3 juillet 1641-20 mars 1643). — Fol. 55. Établissement de sept sièges d'amirauté en Bretagne (novembre 1640-janvier 1641). — Fol. 66. Opposition des états de Bretagne au passeport pour le commerce du vin donné par le cardinal de Richelieu à César de Combez (24 février 1628). — Fol. 67. Arrêt du Parlement de Rennes réservant aux juges royaux la connaissance du fait de la navigation (23 août 1628). — Fol. 68. Confirmations des privilèges de Bretagne (septembre 1645-novembre 1647). — Fol. 71. Ordonnance de Henri IV contre les pirates (15 septembre 1607).

Fol. 73. Requête des États de Bretagne au cardinal de Richelieu pour le maintien du droit de bris (21 avril 1629). — Fol. 74. Arrêt du parlement de Rennes en faveur de Pierre de Rusquen, capitaine de la *Sainte-Catherine* (17 octobre 1624). — Fol. 76. Ordonnance de Charles IX sur le droit de bris (26 octobre 1573). — Fol. 77. Remontrances du Parlement de Bretagne à la reine sur le fait de la marine et de l'amirauté (24 novembre 1646). — Fol. 84. Ordonnance sur le fait de l'amirauté de Bretagne (29 août 1628). — Fol. 102. Lettres de provision de la charge de gouverneur de Bretagne en faveur du cardinal de Richelieu (16 septembre 1631). — Fol. 112. Pièces justificatives de la charge de grand-maître et surintendant de la navigation (1582-1640). — Fol 137. Lettres de provision de ladite charge en faveur de la reine-régente (4 juillet 1646). — Fol. 141. Arrêt du conseil ordonnant la production des titres du duc de Vendôme en faveur de ses prétentions sur l'amirauté de Bretagne (30 janvier 1625). — Fol. 144. Érection de la charge de grand-maître et surintendant général de la navigation et commerce de France en faveur du cardinal de Richelieu (20 octobre 1626). — Fol. 149. « Extraits des cahiers de M^rs^ des États de Bretagne », concernant les divers privilèges de la province. — Fol. 182. Pièces relatives au procès du duc de Damville, amiral de France (1 mars 1611-6 juin 1612). — Fol. 786. Lettres de provision de la charge d'amiral de France pour Charles de Gontault de Biron (4 octobre 1592) et pour Charles de Montmorency de Damville (21 janvier 1596). — Fol. 196. Ordonnance pour la séparation de la juridiction de l'amirauté de Bretagne d'avec celle du Parlement de Rennes (10 février 1584). — Fol. 200. Arrêt du

Parlement de Paris confirmant les mesures prises par le duc de Joyeuse, amiral de France, au sujet des voyages au long cours (8 mars 1583). — Fol. 204. Inventaire de pièces se rapportant à la charge d'amiral de France (1 juin 1582-10 septembre 1614). — Fol. 211. Lettres de provision de la charge d'amiral de Bretagne pour Philippe Chabot de Brion (23 mars 1525). — Fol. 213. Vérification des lettres d'amiral de France de Charles de Montmorency de Damville (20 novembre 1596). — Fol. 214. Lettres pour la survivance de la charge de gouverneur de Bretagne en faveur de François de Cossé, comte de Brissac (14 mars 1614). — Fol. 217. Pièces relatives à la charge d'amiral de France donnée à Henri de Montmorency (2 juillet 1612-17 janvier 1614).

221 feuillets.

44

Généalogies.

L'ancien inventaire des manuscrits de Duchesne porte : « C'est un volume tout en blanc. » — *En déficit.*

45

Mélanges généalogiques.

Recueil de généalogies, parmi lesquelles on remarque celles des familles suivantes :

Fol. 9 v°. De Bourgneuf. — Fol. 26. Guénaud. — Fol. 27. Brachet. — Fol. 31 v°. De Château-Chalon. — Fol. 40 v°. De Pontville. — Fol. 41 v°. Le Bascle. — Fol. 45 v°. Baudet. — Fol. 47 v°. Du Val. — Fol. 48 v°. De Lattre. — Fol. 54 v°. Canelle. — Fol. 60 v°. De Louviers. — Fol. 66 v°. De Saluces. — Fol. 75. Chardon. — Fol. 78. Vallier. — Fol. 89. Payen. — Fol. 96 v°. Mesnard. — Fol. 99. De Bourbon. — Fol. 106 v°. De Harlay. — Fol. 131 v°. Roiger ou Roger. — Fol. 133. De l'Estendart. — Fol. 146 v°. Du Mesnil. — Fol. 150. De Saint-Simon. — Fol. 154. Spifame. — Fol. 156. *Remarques sommaires sur la maison de Gondi,* par le s^r d'Hozier (imprimé, Paris, 1650; in-fol.). — Fol. 170. De Gynes. — Fol. 172. Boistel. — Fol. 175. Bonnet.

La seconde partie du volume se compose de pièces imprimées :

Fol. 179. *Extrait du premier volume du livre intitulé Histoire généalogique de la noblesse de Touraine*, par l'Hermite de Souliers (Paris, 1665; in-fol.). — Fol. 194. Fragment de l'*Histoire de Bretagne* de Pierre Le Baud, publiée par P. d'Hozier (Paris, 1638; in-fol.). — Fol. 203. *Table généalogique pour faire voir que la maison de S. Simon descend par femmes de la royale maison de France*, par P. d'Hozier (Paris, 1631; in-fol.). — Fol. 207. *Histoire généalogique... des seigneurs de la Dufferie*, par P. d'Hozier (Paris, 1662; in-fol.). — Fol. 265. *Dessein de l'histoire de tous les cardinaux françois*, par F. Duchesne (Paris, 1653; in-fol.). — Fol. 269. *Moyens d'opposition des diocèses de Laon et d'Amiens, contenant les nullités de la prétendue élection de M. Tubœuf, abbé de Saint-Urbain, à l'Agence générale du clergé de France* (1645; in-fol.). — Fol. 271. *Response aux lettres du sieur de la Meschinière des 4 aoust 1645 et 21 janvier 1645 escrites sur le sujet de son élection à l'Agence* (in-fol.). — Fol. 273. Pièce de vers *Sur la harangue de monseigneur l'éminentissime cardinal duc de Richelieu, faite au Parlement... le 18 janvier 1634* (in-fol.). — Fol. 275. Ode au cardinal Mazarin (Paris, 1645; in-fol.). — Fol. 279. Prospectus d'une loterie ouverte à Paris par le sieur Peschart, le 5 novembre 1657 (in-fol.).

284 feuillets.

46

Correspondance d'André et François Duchesne.

Lettres adressées à A. et F. Duchesne par divers personnages dont les noms suivent :

Fol. 2. N. Camuzat (25 nov. s. d.). — Fol. 3. De Monconys (2 décembre 1653-10 juillet 1654). — Fol. 10. D'Hozier (s. d.). — Fol. 12. De Maubreul (1er mai 1650). — Fol. 14. Delamare (26 avril 1654). — Fol. 15. Pierre de Sainte-Catherine (1er février 1657). — Fol. 17. Guichenon (15 novembre 1652). — Fol. 19. Citoys (24 mai 1632). — Fol. 20. De Monconys (24 mars et 8 septembre 1654). — Fol. 24. Delamare (14 mai 1659). — Fol. 26. Lettre, non signée, au comte de Choisy. — Fol. 28. Bouet, bibliothécaire de Saint-Victor (21 novembre 1657). — Fol. 29. Guichenon (5 mai 1662). — Fol. 31. Delamare (25 novembre 1654). — Fol. 33. D'Hozier (15 mars 1654). — Fol. 35. Guichenon (15 juillet 1655). — Fol. 36. D'Hozier (23 novembre 1652). — Fol. 39. Du Fourny (21 septembre 1662). — Fol. 37. Pezard (28 avril 1661). — Fol. 40. Pièces de vers adressées à F. Duchesne par Cl. Rousseau, avocat (14 août 1662). — Fol. 42. La Brière (s. d.). — Fol. 44. Palliot (19 août 1671). — Fol. 46. Fradel (s. d.). — Fol. 48. De la Thaumassière (5 juillet 1670). — Fol. 50. Megret (5 juillet 1670, et s. d.). — Fol. 54. Delamare (14 mars 1660). — Fol. 56. Palliot (24 septembre 1669). — Fol. 58. De Chevanes (20 juin 1668). — Fol. 60. Denis de Pouilly (9 juillet 1659). — Fol. 62. Palliot (6 octobre 1669) — Fol. 64. J.-B. Delaunay (14 avril 1691). — Fol. 65. De Brianville (s. d.). — Fol. 66. Palliot 26 [janvier] 1670). — Fol. 67. De Chevanes (10 juin et 20 mai 1668). — Fol. 72. Auteuil (s. d.). — Fol. 74. Palliot (6 septembre 1671). — Fol. 76. Auteuil (s. d.). — Fol. 77. Palliot (15 novembre 1671). — Fol. 79. Delamare (1 avril 1660). — Fol. 81. D'Hozier (20 mars 1668). — Fol. 83. Delamare (25 mai 1654). — Fol. 85. De Challudet (30 décembre 1757). — Fol. 87. De Ronssoy, à la marquise d'Espaigny (s. d.). — Fol. 88. Doujat (s. d.). — Fol. 89. De Monconys (20 janvier 1654). — Fol. 90. Lettre non signée, au comte de Choisy (cf. fol. 26) — Fol. 92. Montmaur (9 juin 1658). — Fol. 93. Ildephonse Vrayer (16 septembre 1657). — Fol. 95. Montmaur (18 février 1659). — Fol. 96. Cessac (s. d.). — Fol. 98. Guichenon (15 mars 1653). — Fol. 100. Montmaur (31 juillet 1645). — Fol. 102. J. Dup... (3 octobre 1653). — Fol. 104. Duc de Retz (9 juin 1653). — Fol. 106. De Vergy (6 avril 1625). — Fol. 107. N. Camuzat (s. d.). — Fol. 110. P. de Gomiecourt (15 juin 1626). — Fol. 112. Page (20 septembre 1626). — Fol. 113. Trincant (s. d.). — Fol. 114. Peiresc (28 avril 1625). — Fol. 116. Jean Rogier l'aîné (29 décembre 1628). — Fol. 117. Marmotin (s. d.). — Fol. 118. Trincant (s. d.). — Fol. 119. P. Chifflet (16 novembre 1622). — Fol. 121. J.-J. Chifflet. — Fol. 123. De Vergy (5 mars 1625). — Fol. 124. P. de Gomiecourt (25 octobre 1623). — Fol. 126. de Villers (s. d.). — Fol. 127. De Chevanes (25 janvier 1659). — Fol. 129. L. Torrius (20 septembre 1623). — Fol. 130. Antoine de Mol (3 décembre 1621). — Fol. 132. Antoine de Montmorency (17 avril 1622). — Fol. 134. Bergier (28 mars 1627). — Fol. 135. A. de Belleforrière (17 juin 1619). — Fol. 137. Ménard ? (20 octobre 1628). — Fol. 138. D'Hozier (6 juillet 1622). — Fol. 140. Trincant (s. d.). — Fol. 142. Guichenon (6 mars 1662). — Fol. 144. J.-J. Chifflet (5 février 1621).

— Fol. 146. Henri-Louis [Chasteigner de la Rochepozay], évêque de Poitiers (20 juin 1621). — Fol. 147. Besly (17 février 1632). — Fol 149. Bigot (16 août 1621). — Fol. 151. J.-J. Chifflet (22 octobre 1620). — Fol. 153. Godefroy (s. d. et 11 janvier-5 avril 1647). — Fol. 157. D'Oihénart (28 octobre 1666).

Fol. 159. Lettres du duc d'Orléans et du prince de Condé au Parlement de Paris (13 mars 1649). — Fol. 161. P.-F. Chifflet (9 juillet 1634). — Fol. 162. Bigot (10 février 1621). — Fol. 163. L. Noël (26 mars 1633). — Fol. 164. Trincant (s. d.). — Fol. 165. Bourneau de Beauregard (27 janvier 1622). — Fol. 166. Antoine de Montmorency (7 octobre 1624). — Fol. 168. [Jean de] Montmorency, comte d'Esterre (2 mars 1625). — Fol. 170. Dom André Pottier (14 octobre 1622). — Fol. 172. [Jean de Montmorency], comte d'Esterre (25 septembre 1625). — Fol. 174. F. Le Carondelet (s. d.). — Fol. 176. [Jean de Montmorency], comte d'Esterre (24 juillet 1623-6 janvier 1624). — Fol. 184. Labroye d'Escambourg (8 avril 1612). — Fol. 185. Dom André Pottier (17 avril 1622). — Fol. 186. Antoine de Montmorency (s. d.). — Fol. 187. Copie d'une lettre de Philippe IV, roi d'Espagne, à l'infante Isabelle-Claire-Eugénie (28 février 1625). — Fol. 188. [Jean de Montmorency], comte d'Esterre (26 juillet, s. d.). — Fol. 189. Aubert le Mire (14 février 1624). — Fol. 190. Lettre non signée.

Fol. 191. François de Montmorency (12 septembre 1622-15 mars 1623). — Fol. 194. Gage (21 septembre 1625). — Fol. 195 [J.-J.] Chifflet (1er avril 1617). — Fol. 196. Justel (18 novembre 1621-27 avril 1622). — Fol. 199. J. Trist[an] (22 septembre 1620). — Fol. 200. Trincant (s. d.). — Fol. 201. Fercourt (24 septembre 1631). — Fol. 203. Trincant (29 septembre, s. d.). — Fol. 204. J.-J. Chifflet (24 avril 1620). — Fol. 205. De Mornieu (19 mars 1623). — Fol. 207. De Vergy (17 juin 1625). — Fol. 208. Notes généalogiques sur la famille d'Isenghien, et lettre de Philippe, comte d'Isenghien, (2 juin 1629). — Fol. 215. P. de Gomiecourt (28 août 1630). — 217. Philippe, comte d'Isenghien (6 juillet-11 novembre 1630). — Fol. 225. P. de Gomiecourt (13 février 1631). — Fol. 227. Philippe, comte d'Isenghien (16 septembre-20 novembre 1630). — Fol. 233. P. de Gomiecourt (24 janvier 1631). — Fol. 234. Philippe, comte d'Isenghien (décembre 1630). — Fol. 237. P. de Gomiecourt (6 décembre 1630-12 mars 1631). — Fol. 241. Philippe, comte d'Isenghien (13 décembre 1630). — Fol. 242. P. de Gomiecourt

(9 janvier 1631). — Fol. 244. Philippe, comte d'Isenghien (28 juin-24 septembre 1630). — Fol. 249. P. de Gomiecourt (12 janvier 1629). — Fol. 251. Justel (25 janvier 1622). — Fol. 253. Du Buisson (13 août 1633). — Fol. 255. Bigot (17 février 1621). — Fol. 256. J.-J. Chifflet (2 août 1619). — Fol. 257. Copie d'une lettre de [Philippe le Bon], duc de Bourgogne, au seigneur d'Autrey (1 juin 1467). — Fol. 269. Bigot (28 juillet 1630). — Fol. 260. N. Camuzat (six lettres, sans date).

268 feuillets.

47

Mélanges historiques, principalement sur le xvie siècle.

Fol. 1. Fragment d'un discours sur les premiers siècles de l'Église. — Fol. 2. Instructions du roi au sujet du monitoire de l'Inquisition contre la reine de Navarre, sa sœur, du 28 septembre 1563 (minute). — Fol. 5. Monitoire et citation du Saint-Office contre Jeanne d'Albret, 28 septembre 1563 (copie contemporaine). — Fol. 13. Lettre de Charles-Quint au sultan Soliman (8 juin 1551). — Fol. 14. « Relatio Justi de Argento, a Cesare Turcharum reversi ». — Fol. 20. « Mémoires des séditions, des maulx commis en France, spécialement durant le bas eage de noz princes et roys ». — Fol. 45. Mémoires sur les troubles et les moyens d'y mettre fin. — Fol. 95. Mémoire sur les bulles données contre l'évêque de Valence et autres prélats français (minute). — Fol. 104. Mémoire sur les libertés de l'Église gallicane depuis 1406. — Fol. 112. Sur l'arrestation en Piémont de l'évêque de Valence se rendant à Rome. — Fol. 115. Sur les bulles données contre ledit évêque et d'autres prélats français. — Fol. 119. Mémoire sur le rescrit du pape Pie V, du 30 avril 1566, établissant de nouveaux vicaires dans la Haute-Navarre. — Fol. 125. « Plaidoié sur la dispute faite en Sorbonne de la puissance du pape sur la temporalité du roi. » — Fol. 127. « Lettre de M. de Pouilly à M. de Montmorency, après qu'il se fut retiré de la Ligue et remis dans le party du Roy. » — Fol. 129. « Projet d'articles sur la réception et l'exécution du Concile » [de' Trente]. — Fol. 131. Traité entre François, duc d'Anjou, et les États généraux des Pays-Bas (19 septembre 1580). — Fol. 133ter. Inventaire de pièces relatives à l'office de grand chambellan.

Fol. 138. Mémoire du seigneur de Rougnac aux députés du roi à Cambrai pour son château de Linchamp. — Fol. 143. Lettres diverses relatives au traité de Cambrai (1544). — Fol. 147. Pièces relatives aux dommages causés par les gens de guerre dans les pays de Ligny et de Commercy. — Fol. 155. Capitulation de Thionville (1558). — Fol. 157. Traité de Cateau-Cambrésis (1559). — Fol. 175. Traité de Magdebourg entre la reine Élisabeth, Henri de Navarre et les princes allemands (15 décembre 1584). — Fol. 177. Ordonnance d'Orléans (21 décembre 1560). — Fol. 179. Enquête au sujet des limites du royaume du côté de Mouzon. — Fol. 185. Relation de l'assemblée tenue à Fontainebleau (21-23 août 1560). — Fol. 193. Procès verbal des États généraux tenus à Orléans (décembre 1560-janvier 1561). — Fol. 223. Mémoire de Guillaume de Dinteville, sur la bataille de Saint-Quentin (9-10 août 1557). — Fol. 226. Extrait d'une lettre écrite de Venise (18 février 1575). — Fol. 228. Extraits des registres de l'Assemblée du clergé de France, aux États généraux de Blois (décembre 1576). — Fol. 238. Harangue du roi aux dits États. — Fol. 239. Lettres de Charles VIII au duc de Bourbon (6 mai et 20 juin [1495]). — Fol. 241. Traité entre le duc d'Orléans et Robert de Bar (1412). — Fol. 248. Instructions et lettres relatives au traité de Cambrai (1544). — Fol. 307. Traité de Crépy (18 septembre 1544). — Fol. 330. Traité de Cambrai (1544). — Fol. 333. Traité de Cambrai (5 août 1523). — Fol. 364. Traité de Madrid (14 janvier 1526). — Fol. 419. Mémoire adressé par Charles-Quint au connétable de Bourbon (28 mars 1525). — Fol. 428. Fragment historique sur la campagne de 1524 en Italie. — Fol. 429. Ordonnance de Bourges, du 16 novembre 1318 (*Ordonnances*, t. I, p. 668). — Fol. 436. Accord entre les protestants de Glaris et les cantons de Zurich, Berne, Uri, Schwitz, Glaris, Fribourg et Soleure (24 mai 1563).

429 feuillets. — Minutes et copies pour la plupart du XVIe siècle; les fol. 239-240 sont de la main d'A. Duchesne.

48

Mélanges généalogiques et historiques.

Fol. 1. Maisons de Dreux et de La Mark. — Fol. 18. Généalogie de la maison d'Alençon, composée au temps de Charles III, comte d'Alençon (1346-1375). — Fol. 24. « Le lignage de Coucy, Dreux, de Bourbon et de Courtenay ». — Fol. 46. Sommaire de la « Grandeur et excellence de la maison d'Anjou », par François Balduin (cf. Le Long, *Bibl. hist.*, n° 35690). — Fol. 57. « Brief discours sur l'excellence... du pays d'Anjou », par Robin Du Fau (imprimé à Paris, en 1582; pet. in-8°). — Fol. 63. Chronique de Perceval de Cagny, copie de la main d'A. Duchesne (publiée en 1902 par M. H. Moranvillé pour la Société de l'histoire de France). — Fol. 114. Chronique des comtes et ducs d'Alençon jusqu'en 1473 (Le Long, *Bibl. hist.*, n° 25393). — Fol. 137. Concession par Louis XI à René d'Alençon de la jouissance du comté du Perche (1484). — Fol. 143. Fragments divers relatifs à l'histoire d'Alençon. — Fol. 147. Chronique des comtes d'Eu, de 1130 à 1390 (publiée dans les *Hist. de France*, t. XXIII, p. 439). — Fol. 137 Pièces relatives au comté d'Eu (février 1350-8 août 1481). — Fol. 174. Généalogie des comtes d'Eu, provenant de l'abbaye d'Eu. — Fol. 178. Chroniques de la maison d'Eu (XIVe-XVIe siècle). — Fol. 190. « Chroniques de Vitré », par Pierre Le Baud. — Fol. 242. Additions à la chronique précédente, par Jean Gesland, avocat fiscal de Laval. — Fol. 247. Comtes de Dreux. — Fol. 253. Comtes de Provence. — Fol. 256 v°. Dauphins de Viennois. — Fol. 258. Comtes de Beaujolais. — Fol. 263. Extrait de chroniques de Limoges. — Fol. 277bis. Extraits de Bernard Gui. — Fol. 296. Extraits du Petit Thalamus de Montpellier. — Fol. 301. Histoire des comtes de Foix jusqu'en 1490, en français (cf. ms. fr. 5404). — Fol. 319. Extrait de l'inventaire du Trésor des chartes de Béarn. — Fol. 320. Mémoire sur la souveraineté de Béarn, par Marca. — Fol. 339. Description des pays entre l'Adour, les Pyrénées et la mer. — Fol. 343. Note sur les premiers vicomtes de Béarn. — Fol. 345. Lettre de Suavius, abbé de Saint-Sever en Gascogne, au pape Pascal II. — Fol. 30. Extraits de lettres de Besly à Dupuy (18 janvier 1621) et au P. Sirmond (1 novembre 1620), sur les vicomtes de Béarn. — Fol. 347. Extrait d'un mémoire de Marca sur les premiers vicomtes de Béarn.

347 feuillets. — Presque entièrement de la main d'A. Duchesne.

49

Mélanges historiques.

Les fol. 1 à 100, contenant une partie du *de Allobrogibus* d'Aimar du Rivail, ont été réunis au ms. latin 6014, dont ils forment aujourd'hui les fol. 231-327.

Fol. 101. Hommages et investitures des terres de Clermont en Dauphiné (1340-1457). — Fol. 108. Extrait d'une chronique française de 1302 à 1383. — Fol. 109. Extrait du Ménestrel de Reims. — Fol. 113. Fragments de chroniques. — Fol. 115. Extraits du cartulaire de Saint-Martin de Tours. — Fol. 122. Extrait des Mémoires de François et Nicolas Rumet sur l'histoire du Ponthieu (cf. Le Long, *Bibl. hist.*, n° 34187). — Fol. 128. Extrait des notes historiques de Charles de Mailly, de Saint-Victor de Paris (1522-1548). — Fol. 132. Extraits de diverses chroniques. — Fol. 132 v°. Extrait du Journal d'un Bourgeois de Paris (1408-1449). — Fol. 134. La Branche des royaux lignages, de Guillaume Guiart. — Fol. 163. Fragment de chronique en français de 1214 à 1216 (Molinier, *Sources*, n° 2243). — Fol. 169. Livre des lignages d'Outre-mer. — Fol. 198. Serment prêté à Philippe-Auguste par son fils Louis (avril 1212). — Fol. 191. Jugement rendu par les pairs de France contre Thomas, comte de Flandre (décembre 1237). — Fol. 192. Extraits des registres du Trésor des chartes, relatifs au règne de Philippe IV. — Fol. 195. Liste des abbés de Saint-Pierre-au-Mont, de Châlons-sur-Marne. — Fol. 196. Pièces relatives à l'avènement de Henri de Valois au trône de Pologne (20 mai 1573-22 avril 1574). — Fol. 220. « Advis de gaige de bataille », par Olivier de la Marche. — Fol. 234. Chronique [allemande], de la naissance du Christ à 1210. — Fol. 258. Chartes et bulles concernant l'abbaye de Saint-Jean-en-Vallée (1113-1215). — Fol. 268. Lettres de Peiresc à Duchesne (septembre 1631).

Fol. 271. Généalogie de la maison d'Albret. — Fol. 273. Accord entre Ferrand, comte de Flandre, et Louis, fils de Philippe-Auguste (février 1211). — Fol. 274. Titres concernant la famille de Béthune. — Fol. 280. Pièces relatives à la famille de Harlay (20 mars 1461-11 juin 1498). — Fol. 284. Maison de Lusignan. — Fol. 285. Extrait d'un armorial appartenant au président de Longueil. — Fol. 286. Copies ou extraits de pièces relatives à la Champagne et à la famille de Villehardouin (juin 1218-avril 1274). — Fol. 291. Testament de Jean Ier, comte d'Armagnac (5 avril 1373). — Fol. 293. Donation faite par Isabelle de Lévis à sa mère Béatrix de Thurey. — Fol. 295. Diplôme [faux] de Bérenger I, roi d'Italie, pour Saint-Martin de Tours. — Fol. 297. Extrait de la chronique d'Aubri de Trois-Fontaines. — Fol. 299. Pièces relatives à la famille de Lévis et de Lautrec (25 juillet 1326-29 juin 1327). — Fol. 302. Lettre de rémission pour Jean V, comte d'Armagnac (11 octobre 1461). — Fol. 305. Extraits de l'obituaire de Maizières. — Fol. 307. Pièces relatives à la maison de Villehardouin (mars 1207-mars 1223). — Fol. 310. Chartes de Cormery (993 et 1030). — Fol. 313. Copies et extraits de chartes de l'abbaye de Saint-Denis (VIIIe siècle-1171). — Fol. 323. Bulle de Lucius III contre les hérétiques (Jaffé, n° 15109). — Fol. 325. Bulle de Grégoire IX pour l'évêque de Coutance (27 novembre 1233). — Fol. 326. Lettres extraites d'un ms. de Saint-Aubin d'Angers. — Fol. 327. Copies et extraits de pièces relatives au diocèse de Reims (26 mars 953-6 mars 1262). — Fol. 332. Liste des abbés de Saint-Denis de Reims. — Fol. 333. Abbés de Saint-Menge de Châlons. — Fol. 334. Érection du comté de Beaumont en pairie (juin 1328). — Fol. 335. Traité de paix entre Henri II, roi d'Angleterre, et ses fils (août 1173?). — Fol. 337. Confirmation par Louis XI à Gautier Chenu de la seigneurie d'Yvetot (octobre 1464). — Fol. 339. Liste de chevaliers de l'Hôtel du roi ayant pris la croix. — Fol. 340. Extraits concernant diverses maisons nobles (1320-1334). — Fol. 341. Bulle fausse de Martin Ier pour Saint-Maur-des-Fossés (Jaffé, n° 2076) — Fol. 343. Chartes concernant l'archevêché de Reims (XIe-XIIe siècle). — Fol. 348. Charte de Sanche, seigneur de la Ferté-Hubert, pour Saint-Mesmin de Micy (s. d.).

Fol. 350. Hommages rendus à Simon et Amauri de Montfort (1212-1220). — Fol. 379. Confirmation des donations faites à Philippe, comte d'Eu (10 février 1392). — Fol. 381. Concession à Jean Galéas Visconti, comte de Vertus, du droit de porter des fleurs de lys dans ses armes (27 janvier 1393). — Fol. 382. Concession par Louis XII à Michel Gaillart et à son fils de l'Ordre du Camail (mars 1498). — Fol. 383. Extrait d'une charte de Jean Ier, comte d'Armagnac, pour les habitants de Castelnaudary (s. d.). — Fol. 384. Charte de Louis VII pour Villefranche-le-Roi (1163; — Luchaire, n° 489). — Fol. 385. Confirmation par Charles VI à Bernard d'Armagnac du comté de Pardiac (octobre 1401). — Fol. 390. Accords et traités relatifs à l'Empire de Constantinople (mars 1313-octobre 1314). — Fol. 399. Chartes de Cormery (28 mai 893-1 juin 997). — Fol. 400. Extrait d'un cartulaire de Saint-Vincent de Laon. — Fol. 402. Chartes de Louis VII (1137 et 1157; — Luchaire, n°s 1 et 383).

— Fol. 404. Chartes de Louis VI (1121 et 1134). — Fol. 405. Diplôme de Charles le Chauve pour Saint-Rémi de Sens. — Fol. 406. Chartes de Robert le Pieux pour Cormery (s. d.). — Fol. 409. Diplôme de Lothaire pour le monastère de Bray-sur-Seine (10 septembre 958). — Fol. 410. Diplôme de Lothaire pour Saint-Basle de Verzy (12 juin 968). — Fol. 411. Diplôme de Carloman pour Sainte-Croix d'Orléans (mai 884). — Fol. 412. Charte de Guillaume le Conquérant pour Saint-Étienne de Caen (s. d.). — Fol. 416. Liste des abbés de Saint-Étienne de Caen. — Fol. 417. Épitaphes de l'abbaye du Bec, envoyées par J. Bigot (20 décembre 1618). — Fol. 419. Épitaphes de l'abbaye de Jumièges. — Fol. 420. Extrait d'un inventaire de chartes normandes. — Fol. 422. Liste des abbés de Saint-Martin de Séez. — Fol. 423. Notice sur la fondation de l'abbaye d'Uzerche. — Fol. 425. Liste des évêques de Chartres. — Fol. 426. Diplômes de Robert le Pieux et de Charles le Chauve pour Jumièges. — Fol. 428. Chartes de l'abbaye de Fontenay (s. d.). — Fol. 431. Privilèges de l'abbaye de Cerisy. — Fol. 439. Extraits des Chroniques de Grancey et de Limoges. — Fol. 440. Charte de Philippe IV pour les habitants de Couches en Mâconnais (septembre 1290).

Fol. 441. Pièces relatives à la domination d'Amauri et Simon de Montfort dans le Midi de la France (12 mars 1211-17 octobre 1233). — Fol. 466. Chartes de l'église de Paris (s. d.). — Fol. 468. Privilège de l'évêque Audebert pour Saint-Maur-des-Fossés (cf. *Mém. soc. hist. de Paris*, t. XIX, p. 12). — Fol. 470. Charte de Richard, duc de Normandie, pour le monastère de Fécamp (août 1027). — Fol. 473. Extrait de la Chronique de la Novalaise. — Fol. 475. Extrait d'une lettre de Besly, relative à une charte d'Aliénor d'Aquitaine. — Fol. 476. Pièces relatives à Simon et Amauri de Montfort (5 février 1220-4 juin 1261). — Fol. 483. Extrait de la Chronique de la Novalaise. — Fol. 498. Jugement des Grands-jours de Champagne sur le droit de formariage des hommes de l'abbaye de Gaye (4 octobre 1389). — Fol. 501. Dessin du sceau de Blanche, duchesse d'Orléans, fille de Charles le Bel. — Fol. 502. Donation du comté de Longueville à Bertrand Duguesclin (27 mai 1364). — Fol. 503. Érection de la seigneurie de Nesle en comté (janvier 1466). — Fol. 505. Donation faite par Charles VI de la seigneurie de Gournay au sire de La Rivière (9 décembre 1388). — Fol. 506. Donation par Louis XI à Antoine, bâtard de Bourgogne, des seigneuries de Grandpré, de Sainte-Menehould, etc. (juillet 1478). — Fol. 508. Érection de Braida et de Cherasco en comté (février 1446). — Fol. 506. Érection du comté d'Anjou en duché-pairie (octobre 1360). — Fol. 507. Érection de la chatellenie de Mortain en comté (31 mai 1407). — Fol. 509. Érection du comté de la Marche en pairie (mars 1316). — Fol. 511. Extraits de diverses généalogies des rois de France. — Fol. 515. Extraits de chroniques concernant l'histoire de l'Empire romain. — Fol. 522. Extrait de Ricobaldo de Ferrare. — Fol. 527. Extrait de la chronique de Saint-Bavon de Gand. — Fol. 534. Extraits des chartes de Saint-Bavon. — Fol. 536 *bis*. Traité de 1177 entre Louis VII et Henri II, roi d'Angleterre (Luchaire, n° 716). — Fol. 537. Poésies de Baudri de Bourgueil. — Fol. 541. Charte de Guillaume, roi de Sicile, pour sa femme Jeanne (février 1177). — Fol. 542. Extraits de diverses ordonnances, la plupart du XIVe et du XVe siècles.

548 feuillets.

50

Histoire de la maison de Chatillon-sur-Marne (*suite*, cf. n° 19).

« Généalogies, notes et pièces se rapportant à la maison de Chatillon, et dont quelques-unes ne figurent pas dans *l'Histoire* imprimée. »

319 feuillets.

51

Histoire des Bouteillers de Senlis.

« Histoire de la maison des Bouteillers de Senlis, seigneurs de Chantilly, d'Ermenonville, de Lusarches, de Levroux, Saint-Chartier, Moncy-le-Vieil, Moncy-le-Neuf, Vineuil, Coye, Noisy, Orville, Brasseuse, Villepeinte et autres terres, justifiée par chartes d'Églises, tiltres domestiques, arrests du Parlement, Chroniques et autres bonnes preuves, par André Du Chesne, historiographe et géographe du Roy. » — Cette Histoire, dont il existe une copie du XVIIIe siècle dans le ms. franç. 16798, a été publiée, d'après ce ms., dans la *Revue historique, nobiliaire et biographique*, 3e série, t. III

(1878), p. 153-181, 193-223, 351-370, 466-474, 481-505 et t. IV (1879), p. 67-87.

80 feuillets. — De la main d'A. Duchesne ; au fol. 19 et 20, tableaux généalogiques de la main de F. Duchesne.

52

Mélanges généalogiques sur les Chasteigners.

Fol. 1. Pièces et notes sur les Chasteigners. — Fol. 19. Pièces et notes sur diverses familles alliées à celles des Chasteigners de la Rochepozay, parmi lesquelles on remarque les suivantes :

Fol. 19. Barrabin. — Fol. 42. De Vivonne. — Fol. 60. Apellevoisin. — Fol. 62. De Vivonne. — Fol. 98. De la Rochefaton. Fol. 100. de Preuilly. — Fol. 107. Du Couldray-Monin. — Fol. 111. De Monléon. — Fol. 130. De Baissey. — Fol. 131. De Pecalvary. — Fol. 134. De Surgères. — Fol. 141. Lettre de Besly à A. Duchesne (23 octobre 1611). — Fol. 158. Tableau de l'ascendance des femmes des divers Chasteigners.

170 feuillets.

53

Histoire de la maison de Chatillon-sur-Marne.

Notes et pièces pour l'histoire de la maison de Chatillon (*suite*, voy. nos 19 et 50).

66 feuillets.

54

Mélanges généalogiques.

Extraits de divers chartriers et inventaires de titres, parmi lesquels on remarque les suivants :

Fol. 1. Titres de Chatillon-sur-Loing (1278-1527). — P. 8. Trésor des chartes de Muret (1308-1566). — P. 44. Chartes de l'abbaye de Coulombs. — P. 51. Notes sur les hommages de Touraine. — P. 62. Trésor des chartes de Sedan (1303-1502). — P. 83. Registre des chartes de Guise (1237-1357). — P. 90. Titres de la maison de Béthune. — P. 98. Archives de Notre-Dame de Laon.

— P. 99. Notes sur la maison de Vendeuil. — P. 103. Inventaires de titres de la maison de Nevers. — P. 302. Maison de Hercées. — P. 306. Chronique de Grancey, dite *La Roue de Fortune* (ouvrage apocryphe; voy. *Hist. litt. de la France*, t. XXXII, p. 264). — P. 313. Titres de la maison de Cravant (1322-1561). — P. 318. Pièces relatives à la Champagne (1164-1194). — P. 320. Accord entre Guillaume de Vienne et Philibert de Montaigu (6 avril 1397). — P. 322. Maison de Rochefort. — P. 324. Accord entre Marguerite de Beaujeu, princesse de Morée, et Édouard de Beaujeu (30 juillet 1375). — P. 326. Extraits concernant la Champagne (1338-1552). — P. 336. Seigneurs de Bourbon. — P. 340. Maison de Bastarnay. — P. 355. Seigneurs de Mézières en Brenne. — P. 359. Titres de la maison de Mauny. — P. 380. Titres de la seigneurie de Châteauroux (1218-1627). — P. 387. Maison de Boesse en Périgord. — P. 389. Lettre de Claude de Resmeul à A. Duchesne (21 mai 1639). — P. 391. Notes généalogiques sur les Chasteigners, etc. — P. 387. Maison de La Tour-du-Pin. — P. 405. Maison de Coligny. — P. 407. Famille de Challudet. — P. 418. Seigneurs de Baugy et de Beaujeu en Berry. — P. 424. Extraits de titres communiqués par divers avocats.

P. 430. Épitaphes de l'abbaye d'Ourscamp. — P. 433. « Genealogia dominorum Bellismensium ». — P. 435. Extraits de mémoires sur l'abbaye de Perseigne. — P. 441. Titres des maisons du Perche, de Bellesme et d'Alençon (xve siècle). — P. 462. Extraits du cartulaire de Saint-Vincent du Mans. — P. 469. Extraits de l'inventaire des titres d'Armagnac au château de Lectoure. — P. 485. Titres de Chappes, Cléry, etc. — P. 493. Inventaires de la Chambre des comptes d'Angoulême. — P. 500. Extraits de catalogues abbatiaux, etc. — P. 505. Titres de la maison d'Albret. — P. 527. Accord entre Amédée, comte de Savoie, et Frédéric, marquis de Saluces (5 août 1363). — P. 530. Titres de la maison de Sorbière. — P. 544. Maison de Linière. — P. 560. Maison de Fontenay-Ysoré. — P. 566. Maison de Bussy en Bresse. — P. 573. Titres de Pleumartin. — P. 597. Maison d'Hervault. — P. 623. Titres de Mondonville. — P. 647. « Extraits d'anciens titres. » — P. 720. Titres du château de Denonville. — P. 730. Famille de Brizay. — P 732. Titres de M. Laisné. — P. 736. Extraits des registres du chapitre de Chartres. — P. 750. Titres de La Coudraye près Châteauneuf. — P. 756. Extraits concernant le pays chartrain. — P. 771. Titres de Vendôme. — P. 791. Extraits de l'inventaire des titres de Bretagne conservés à Nantes.

830 pages. — La plus grande partie de la main d'A. Duchesne.

55

Mélanges généalogiques.

Extraits de titres se rapportant à diverses familles, parmi lesquelles on remarque les suivantes :

Fol. 2. Familles saintongeaises diverses. — Fol. 16 v°. Lenoncourt, etc. — Fol. 21 v°. Épitaphes de l'église Saint-Julien du Mans. — Fol. 27. Maison d'Orange. — Fol. 39. La Tremoille. — Fol. 50. D'Amboise. — Fol. 57. De Brézé. — Fol. 58. De Maillé. — Fol. 63. Descendants de Charlemagne. — Fol. 73. Maison de Saluces. — Fol. 75. Molé. — Fol. 79. Maison d'Alsace. — Fol. 95. Tronçon du Couldray. — Fol. 114. Luillier. — Fol. 116. Hurault. — Fol. 117. Hennequin. — Fol. 124 v°. Brûlart. — Fol. 128. Potier. — Fol. 129 v°. Séguier. — Fol. 133. Le Picart. — Fol. 137. Brachet.

137 feuillets.

56

Mélanges historiques.

Fol. 1. Dénombrement des fiefs de Marie de Soms, dame de Rogy. — Fol. 2. Charte de Hugues de Die confirmant les coutumes du comté de Brienne (s. d.). — Fol. 4. Préceptes de Charlemagne pour les Espagnols fugitifs (Böhmer-Mühlbacher, n° 456), et de Louis le Pieux pour Saint-Seurin de Bordeaux (s. d.). — Fol. 7. Charte du roi Jean pour G. Allegrin, chevalier du guet du Lendit (6 juin 1354). — Fol. 9. Hommage prêté à Philippe le Bel par Jean, comte de Hainant, pour la terre d'Ostrevant (21 septembre 1290). — Fol. 10. Vente à Philippe-le-Bel par Renaud, comte de Gueldre, de ses droits sur Harfleur, etc. (août 1281). — Fol. 11. Bulle de Clément VII pour le monastère d'Essomes (23 septembre 1390). — Fol. 13. Chartes de Notre-Dame d'Oulchy (1239 et 1269). — Fol. 14. Accord relatif à la seigneurie de Chatenay et de Vitry (28 octobre 1408). — Fol. 16. Notes sur la maison de Roye. — Fol. 21. Pièces relatives à la famille de Villeprouvée (1393-1545). — Fol. 65. Charte de Raoul, comte de Soissons, pour les habitants de Chacrise (juillet 1205). — Fol. 67. « Prose » latine satirique sur la journée des Dupes. — Fol. 68. Extraits des chartes de l'église de Limoges. — Fol. 70. Extrait de la chronique de Géraud de Frachet. — Fol. 75. Extraits des chartes de Saint-Loup de Troyes. — Fol. 79. Actes du couronnement de saint Louis. — Fol. 80. Charte de Louis VIII réglant les droits de ses enfants à sa succession (1225). — Fol. 85. Extraits d'un martyrologe de Brion en Anjou. — Fol. 84. Extraits d'une Chronique de Sicile. — P. 88. Extraits de Mémoires sur la famille de Beauvilliers, par Me Robert Cousin. — Fol. 92. Extraits de la Chronique d'Aimeri de Peyrat. — Fol. 94. Extraits de l'*Historia Francorum Floriacensis*.

Fol. 95. Pièces sur la domination de Simon de Montfort dans le Midi (avril 1229). — Fol. 97. Épigrammes latines de Robert Gaguin. — Fol. 100. Famille Isoré. — Fol. 101. Fragment relatif à la maison de Roucy. — Fol. 102. Pièces relatives à la succession à l'Empire en 1257. — Fol. 117. Extrait de l'histoire de l'abbaye de San Michele della Chiusa, du moine Guillaume. — Fol. 119. Extrait de la Chronique de Saint-Trond. — Fol. 131. Épitaphe du duc Jean I de Bourbon. — Fol. 132. « Origo comitum Nivernensium ». — Fol. 134. Chronique des évêques du Mans, des origines au XVIe siècle. — Fol. 146. Notice sur le prieuré de Saint-Pierre de Bar-sur-Aube. — Fol. 147. Chronique de Jourdain d'Osnabrück. — Fol. 155. Extrait de la Chronique de Géraud de Frachet (la suite se trouve au fol. 163). — Fol. 156. Extrait de la Chronique de Gérard d'Auvergne. — Fol. 160. Extraits de diverses chroniques. — Fol. 165. Extrait de la Chronique de Matthieu d'Escouchy. — Fol. 168. Extrait des Chroniques de France et de Bourgogne, de Siméon Le Couvreur (1477-1478). — Fol. 170. Extraits des Chroniques de Jean Molinet. — Fol. 189. Extraits de la Chronique d'Aubri de Trois-Fontaines. — Fol. 195. Histoire des Dauphins de Viennois, par Mathieu Thomassin. — Fol. 209. Extrait des *Libertates Delphinatus* [de Gui Pape], Grenoble [1508], in-4°. — Fol. 210. Extraits de la Chronique d'Aubri de Trois-Fontaines. — Fol. 213. Ordonnance de Philippe-Auguste sur la juridiction ecclésiastique. — Fol. 214. Ordonnances de saint Louis touchant les Juifs (18 juin 1269). — Fol. 215. Notice sur les Soreau, seigneurs de Saint-Géran. — Fol. 216. Extrait des archives de

Saint-Thomas en Forêt. — Fol. 217. Pièces concernant principalement la maison de Beaujeu. — Fol. 229. Notes et pièces sur la maison d'Auvergne. — Fol. 233. Charte de Philippe, comte de Flandre, pour l'abbaye d'Ourscamp (1179). — Fol. 234. Extrait d'une continuation d'André de Marchiennes (cf. *Mon. Germ.*, *SS.*, t. XXVI, p. 212). — Fol. 238. Mémoire sur la succession de Provence au temps du roi René.

Fol. 247. Diplômes de Charles le Chauve pour l'abbaye de Beaulieu (18 juin 858 et 19 octobre 864). — Fol. 249. Extraits relatifs à l'Université de Paris. — Fol. 251. Notes sur l'abbaye de Redon. — Fol. 255. Diplôme de Charles le Chauve pour Saint-Julien de Brioude (16 nov. 874). — Fol. 256. Chartes de Faremoutier (610?-842). — Fol. 260. Extraits du registre XXXI [du Trésor des chartes]. — Fol. 268. Extraits du registre III du Trésor des chartes. — Fol. 283. Testament de Jeanne de Vierzon (22 avril 1296). — Fol. 285. Testament d'Aymar de Roussillon (10 mars 1364). — Fol. 286. Privilège du concile de Compiègne pour Notre-Dame de Soissons (858). — Fol. 288. Notes sur l'église d'Agde. — Fol. 290. Extrait d'une chronique latine (1373-1380). — Fol. 294. Serment prêté par les bourgeois de Paris à la reine Blanche (19 juin 1251). — Fol. 295. Harangue de l'Université de Paris au cardinal Antoine Duprat (3 janvier 1522). — Fol. 300. Extraits des titres de la léproserie de Melun. — Fol. 301. Lettre de Foulques, abbé de Corbie, à Gervais, archevêque de Reims. — Fol. 303. Extrait d'un inventaire des titres conservés chez le chancelier de Morvilliers, au temps de Louis XI. — Fol. 305. Charte d'Avesgaud, évêque du Mans, pour l'église de La Couture. — Fol. 306. Diplômes de l'abbaye d'Aniane (juin 799-21 juin 853). — Fol. 309. Diplôme de Louis le Pieux pour Cormeri (29 mai 817). — Fol. 311. Charte de Henri d'Antigné, seigneur de Sainte-Croix, pour Notre-Dame du Miroir (octobre 1265). — Fol. 312. Charte de Hugues, comte de Chalon et évêque d'Auxerre, pour Cluny (*Chartes de Cluny*, n° 2484). — Fol. 313. Charte de Guillaume, duc de Normandie, pour l'église de Saint-Evroul (s. d.). — Fol. 315. Diplômes extraits de l'Histoire d'Italie, de Girolamo Briani. — Fol. 319. Extraits du cartulaire de Redon — Fol. 323. Épitaphes de l'abbaye de Longpont. — Fol. 324. Épitaphes de Saint-Yved de Braine.

Fol. 325. Lettres de Louis XII pour César Borgia (mai 1499). —

Fol. 337. Testament de Jean de Luxembourg, comte de Conversano (1395). — Fol. 338. Diplômes de Louis VI, extraits d'un cartulaire de Saint-Denis (1120 et 1122). — Fol. 339. Accord entre Ferri, duc de Lorraine, et Édouard, comte de Bar (20 mai 1314). — Fol. 340. Autorisation de fortifier Sedan, donnée par Charles VII à Jean de la Marche (novembre 1455). — Fol. 344. Notes de Dom Anselme le Michel et copies de pièces sur Corbie (1638). — Fol. 352. Sauvegarde de Jean d'Albret, gouverneur de Champagne, pour les habitants de Chiny, etc. (25 février 1492). — Fol. 353. Notes sur les seigneurs de Mohon. — Fol. 354. Pièces relatives à l'église de La Madeleine-des-deux-Amants. — Fol. 358. Vente par Guillaume de Tancarville à Jacques de la Roere de la seigneurie de Chemay en Champagne (11 mars 1475). — Fol. 359. Hommages divers rendus au roi (1202-1230). — Fol. 361. Testament de Guiotte de Ligny, châtelaine de Lille (mars 1336). — Fol. 362. Charte de Philippe, abbé de La Couture du Mans (1224). — Fol. 363. Inventaires de titres relatifs à la maison de Laval. — Fol. 369. Pièces relatives à la succession de Hugues le Brun, comte de la Marche (1308-1317). — Fol. 378. Notes sur Otton IV. — Fol. 379. « Lettre de Louis XII à la Sainte-Chapelle de Dijon ». — Fol. 381. Lettres de François I érigeant le comté de Montpensier en duché-pairie. — Fol. 381. Pièces concernant Philippe, empereur des Romains, extraites du registre XLIX du Trésor des chartes (décembre 1313). — Fol. 387. Épitaphe de Marie d'Albret, duc de Nevers. — Fol. 388. Fragment d'une chronique latine des rois de France jusqu'à Louis VII. — Fol. 392. Extraits de Baudri de Bourgueil. — Fol. 393. Extraits des poésies de Florus. — Fol. 397. Fragment de capitulaire de Charlemagne (Boretius-Krause, t. I, p. 81). — Fol. 398. Extraits du cartulaire du Saint-Sépulcre de Jérusalem. — Fol. 407. Fragment d'une enquête sur les droits de l'évêque de Beauvais (1233). — Fol. 414. Lettres d'Oliba, évêque de Vich. — Fol. 418. Extraits de titres concernant Saint-Mesmin de Micy. — Fol. 420. Charte de Renier, évêque d'Orléans, pour l'église de Saint-Marcel (1081 ou 1082). — Fol. 423. Épitaphe du comte Eccard. — Fol. 424. Prise de possession par Marguerite de Chauvigny, comtesse de Penthièvre, de la seigneurie de Saint-Chartier (11 mars 1454). — Fol. 425. Concile romain de 1112. — Fol. 426. Extrait des Annales de Saint-Orens d'Auch. — Fol. 427. Lettre de Laurent, doyen de Poitiers, sur la mort de l'évêque

Gilbert (1154). — Fol. 431. Mandement de Charles V pour faire fortifier Saint-Mesme près Chinon (juin 1413). — Fol. 433. Lettre des évêques de la province de Sens aux cardinaux (juillet 1275). — Fol. 434. Notice sur l'histoire de l'abbaye de Fleury au temps de Louis VII. — Fol. 435. Charte de Sigerius pour le monastère de Notre-Dame (Bréquigny, I, p. 441). — Fol. 437. Extrait d'un traité de Josse Clichtoue. — Fol. 439. Extrait d'un inventaire du Trésor des chartes. — Fol. 442. Rapport de Chapelain au sujet de l'ouvrage de Camillo Lilii sur les Origines de la nation française.

Fol. 441. Extrait de la Chronique d'Hermann de Reichenau. — Fol. 460. Fragments extraits de diverses chroniques. — Fol. 468. Épitaphe de Bérenger par Hildebert (Migne, *Patr. lat.*, t. 171, col. 1396). — Fol. 469. Sermon d'Henri, évêque d'Albano (Tissier, *Bibl. Cisterc.*, t. III, p. 70). — Fol. 472. Pièces concernant Metz et la Lorraine (838-1213).

479 feuillets. — En partie de la main d'A. Duchesne.

57

Mélanges historiques.

Fol. 1. « Mémoires contre l'indult des cardinaux pour les vingt jours » (1555). — Fol. 5. Mémoire pour M. des Forges. — Fol. 8. Mémoire pour le roi au sujet de la paix de Cateau-Cambrésis. — Fol. 15. Extraits et arrêts relatifs aux régales de Bretagne (1334-18 décembre 1637). — Fol. 25. Diplôme de Lothaire, roi de France, pour Saint-Éloi de Noyon (s. d.). — Fol. 27. Notes sur les libertés de l'Église gallicane. — Fol. 30. Instructions données au Sr de Bullion, envoyé par Henri IV auprès du duc de Savoie (23 octobre 1604). — Fol. 39. Protestation des envoyés du roi de France au concile de Trente contre le pape Pie IV. — Fol. 42. Lettres du cardinal de Granvelle, etc., à l'empereur Maximilien (1550-1552). — Fol. 52. Discours de Sully à l'assemblée des Églises réformées, à Saumur (mai 1611). — Fol. 56. Vie de Henri de Mesmes, sieur de Roissy, écrite par lui-même. — Fol. 72. Extrait de la vie de saint Martin par Sulpice Sévère. — Fol. 73. Charte de Richard, duc de Normandie, pour l'abbaye de Saint-Wandrille (août 1024). — Fol. 75. Privilèges de Saint-Germain d'Auxerre (864-9 juillet 889). — Fol. 82. Pièces extraites des archives de Saint-Quentin en Vermandois (12 janvier

873-juillet 1261). — Fol. 85. Charte de Nevelon, évêque de Soissons, pour l'abbaye de Saint-Vincent de Laon (1177). — Fol. 86. Chartes d'Auberive (1173-1270). — Fol. 122. Diplômes de rois de France pour Saint-Germain d'Auxerre (11 septembre 859-26 juillet 936). — Fol. 131. Confirmation par Louis XII des droits de justice d'Antoine de Roye dans la seigneurie de Muret (31 août 1512). — Fol. 133. Notes sur la chartreuse de Bellay. — Fol. 135. Chartes relatives à Miles de Noyers (1286 et 1334).

Fol. 138. Traité de Paris entre Louis IX et Raimond VII de Toulouse (1229). — Fol. 142. Arrêt du Parlement confirmant les droits de Marguerite de Thianges sur la succession de Jean de Courtenay (21 novembre 1392). — Fol. 144. Extrait d'un traité, en français, concernant l'oriflamme. — Fol. 146. Fondation de la collégiale de Ligny par Agnès, comtesse de Bar (1197). — Fol. 147. Notes et traductions de pièces (950 et 959) concernant Saint-Arnoul de Metz. — Fol. 153. Notes sur l'abbaye de la Chaume, au diocèse de Nantes. — Fol. 157. Charte de Philippe VI pour Saint-Crépin-en-Chaie (octobre 1341). — Fol. 159. Notice sur les anciens privilèges de l'église de Narbonne. — Fol. 162. Extrait de la Chronique de Maillezais. — Fol. 163. Lettre de Guillaume Pacquelin à M. Robert, de Chalon, concernant le portrait de Mathilde, duchesse de Bourgogne (3 février 1628). — Fol. 164. Notes sur la maison de Montaigu. — Fol. 165. Extrait des comptes de l'ost de Foix. — Fol. 166. Pièces concernant la châtellenie de Roye (1151-1275). — Fol. 171. Extrait d'une enquête faite sur les forêts du comté de Beaujeu. — Fol. 172. Projet d'une histoire de Touraine, par M. Carreau, élu à Tours. — Fol. 174. Lettres royaux en faveur de Jean de l'Hospital, clerc des arbalétriers (26 septembre 1349-mars 1369). — Fol. 176. Confirmation de l'anoblissement de Philippe Hurault (juin 1472). — Fol. 179. Extraits d'arrêts du Parlement concernant Henri, maréchal de France, etc. (1264-1267). — Fol. 181. Notes historiques sur le début du règne de Charles V. — Fol. 183. Notices sur les grands officiers de la Couronne. — Fol. 201. Requête adressée à Grégoire XIII par le chapitre de Saint-Martin de Tours. — Fol. 204. Extrait des procès-verbaux des coutumes de France. — Fol. 233. Extraits d'un registre du domaine (1533-1543). — Fol. 236. Confirmation, par Charles VI, des alliances conclues avec le roi de Bohême (28 mai 1398). — Fol. 238. Extraits du registre XXXI du Trésor des chartes, concernant Raimond VII de Toulouse (1229-1242). — Fol. 240. Annales de la famille de Las Tours (*sic*), en Limousin. — Fol. 242. Accord entre Gaston, comte de Foix, et Marguerite sa mère (juin 1313). — Fol. 246. Extraits et pièces concernant l'Auvergne (1146-1249).

Fol. 253. Donation à Jean, bâtard d'Orléans, du comté de Dunois (21 juillet 1439). — Fol. 255. Érection de la terre de Lesdiguières en duché par Louis XIII (novembre 1614). — Fol. 256. Union des terres de Mouzon et de Beaumont en Argonne à la couronne (16 juillet 1379). — Fol. 259. Érections de diverses terres en comtés ou en duchés, extraites des registres du Trésor des chartes (1327-1464). — Fol. 270. Union du comté de Soissons à la couronne (18 décembre 1411). — Fol. 272. Lettres de Philippe-Auguste pour les écoliers de Paris (Delisle, n° 629). — Fol. 274. Chronique de Montpellier, en provençal. — Fol. 278. Extrait du recueil d'épitaphes composé par Jacques Le Bouc, héraut d'armes, en 1563. — Fol. 284. Notice sur l'histoire de Saint-Victor de Paris, jusqu'à saint Bernard. — Fol. 286. Pièces concernant l'accord entre Charles, roi de Sicile, et R[obert], évêque d'Avignon (1273-1274). — Fol. 290. Titres concernant les sires de Pons (1249-1628). — Fol. 292. Extrait de la *Mare historiarum* (1250-1378). — Fol. 320. *Relatio de legatione*, de Luitprand. — Fol. 336. Extraits de Galbert de Bruges. — Fol. 345. Extraits des titres de l'église de Limoges. — Fol. 353. Sénéchaux et gouverneurs du Limousin. — Fol. 354. Extraits d'un registre d'Uzerche. — Fol. 359. Lettre du duc de Montpensier pour la dame de Montaut (juin 1560). — Fol. 360. Accord entre Jeanne, comtesse d'Eu et de Guines, et Philippe le Long, au sujet des marins de Guines (23 juillet 1321). — Fol. 362. Lettres de Jean le Bon pour Henri de Vaudemont, seigneur de Joinville (25 février 1361). — Fol. 364. Engagement pris par les cautions de l'accord conclu entre les Dampierre et les d'Avesnes (janvier 1245).

Fol. 365. Lettre de Charles VIII à Maximilien d'Autriche (1486). — Fol. 370. Pièces concernant Tulle (935-1307). — Fol. 378. Actes de Philippe-Auguste pour Saint-Martin de Tours (Delisle, n°s 324 et 21). — Fol. 381. Extrait de la chronique de l'Anonyme de Laon. — Fol. 428. Extrait d'une chronique des rois de Danemark. — Fol. 429. Extrait de la chronique de Géraud de Frachet. — Fol. 433. Acquisition de la seigneurerie de Hébuteme par Jean de Mellin (?), vicomte de Gand (5 novembre 1549).

— Fol. 437. Lettre de Marie, impératrice de Constantinople, à la reine Blanche (février 1248). — Fol. 438. Ordonnances sur la tenue des Parlements, Échiquiers et Grands jours. — Fol. 443. Pièces extraites du Trésor des chartes (1212-1480) concernant diverses familles (Renty, Joinville, Gamaches, etc.). — Fol. 457. Accord entre Charles d'Anjou, roi de Sicile, et Pierre, roi d'Aragon (1283). — Fol. 462. Extraits du Trésor des chartes concernant diverses familles (1268-1416). — Fol. 472. Testament de Mathilde, comtesse de Boulogne (mars 1241). — Fol. 474. Extraits des registres du Trésor des chartes (1218-1463). — Fol. 480. Mémoire sur la majorité des rois. — Fol. 490. « Advertissement au roi sur le gouvernement de l'Église, » signé Théophile (XVIe siècle). — Fol. 496. « La foire de Vauhallans, en vers, dédiée à Monsieur dudit lieu et de la Martinière » (1655). — Fol. 500. « Sur la mort du roi d'Éthiopie, poème. » — Fol. 505. « Le génie de Vaux » (poème). — Fol. 511. Paraphrase du psaume *Miserere*. — Fol. 516. Satire, en vers, contre Richelieu. — Fol. 519. Lettre [de Besly] à A. Duchesne (s. d.). — Fol. 522. Arrêt du Parlement contre Louis de Luxembourg (19 décembre 1470). — Fol. 523. Lettres du chancelier Séguier à M. Blaize (27 septembre 1640-10 août 1563), parmi lesquelles une lettre de P. Dupuy (fol. 544), et deux lettres de Ceberet (fol. 538 et 543). — Fol. 546. « Harangue prononcée en l'audience du Grand conseil, le 12 avril 1674, par M. Antoine Vaillant, avocat, pour la présentation des lettres de M. Estienne d'Aligre, chancelier et garde des sceaux de France. »

556 feuillets. — En partie de la main d'A. Duchesne.

58

Mélanges généalogiques.

Recueil de généalogies, parmi lesquelles on remarque celles des familles suivantes :

Fol. 1. Quesnel. — Fol. 2 v°. D'Apchon. — Fol. 3 v°. D'Espagne. — Fol. 5. De Montfalcon. — Fol. 8 v°. De Morvilliers. — Fol. 12. De Longueil. — Fol. 14. D'Albret. — Fol. 16. De Sainte-Aldegonde. — Fol. 18. D'Anglure. — Fol. 22. D'Aspremont. — Fol. 31. De Belleforrière. — Fol. 33. Maison de Blois. — Fol. 35. Épitaphes de l'Église des Cordeliers de Valenciennes. — Fol. 37. Extrait de l'inventaire des biens laissés par Jean Budé, conseiller et audiencier de la chancellerie de France (23 janvier 1502). — Fol. 45. Maison de Budos. — Fol. 32. De Chastillon. — Fol. 56. De Cauchon. — Fol. 59. Liste des Craon ensevelis dans l'église des Cordeliers d'Angers. — Fol. 63. De Jaucourt de Dinteville. — Fol. 66. De Fresnes. — Fol. 68. De Losse (avec blasons en couleur). — Fol. 85. De Luynes. — Fol. 86. De Lubières. — Fol. 90. De Nesle. — Fol. 91. Du Plessis. — Fol. 93. De Pelet. — Fol. 94. Pot. — Fol. 95. De Linières. — Fol. 100. De Rosmadec. — Fol. 104. Titres de Sandricourt. — Fol. 108. Comtes de Soissons. — Fol. 115. De Gemasses. — Fol. 138. De Ligneris et de Courville. — Fol. 163. D'Urfé. — Fol. 165. De Maldeghem. — Fol. 171. Extrait d'une histoire de la maison de Saint-Omer. — Fol. 176. Extrait de diverses généalogies de l'Artois et de la Flandre. — Fol. 208. Chevaliers de la Toison d'Or (1559-1622). — Fol. 215. Maison de Béthencourt. — Fol. 219 v°. De Loudon. — Fol. 221. Extrait de l'Histoire de Piémont, de L. della Chiesa (Turin, 1608, in-4°). — Fol. 225. Maison de Mailly.

228 feuillets. — Quelques pièces de la main d'A. Duchesne.

59

Mélanges généalogiques.

Recueil de généalogies et de titres généalogiques, classés par ordre alphabétique de noms de familles, et parmi lesquels on remarque les suivants :

P. 1. Extraits de l'Armorial du héraut Berry. — P. 19. Lettre de M. de Boyssieu à A. Duchesne (10 août 1629). — P. 23. Armoiries des plus anciennes maisons de Dauphiné. — P. 31. Extrait du recueil d'épitaphes d'Artois et de Flandre, de Jacques Le Boucq. — P. 55. Lettre de P. d'Hozier à A. Duchesne (6 août 1620). — P. 59. D'Aubusson. — P. 66. D'Aumont. — P. 70. De Mello. — P. 70. De Bailleul. — P. 124. Vicomtes de Thouars. — P. 128. De Bournonville. — P. 136. Le Roy de Chavigny. — P. 146. De Chazeron. — P. 152. de Choiseul. — P. 162. Le Cocq. — P. 172. Le Coigneux. — P. 176. De Comminges. — P. 200. Maison de Dreux. — P. 252. D'Estouteville. — P. 282. De Fonlebon. — P. 290. Gordon de Genoilhac. — P. 296. De

Licques. — P. 308. Lettre de Philippe de Mailly à A. Duchesne (janvier 1622). — P. 312. De la Mark. — P. 320. De Mareuil. — P. 326. Lettre de Thabiron à A. Duchesne (5 octobre 1629). — P. 328. De Mauvoisin. — P. 336. De Murol. — P. 342. De Rochebriant. — P. 346. Le Petit de Vauguion. — P. 350. De Pardaillan. — P. 358. De Polignac. — P. 390. De Solignac. — P. 392. De Chalançon. — P. 402. De Pons. — P. 422. Du Puy du Fou. — P. 434. Lettre de Charles de Quienville à Duchesne (25 octobre 1633). — P. 438. Raguier et des Ursins. — P. 442. De Razès. — P. 444. De Rochefort. — P. 460. Le Roy. — P. 466. Du Roux. — P. 476. Mémoires sur les comtes de Salm. — P. 536. Lettres de Salentin, prince de Salm, à Duchesne (26 février 1632-10 juin 1634). — P. 566. Seigneurs de Thiers. — P. 578. De Thorote. — P. 580. De Trie. — P. 599. De Turenne. — P. 611. De la Tour. — P. 641. De Vaudetart. — P. 653. De Villiers. — P. 661. De Villeprouvée.

680 pages.

60

Mélanges historiques et généalogiques, concernant principalement la Picardie.

Recueil de notes et d'extraits, parmi lesquels on remarque les suivants :

Fol. 1. Extraits du cartulaire des comtes de Beaumont-sur-Oise (1160-1279). — Fol. 11. Extraits du nécrologe de Saint-Léonor de Beaumont. — Fol. 15. Pièces et notes diverses relatives aux comtes de Beaumont. — Fol. 24. Comtes de Clermont. — Fol. 27. Comtes de Saint-Pol. — Fol. 50. Seigneurs d'Arches et de Guines. — Fol. 54. Extraits des titres de la maison de Nanteuil. — Fol. 93. Dessins de pierres tombales de seigneurs de Nanteuil. — Fol. 97. Notes et pièces sur les seigneurs de Crépy, les comtes de Pontoise, de Mantes, etc. — Fol. 117. Sur les Bouteillers de la maison de Senlis. — Fol. 141. Extraits du cartulaire de Notre-Dame de Montmartre. — Fol. 147. Notes pour l'histoire des Bouteillers. — Fol. 181. Catalogue des évêques d'Amiens, d'après un ms. de Corbie. — Fol. 183. Lettre de Montval à A. Duchesne (21 mars 1621). — Fol. 185. Extraits des cartulaires de Saint-

Fuscien et de Notre-Dame d'Amiens. — Fol. 188. Extraits du cartulaire de Saint-Acheul-lez-Amiens. — Fol. 191. Bulle d'Eugène III pour le monastère de Lieu-Restauré (13 décembre 1145; — Jaffé, n° 8798). — Fol. 192. Bulle de Lucius III pour Saint-Arnoul de Crépy (18 avril 1184; Jaffé, n° 15019). — Fol. 194. Extraits relatifs à la maison de Crépy. — Fol. 204. Extraits du cartulaire de Saint-Père-en-Vallée. — Fol. 208. Titres de la maison de Coucy.

232 feuillets. — En grande partie de la main d'A. Duchesne.

61

Mélanges historiques et généalogiques, concernant principalement la Champagne.

Fol. 1. État des terres et revenus de la seigneurie d'Isques en Boulenois. — Fol. 3. Saisie de la terre de Chennegy au nom d'Anne, duc de Montmorency, et de Gilbert des Serpens, par C. Brodey, huissier au bailliage de Troyes (6 juillet 1565). — Fol. 11. Pièces relatives à la propriété de la terre de Romilly (30 octobre 1511-26 mars 1526). — Fol. 38. Vente par Catherine d'Amboise, femme de Philibert de Beaujeu, à François de La Roere, de la seigneurie du Saint-Sépulcre (12 juin 1529). — Fol. 44. Contrat de mariage de Claude de Rezandes, seigneur de La Roche, et de Perrette de Balennes (3 février 1542). — Fol. 47. Approbation, par les habitants de Sens, du mariage de Claude de France avec [François], duc de Valois (10 juillet 1506). — Fol. 48. Contrat de mariage de Gaucher, seigneur de Lannoy, avec Louise de Marsilly (17 février 1544). — Fol. 52. Pièces relatives aux terres de Saint-Crépin-en-Chaie (8-18 février 1577). — Fol. 58. Donation à charge d'anniversaire, faite à Saint-Victor de Paris par Jean du Chastre (18 novembre 1534). — Fol. 60. Accord entre Claude du Châtelet et son frère, Jean du Châtelet, seigneur de Saint-Amand (22 juillet 1527). — Fol. 66. Prise de possession de la seigneurie de Soumaintrain par Louis de Rouville (27 août 1563). — Fol. 70. Renonciation par Claude du Châtelet, veuve de Gilbert de Baissey, à la succession de son père, en faveur de Jean du Châtelet, son frère (16 août 1536). — Fol. 72. Aveu rendu pour la seigneurie de

Soumaintrain par Louis de Rouville (27 février 1571). — Fol. 82. Arrêt sur la possession des vêtements et bijoux de Charlotte de Thais, veuve de François des Essarts (16 août 1571). — Fol. 88. Prise de possession du château de Grignon par Nicolas de Gissey (18 mars 1581). — Fol. 91. Testament de Françoise de Brézé (15 juillet 1574). — Fol. 95. Vente faite par Guillemette d'Averhoult, femme de Charles de Valpergues, à Marie Phillandrier, veuve de Pierre de Gissey, de la terre de Saigny (15 février 1581). — Fol. 99. Mémoire sur la terre de Lanty, dépendant de l'évêché de Langres. — Fol. 104. Lettre de Louise de Stainville, [comtesse de Salm], au prévôt de Troyes (15 avril 1586). — Fol. 105. Épitaphes du prieuré de Cudot (de la main de Camuzat).

Fol. 107. Pièces et mémoires concernant la terre de Lirey. — Fol. 117. Procès-verbal de l'hommage fait à Pierre d'Aulmont, baron d'Estrabonne, pour le château de Chappes, par François de La Roere (25 août 1529). — Fol. 118. Compromis entre Gernette de Malain, dame de Gesley, et Anne de Lantages, seigneur de Nicey (26 mai 1578). — Fol. 121. Accord entre Jacques Morhier, seigneur de Villiers, et Jean de Nicey (31 août 1567). — Fol. 125. Dénombrement de la terre de Lanty, fief de l'évêché de Langres (1583). — Fol. 130. Pièces relatives à ladite terre (25 février 1398-11 janvier 1444). — Fol. 135. Pièces et mémoires concernant la famille de Vaudrey. — Fol. 145. Extraits relatifs aux Dampierre, seigneurs de Plancy. — Fol. 153. Extraits concernant la famille de Neufchatel. — Fol. 159. Pièces et mémoires concernant Jean de Toulongeon et Suzanne de Dampierre, sa femme. — Fol. 184. Pièces concernant la maison des Boves (2 mai 1483-29 octobre 1567). — Fol. 222. Lettres de Henri III, pour l'envoi en possession des héritiers d'Antoinette d'Amboise (6 août 1582). — Fol. 226. « Mémoire du faict de M. de Rancé, cappitaine de troys cens hommes de pied et escuyer chez le roy. » — Fol. 231. Pièces relatives à la famille de Chastenay (22 avril 1575-8 mars 1583). — Fol. 246. Arrêt du Conseil privé maintenant Antoine Vitalis dans les fonctions de juge d'Albigeois (24 août 1564). — Fol. 247. « Instructions à M. d'Avreul, l'ung des gentilshommes de la maison du roy, de ce qu'il dira à Messieurs de Berne et de Fribourg. » — Fol. 249. Lettres adressées au même personnage par [René], bâtard de Savoie. — Fol. 257. Mémoire pour les lansquenets au service du roi, après la bataille de Ravenne (25 mai 1512). — Fol. 253. Rapport sur le passage de Heuri III en

Savoie (1574). — Fol. 255. Réclamations des capitaines du régiment de « Recrocq » (24 septembre 1557). — Fol. 257. Remontrances et requête adressées au roi par les habitants de Troyes (1562). — Fol. 259. Dénombrement des morts de la bataille de Moncontour (3 octobre 1599). — Fol. 259. Ordres de marche et de combat pour les galères du baron de La Garde (1553). — Fol. 262. État pour le paiement de treize enseignes de 300 hommes, levées en Languedoc. — Fol. 263. Extraits de divers martyrologes. — Fol. 266. Épitaphes diverses de l'église des Cordeliers de Troyes. — Fol. 272. Lettre de N. Camuzat à Duchesne (s. d.). — Fol. 273. Épitaphes et inscriptions diverses. — Fol. 282. Épitaphes composées par Jean Passerat. — Fol. 294. Lettre de Palliot à N. Camuzat. — Fol. 296. Lettre de N. Camuzat à Duchesne. — Fol. 298. Notes sur les foires de Champagne (de la main de F. Pithou).

300 feuillets. — Les fol. 263-265, etc. sont de la main de N. Camuzat.

62

Mélanges historiques.

Fol. 1. Diplôme de Robert le Pieux pour le prieuré d'Argenteuil (Bréquigny, I, p. 509). — Fol. 2. Échange entre l'abbaye de Saint-Germain-des-Prés et l'église de Paris (1070). — Fol. 3. Autorisation accordée par saint Louis à tous les laïques de disposer, en faveur des églises, des dîmes qu'ils possèdent (mars 1269). — Fol. 4. Liste des abbés de Saint-Pierre-le-Vif de Sens. — Fol. 6. Abbés de Montiéramey. — Fol. 8. Épitaphes de l'Église Notre-Dame de Troyes. — Fol. 12. Extraits du nécrologe de Vauluisant. — Fol. 14. Extrait de l'obituaire de la Chapelle-aux-Planches. — Fol. 16. Extraits de l'obituaire de Beaulieu, au diocèse de Troyes. — Fol. 19. Lettre d'attestation des reliques de Saint-Gengoul de Toul par Louis de Bar, cardinal diacre du titre de Sainte-Agathe (1404). — Fol. 20. Abbés d'Auberive. — Fol. 24. Extraits des chartes d'Auberive. — Fol. 31. Chartes de la léproserie de Troyes (1147-1349). — Fol. 40. Notes généalogiques diverses. — Fol. 41. Extrait des titres de l'abbaye de la Celle-lez-Troyes et de Saint-Pierre d'Oye. — Fol. 45. Extraits de divers titres concernant la Champagne et la Bourgogne. — Fol. 55. Extraits du compte de Jean Brochet, receveur des finances de Langue d'oïl (octobre 1513-septembre 1514). — Fol. 58. Épitaphe satirique de l'abbé Bonnet. — Fol. 60. Listes de seigneurs de Chaumont, de Troyes et de Paris. — Fol. 62. Noms de quelques commandeurs de la commanderie de Troyes. — Fol. 63. Table d'un registre d'ordonnances conservé au greffe du Parlement (1337-1415). — Fol. 79. Épitaphes de l'église des Jacobins de Troyes, envoyées à Duchesne par Camuzat. — Fol. 83. Table de mots « tirés du vieux gaulois. » — Fol. 85. Expressions diverses extraites de [la continuation de] Guillaume de Tyr, publiée à Bâle en 1560. — Fol. 97. Chartes concernant les seigneurs de Chappes (1121-1318). — Fol. 105. Approbation par Louis de Plancy de l'amortissement d'une terre, fait par Jeanne de Sully, sa mère (20 juillet 1376).

Fol. 106. Chartes concernant les seigneurs de Joinville (1129-1235). — Fol. 110. Extraits de titres originaux conservés au château de Poissy (1300-1461). — Fol. 130. Notes sur divers seigneurs de Champagne. — Fol. 132. Pièces relatives à la maison de Chalon (8 avril 1293-20 juin 1544). — Fol. 160. Pièces relatives aux comtes de Brienne (1179-1233). — Fol. 165. Accord entre Charles VI et Guillaume de Luxembourg (14 août 1396). — Fol. 169. Cession du comté de Brienne faite par Antoine de Luxembourg à Jean de Luxembourg (1551). — Fol. 171. Extrait d'un dénombrement des fiefs de la prévôté de Chaumont en Bassigny. — Fol. 175. Lettre de Fernand de Gonzague à M. du Vivier, envoyé du duc d'Orléans, au sujet de la rançon du comte de Brienne (18 juillet 1545). — Fol. 179. Chartes des seigneurs d'Enghien (1144-1464). — Fol. 185. Lettre de Camuzat. — Fol. 187. Chartes des comtes de Joigny (1255 et 1406). — Fol. 190. Extraits de titres concernant la famille de Dinteville (1502-1589). — Fol. 193. Correspondance de M. d'Eschenets avec [François] de Bassompierre, [François] de Montmorency, etc., en 1552 (quelques originaux). — Fol. 213. Mémoire envoyé à Henri III par M. de Dinteville, lieutenant du roi en Champagne (juillet 1587). — Fol. 215. Instructions données à M. d'Eschenets, envoyé à Marseille (26 décembre 1553). — Fol. 217. Cartels échangés entre Jean du Plessis et Gaucher de Dinteville, sire de Vanlay (décembre 1538). — Fol. 221. Lettre de Sixte-Quint à François, duc de Luxembourg (11 octobre 1589). — Fol. 222. Mémoires sur la vie de François I et François II de Dinteville, évêques d'Auxerre. — Fol. 228. Testament de Gaucher de Dinteville (16 mai 1550). —

Fol. 229. Mémoire sur la succession de la terre de Polisy, après la mort de Jean de Dinteville (1555). — Fol. 234. Nomination de [Joachim] de Dinteville à la charge de lieutenant-général du gouvernement de la Champagne (20 décembre 1579). — Fol 536. Extraits du cartulaire de Montier-la-Celle. — Fol. 238. Copies de pièces concernant Troyes et la Champagne, rangées par ordre chronologique (1120-1566). — Fol. 315. Requête adressée au roi par Françoise de Montchenu. — Fol. 317. Serments prêtés au roi par divers évêques. — Fol. 318. Permission donnée par Henri IV aux Jésuites de fonder un collège à Troyes (mai 1607). — Fol. 319. Concession du collège de Troyes aux religieux de l'Oratoire (26 avril 1630). — Fol. 325. Épitaphe de Charles de Choiseul, maréchal de France († 1 février 1626). — Fol. 326. Relation de l'enterrement du cœur d'Anne de Bretagne. — Fol. 334. Notice sur les impositions levées par les rois de France dans leur royaume. — Fol. 338. Note sur le calcul de la longueur de l'année.

339 feuillets. — Les fol. 41-54, etc., sont de la main de N. Camuzat.

63

Extraits divers, concernant principalement la Bourgogne.

Fol. 1. Extraits d'un nécrologe de Saint-Étienne d'Auxerre. — Fol. 9. Extraits du cartulaire de l'église d'Auxerre (1145-1423). — Fol. 19. Extraits des *Gesta episcoporum Autissiodorensium*. — Fol. 22. Extraits du cartulaire de l'église de Nevers. — Fol. 50. Notes sur les comtes de Nevers. — Fol. 58. Extraits d'un registre du Trésor des chartes, concernant les comtes de Nevers (1215-1221). — Fol. 60. Diplôme de Charles le Gros pour l'église de Langres (Böhmer-Mühlbacher, n° 1694). — Fol. 62. Accord entre le chapitre de Langres et Henri de Vergy (23 août 1317). — Fol. 68. Charte de Guillaume, évêque de Langres pour l'abbaye du Val-des-Écoliers (septembre 1215). — Fol. 70. Extraits des nécrologes de l'église de Langres. — Fol. 73. Extraits des cartulaires de Saint-Bénigne de Dijon. — Fol. 83. Extraits des cartulaires de Cluny. — Fol. 135. Notice sur l'abbaye du Miroir. — Fol. 136. Chartes de Sainte-Vauburge d'Attigny. — Fol. 138. Extraits du livre des privilèges de l'ordre de Cîteaux. — Fol. 140.

Extraits du cartulaire de l'église d'Autun. — Fol. 150. Fragments concernant Chalon-sur-Saône.

152 feuillets. — En grande partie de la main d'A. Duchesne.

64

Mélanges historiques.

Fol. 1. Notes sur différents saints, extraites de divers bréviaires parmi lesquels on remarque ceux des villes suivantes : Aix en Provence. — Fol. 2. Chalon. — Fol. 4. Saint-Denis. — Fol. 8. Évreux. — Fol. 10 v°. Reims. — Fol. 13. La Chaise-Dieu. — Fol. 21. Nevers. — Fol. 24. Angoulême. — Fol. 26. Extrait du *Burgundionum chronicon* de Nicolas Vignier (Bâle, 1575; in-4°). — Fol. 33. Extraits de diverses vies de saints. — Fol. 34. Extraits de la vie de saint Robert, abbé de la Chaise-Dieu. — Fol. 37. Extraits du *Catalogus sanctorum*, de Pietro de Natali. — Fol. 44. Note sur l'oriflamme. — Fol. 46. Notice sur un ms. de Saint-Laurent de Liège, contenant divers traités d'Hincmar. — Fol. 54. Vie de saint Aregius, évêque de Gap [*Bibl. hag. lat.*, n° 669]. — Fol. 58. Extraits des chroniques de Saint-Bénigne de Dijon. — Fol. 67. Extraits de l'*Historia Francorum Senonensis*. — Fol. 71. Extraits de la Chronique d'Adémar de Chabanne. — Fol. 85. Extraits de diverses chroniques de Limoges. — Fol. 97. Extraits d'Adémar, etc. — Fol. 109. Notes sur divers passages de Raoul de Presle. — Fol. 111 v°. Extraits de diverses chroniques des rois de France. — Fol. 127. Notice sur les sires de Coucy. — Fol. 138. Extraits du *de Vita sua*, de Guibert de Nogent. — Fol. 142. Extraits des lettres de saint Anselme. — Fol. 147. Notice sur les divers ordres de moines. — Fol. 149. Extraits de la légende de Robert d'Arbrissel, imprimée à Angers en 1586. — Fol. 151. Catalogue des abbesses de Fontevrault. — Fol. 152. Extraits des lettres d'Hildebert de Lavardin. — Fol. 154. Extraits des Annales de Saint-Victor. — Fol. 176. Extraits des œuvres de Pierre le Vénérable. — Fol. 184. Extraits des Coutumes de Beauvaisis, de Philippe de Beaumanoir. — Fol. 186. Recueil de mots et d'expressions tirés de romans et de chansons en vieux français.

Extraits de divers ouvrages en vieux français :

Fol. 219. Bible de Guyot de Provins. — Fol. 221. Couronnement de Regnart. — Fol. 223. Pèlerinage de l'homme, de Guillaume « Guilleville ». — Fol. 224. Additions aux Chroniques de Bretagne, d'Alain Bouchart. — Fol. 225. Livre de Fauconnerie, de Gaston Phébus. — Fol. 227. Ordene de Chevalerie. — Fol. 230. Chronique de Philippe Mouskès. — Fol. 244. Royaux Lignages, de Guillaume Guiart. — Fol. 250. *Historia Coronae*, de Gautier Cornu. — Fol. 252. Enseignements de saint Louis. — Fol. 256. « Estat des pauvres du regne saint Loys. »

259 feuillets. — En grande partie de la main d'A. Duchesne.

65

Mélanges historiques et littéraires.

Extraits de divers ouvrages parmi lesquels on remarque les suivants :

Fol. 1. Chronique de Guillaume de Nangis. — Fol. 25. Chroniques de Saint-Denis. — Fol. 26. Histoire de Charles VI. — Fol. 36. Traité de Raoul de Presle, et autres textes concernant l'oriflamme. — Fol. 46. Testament de Bertrand, comte de Comminges (19 octobre 1375). — Fol. 73. Voyage à Jérusalem du seigneur d'Anglures (1395). — Fol. 75. Petit Jehan de Saintré. — Fol. 79. Livre des Faits d'armes, de Christine de Pisan. — Fol. 83. Chronique Martinienne, de Sébastien Mamerot. — Fol. 85. Histoire de Jacques de Lalaing. — Fol. 87. Érection du Parlement de Dijon (18 mars 1476). — Fol. 89. Histoire de Saint-Arnoul de Metz. — Fol. 93. *Historia episcoporum et comitum Nivernensium*, de Henri Betort. — Fol. 96. *Compendium historiae Antonianae*, d'Aymar Falcon (Lyon, 1534; in-4°). — Fol. 100. *De origine Seraphicae religionis*, de François Gonzague (Rome, 1587; in-fol.). — Fol. 108. Histoire de Saint-Jacques de Compostelle. — Fol. 111. Antiquités de Soissons, de N. Berlette et M. Bertin (cf. ms. fr. 3862). — Fol. 117. *Histoire de l'antiquité de Vienne*, par Jean Le Lièvre (Vienne, 1623; in-8°). — Fol. 119. *Discours historique de la devocion à Notre-Dame du Puy*, du P. Odo de Gissey (Lyon, 1620; in-8°). — Fol. 121. Nécrologe de l'ordre de Saint-Benoit. — Fol. 131. *Decisiones* de Guy Pape. — Fol. 133. « Reliefs forenses » de Sébastien Rouillard. — Fol. 135. *Consilia*, de Guy Pape. —

Fol. 137. Commentaire sur la Coutume de Bordeaux, par Arnoul du Ferron. – Fol. 139. Commentaire de Guy Coquille sur la Coutume de Nivernais. — Fol. 141 v°. Œuvres d'Agobard. — Fol. 146. Bréviaire de Coutances. — Fol. 147. Plaidoyers de maître Louis Servin. — Fol. 157. Commentaire sur la Coutume d'Anjou, de René Chopin. — Fol. 166. Notice sur les bienfaiteurs du collège de Montaigu. — Fol. 173. Mémoires de Jean de la Barre sur Corbeil. — Fol. 177. *Théâtre d'honneur et de chevalerie* [par Favyn, Paris, 1620; in-4°]. — Fol. 183. « Libellus supplex Jacobi Coignée, advocati in suprema Parlamenti curia, ad Regem christianissimum, pro sancto Dionysio Areopagita. » — Fol. 191. *Trésor de vénerie*, de Hardouin de Fontaine-Guérin [cf. Brunet, n° 13229].

191 feuillets. — La plus grande partie de la main d'A. Duchesne.

66

Copies de chartes et de pièces diverses.

Copies de pièces et de chartes relatives à divers établissements, et émanant de divers personnages dont suit l'indications sommaire.

Fol. 1. Charlemagne. — Fol. 3. Isabeau de Craon (septembre 1250). — Fol. 4. Raoul de Fougères (février 1240). — Fol. 3. Philippe IV et Jacme, roi de Majorque (v. 1302). — Fol. 6. Charles le Simple, pour l'évêché de Noyon (31 octobre 902). — Fol. 8. Charles VI, sur les libertés des églises du royaume (13 avril 1418). — Fol. 11. Philippe Ier, pour le chevalier Galeran (1061). — Fol. 12. Philippe Ier, pour Saint-Philibert de Tournus (s. d.). — Fol. 13. Adroaldus, pour l'abbaye de Saint-Bertin (Pardessus, t. II, p. 87). — Fol. 14. Thierry IV, pour la même abbaye (*ibid.*, p. 327). — Fol. 15. Adam, évêque de Thérouanne, pour la même abbaye (août 1224). — Fol. 16. Vulgrinus, archevêque de Bourges, pour Saint-Yrier-de-la-Perche (s. d.). — Fol. 17. Extraits des *Annales Trevirensium* de Brower (Cologne, 1626; in-fol.). — Fol. 26. Louis VI, pour les évêques de la province de Bordeaux (1137). — Fol. 27. Philippe-Auguste, pour l'église d'Auxerre (Delisle, n° 1021 A). — Fol. 28. Extraits du cartulaire de Saint-Corneille de Compiègne. — Fol. 32. Charte de Theodetrudis pour Saint-Denis (Pardessus, t. I, p. 227). — Fol. 33. Guillaume de Tirson, pour Saint-Denis (février 1238). — Fol. 34. Geoffroi, vicomte de Châteaudun, pour Saint-Denis de Nogent-le-Rotrou (v. 1032). — Fol. 36. Diplôme d'un roi Louis, pour Saint-Barthélemi de Ferrare (869?). — Fol. 37. Extraits du Livre Noir de Saint-Florent de Saumur. — Fol. 40. Extraits du cartulaire de Saint-Magloire de Paris (1159). — Fol. 52. Procession de sainte Geneviève (1206). — Fol. 53. Extrait d'une chronique de l'abbaye de Marchiennes.

Fol. 59. Diplôme de Charles le Simple pour l'église de Cambrai (20 décembre 911). — Fol. 60. Formule d'affranchissement d'un serf de Saint-Aignan. — Fol. 61. Charte de Clovis pour Saint-Mesmin de Micy. — Fol. 62. Chartes de Saint-Nicolas d'Angers. — Fol. 64. Bulle d'Innocent IV (Potthast, n° 15562). — Fol. 66. Extrait des mémoires sur Loudun, de M. Trincant. — Fol. 74. Lettre de G[eoffroy de Vendôme] à Ulger, évêque d'Angers. — Fol. 76. Notice sur l'abbaye de Saint-Jean de Laon. — Fol. 77. Chartes de l'église d'Autun (815-1189). — Fol. 80. Lettre de Sixte IV à Pierre Golefer, collecteur apostolique dans la province de Bourges (17 novembre 1474). — Fol. 82. Fondation de Sauxillanges (v. 924). — Fol. 84. Extraits d'un cartulaire de Saint-Martin de Tours. — Fol. 97. Chartes de l'hôpital de Corbeil (1173-1224). — Fol. 100. Chartes de la Charité (1143-1164). — Fol. 102. Fondation du monastère de Dilo par Henri, archevêque de Sens (1134). — Fol. 103. Chartes de Saint-Denis (VIIe-Xe siècle). — Fol. 125. Fondation de l'abbaye de Longpont par Josselin, évêque de Soissons (1132). — Fol. 127. Diplôme de Charles le Gros pour l'église de Langres (Böhmer-Mühlbacher, n° 1694). — Fol. 129. Charte de Baudouin V, comte de Flandre, pour l'abbaye de Marchiennes (1038). — Fol. 131. Charte de Robert, abbé de Saint-Martin de Tours (s. d.). — Fol. 133. Bulle d'Adrien IV pour Saint-Magloire de Paris (4 mars 1158). — Fol. 135. Diplômes pour Manlieu (1er août 877 et 17 août 818). — Fol. 139. Diplômes d'Otton III pour Saint-Martin de Tours (997). — Fol. 141. Partage des comtés de Mortagne et de Domfront (1235). — Fol. 142. Serment prêté par les Mauvoisin à Philippe-Auguste (juillet 1200). — Fol. 144. Diplôme de Louis le Pieux pour l'Église romaine. — Fol. 146. Diplôme de Philippe-Auguste pour Saint-Étienne de Nevers (Delisle, n° 172; placard imprimé). — Fol. 148. Accord entre l'abbaye de Saint-Serge d'Angers et divers personnages (fin du XIe siècle).

148 feuillets. — Nombreuses pièces de la main d'A. Duchesne.

67

Mélanges historiques.

Extraits de divers cartulaires ou recueils :

Fol. 1. Chartes de Clairmarais. — Fol. 4. Archives du comté d'Artois. — Fol. 6. Généalogie de la maison de Lens. — Fol. 8. Épitaphes de Belgique, envoyées par Chifflet. — Fol. 14. Vie de saint Poppo de Stavelot. — Fol. 16. Histoire manuscrite des abbés d'Hénin-Liétard, par le R. P. Baudouin de Glen. — Fol. 18. Archives de la Chambre des comptes de Lille. — Fol. 20. Accord entre l'abbaye de Saint-Vaast d'Arras et Razon de Gand (5 mars 1222). — Fol. 22. Hommage de Simon « de Valle » à H., chatelain de Gand (mars 1241). — Fol. 23. Chartes de l'abbaye de Choques. — Fol. 24. Lettre de P. de Gomiecourt à A. Duchesne (s. d.). — Fol. 25. Obituaire de Saint-Barthélemi de Béthune. — Fol. 26. Archives de Terremonde. — Fol. 28. Généalogie de la maison de Béthune. — Fol. 58. Maison de Limbourg. — Fol. 61. Maison de Luxembourg. — Fol. 67. « Ex historia Luzemburgica manuscripta praesidis Bewingii. » — Fol. 98. Extraits de divers mémoires et recueils concernant la maison de Luxembourg. — Fol. 139. Chevaliers de la Toison d'Or des maisons de Luxembourg, Vergy, Melun. — Fol. 142. Généalogie fabuleuse de la maison de Luxembourg. — Fol. 144. Lettres de P. de Gomiecourt à A. Duchesne (19 juillet 1626-22 janvier 1630). — Fol. 161. Lettre de Pierre-François Chifflet à A. Duchesne (18 août 1628).

Fol. 162. Sur les fiefs des diverses provinces de France. — Fol. 176. Lettre de Nyau, conseiller au siège présidial de la Flèche (31 juillet 1627). — Fol. 177. Sur les villes d'Anjou. — Fol. 179. Extraits de mémoires sur Loudun. — Fol. 197. Mémoires sur Thouars. — Fol. 208. Notice sur Mirebeau en Poitou. — Fol. 212. Lettre de [Pierre] Robert, lieutenant-général de Dorat, à A. Duchesne (4 juillet 1628). — Fol. 213. Mémoire dudit Pierre Robert sur le Poitou. — Fol. 217. Mémoire du même sur la Marche. — Fol. 222. Notes sur le comté de Beaumont-sur-Oise. — Fol. 226. Notes sur le Boulenois. — Fol. 232. Notes sur le Ponthieu. — Fol. 236. Coutumes du bailliage de Melun. — Fol. 238. Lettres de Constantin à Duchesne. — Fol. 241. Lettre de Fr. de Saint-Amant à Duchesne (14 août 1628). — Fol. 245. Notes sur la chevalerie. — Fol. 251. Notice sur la maison de Courtenay. — Fol. 253. Discours sur la province de Champagne. — Fol. 257. Confirmation des libertés des foires de Champagne (octobre 1489). — Fol. 259. Plaque commémorative des restaurations de la cathédrale de Troyes. — Fol. 260. Notes sur l'abbaye de Saint-Loup de Troyes. — Fol. 262. Notes sur l'Auxerrois. — Fol. 264. Divisions ecclésiastiques du diocèse de Langres. — Fol. 265. Notice sur le diocèse de Toul. — Fol. 266. Mémoires de François Ranchin sur Montpellier. — Fol. 267. Notice sur le marquisat de Fimarcon. — Fol. 269. Note sur le pays de Comminges. — Fol. 272. Histoire de la ville d'Arles. — Fol. 274. Villes et châteaux du comté de Valentinois. — Fol. 276. Notes sur Lyon et le Lyonnais.

277 feuillets. — En partie de la main d'A. Duchesne.

68

Mélanges généalogiques.

Fol. 1. Chartes concernant les comtes de Meulan (1120-1269). — Fol. 11. Charte de Girard, évêque d'Angoulême, pour l'abbaye de Grosbos (1121). — Fol. 12. Notes concernant l'histoire de Poitiers. — Fol. 13. Pièces concernant les seigneurs de Neubourg (1110-1356). — Fol. 24. Charte de Galeran, comte de Meulan, pour l'abbaye de Saint-Nicaise (1141). — Fol. 26. Chartes et extraits concernant les seigneurs de Vieuxpont (1185-1619). — Fol. 38. Notes et pièces concernant les seigneurs de Neubourg (1260-1607). — Fol. 62. Maison d'Estouteville. — Fol. 66. Notes et pièces relatives aux Montmorency, et à divers grands officiers de la Couronne. — Fol. 74. Maison de Chevreuse. — Fol. 76. Comtes de Vendôme. — Fol. 94. Lettre de Gemassys. — Fol. 95. Seigneurs de Baugency. — Fol. 101. Vicomtes de Chateaudun. — Fol. 108. Sermon sur saint Eutrope de Saintes. — Fol. 115. Charte de Guillaume, comte de Poitiers, pour Saint-Eutrope de Saintes (12 octobre 1079). — Fol. 117. Chartes de Saint-Cybar d'Angoulême (x^e^-xve siècle). — Fol. 136. Pièces et notes sur diverses églises d'Angoulême. — Fol. 159. Maison de Lusignan. — Fol. 172. Lettres de Besly à Duchesne sur les maisons de Thouars, de Lusignan, etc. (23 mai 1620-18 décembre 1621). — Fol. 178. Charte d'Aliénor, veuve de Renaud de Thouars (4 février 1269). — Fol. 180. Maison de Brosse. — Fol. 186. Maison de Beaumont. — Fol. 191. Comtes de Clermont. — Fol. 194. Maison de La Tour, etc. — Fol. 232. Lettres de Jean de Cordes à A. Duchesne (11 décembre 1623-24 janvier 1624). — Fol. 236. Lettres du prince de Ligne à A. Duchesne (1 décembre 1621-1 février 1622). — Fol. 243. Lettre d'Antoine de Hol à A. Duchesne (2 février 1622). — Fol. 245. Mémoire sur la maison de Lalaing (1607). — Fol. 247. Notes généalogiques sur les familles de Hornes, de Bergue, etc. — Fol. 254. Famille Rataut. — Fol. 258. Famille Hotman. — Fol. 262. Familles diverses. — Fol. 266. Épitaphe du seigneur de Courberon. — Fol. 267. Famille de Sainte-Maure. — Fol. 273. Maison de Bethencourt. — Fol. 274. Famille Braquemont. — Fol. 278. Famille de La Croix. — Fol. 286. Famille Bançay. — Fol. 288. Fragments généalogiques divers. — Fol. 318. Maison de Noyers.

333 feuillets. — En partie de la main d'A. Duchesne.

69

Mélanges généalogiques, relatifs principalement à la Bourgogne.

Fol. 1. Extraits de l'inventaire de la Chambre des comptes de Dijon. — Fol. 7. Extrait d'une chronique de l'abbaye de Mézières, près Beaune (900-1405). — Fol. 13. Notice sur Gilbert, duc de Bourgogne. — Fol. 18. Charte d'Hervé, évêque d'Autun (31 octobre 920). — Fol. 20. Lettres de Munier à A. Duchesne (8 novembre 1624 et 21 janvier 1625). — Fol. 24. Généalogie des ducs de Bourgogne. — Fol. 26. Épitaphes de la maison de Bourgogne dans l'église de Cîteaux. — Fol. 28. Notes sur les comtes de Bourgogne. — Fol. 35. Épitaphes de la famille des ducs de Bourgogne. — Fol. 38. Extraits des nécrologes de l'église de Besançon. — Fol. 41. Maison de Chalon. — Fol. 45. Extraits des Mémoires de M. Pérard, concernant les comtes de Bourgogne. — Fol. 49. Jugement de Louis VII en faveur de Geoffroy, évêque de Langres (1153; Luchaire, n° 296). — Fol. 51. Pièces sur les ducs de Bourgogne et la maison de Vergy (1190-1433). — Fol. 65. Extraits de diverses chroniques concernant l'histoire de Bourgogne. — Fol. 97. Seigneurs de Baugé, de Beaujeu, de Mâcon, etc. — Fol. 117. Extraits de diverses histoires de Bourgogne. — Fol. 126. Chartes concernant Othe, comte palatin de Bourgogne (1294-1314). — Fol. 131. Maison d'Oiselet. — Fol. 139. Extraits des chartes de Cluny. — Fol. 141. Quittance donnée à Louis IX par Aalis, comtesse de Mâcon (février 1240).

Fol. 142. Pièces concernant les comtes de Forez (1173-1351). — Fol. 156. Maison de Chalon. — Fol. 158. Généalogie des comtes de Tonerre jusqu'en 1603, par David Audry, procureur fiscal du comté de Tonerre. — Fol. 168. Bulle de Boniface VII pour l'Hôtel-Dieu de Tonerre (Potthast, n° 24659). — Fol. 178. Notes généalogiques diverses sur la maison de Chalon. — Fol. 193. Maison de Champlitte. — Fol. 202. Maison de Pontaillier. — Fol. 237. Maison de Forvens. — Fol. 258. Notes généalogiques sur diverses familles, classées par ordre alphabétique (Montbéliard-La Trémoille).

Fol. 287. Pièces concernant la maison de Vergy, parmi lesquelles on remarque :

Fol. 288. Mémoire sur la famille de Vergy, extrait des archives de la Chambre des comptes de Dijon. — Fol. 299. Mémoire adressé au roi par François de Vergy, comte de Champlitte. — Fol. 307. Mémoire pour Cleriadus de Vergy. — Fol. 326. Extraits des titres du comté de Champlitte. — Fol. 330. Fondation d'une église collégiale à Champlitte (27 octobre 1439). — Fol. 336. Lettres de Gaspard de Saulx de Tavannes, relatives à la restitution du comté de Charolais au roi d'Espagne (1559). — Fol. 343. Mémoires sur les maisons de Cusance et de Belvoir. — Fol. 360. Généalogie de la maison de Vienne. — Fol. 383. Maison de Bauffremont. — Fol. 386. Harangue de la noblesse [de Bourgogne?] au roi, copie envoyée à Duchesne en 1624.

378 feuillets. — Quelques pièces de la main d'A. Duchesne et N. Camuzat.

70

Extraits de divers inventaires et registres.

Extraits d'inventaires et recueils de titres, principalement de la Chambre des comptes de Paris :

Fol. 1. Généalogie de la maison de Villars. — Fol. 2. Inventaire des titres de la maison de Bourbon, fait par Jacques Luillier en 1531 (cf. Arch. nat., PP. 36). — Fol. 35. Inventaire des aveux et dénombrements des duchés de Bourbonnais et d'Auvergne.

— Fol. 40. Inventaire des titres de Bourbon et Beaujeu. — Fol. 42. Inventaire des titres des dauphins d'Auvergne. — Fol. 52. Inventaire des titres du comté de Forez, par Jacques Luillier (cf. Arch. nat., PP. 38). — Fol. 67. Inventaire des titres d'Alençon, par Jean de Saint-Marcel et Nicolas Séguier. — Fol. 70. Titres concernant Fougères. — Fol. 79. Inventaires de la Chambre des comptes d'Anjou. — Fol. 92. « Ex registro dudum rubeo, nunc albo. » – Fol. 102. Registre de Jean, duc de Berri (1360-1416). — Fol. 163. Comptes d'Étienne de Fontaine, argentier du roi (1349-1354). — Fol. 109. Registre de la Trésorerie des guerres des années 1515-1516. — Fol. 112. Compte de Raoul de Launoy, trésorier général du comte de Richemont. — Fol. 114. Fragments de la Chronique d'Arthur de Richemont. — Fol. 117. Inventaire des titres de la maison de Poitiers, fait en 1583. — Fol. 121. Titres de Lautrec. — Fol. 123. Titres de Dinteville. — Fol. 126. Extrait du *Choix de plusieurs histoires appariées*, par A. de Boufflers (Paris, 1608; in-8°). — Fol. 128. Inventaire de la chambre des comptes de La Fère, par A. Galland (1605).

Fol. 144. Titres de Luxembourg. – Fol. 147. Généalogie de Luxembourg par Clément de Sainghin, héraut de Jacques de Luxembourg. — Fol. 152. Inventaire du Trésor des chartes, fait en 1482. — Fol. 154. Titres d'Albret. — Fol. 155. Titres de Béarn. — Fol. 175. Inventaire des titres d'Albret. — Fol. 177 v°. Inventaire des titres du Trésor d'Armagnac à Lectoure. — Fol. 185 v°. Ancien inventaire des titres d'Albret et d'Armagnac. — Fol. 214. Inventaire des titres des comté de Périgord et vicomté de Limoges, fait en 1546. — Fol. 231. Enquête au sujet des droits du sire d'Albret sur le captalat de Buch, etc. (23 mars 1459). — Fol. 236. Inventaire des titres trouvés en la chambre de Jean, comte d'Angoulême, en 1487. — Fol. 237. Titres de Beaufort en Anjou, Eu, Nemours. — Fol. 240. Titres de Normandie à la Chambre des comptes de Paris. — Fol. 245. Titres divers de Navarre. — Fol. 248. Titres de Launay-Comats. — Fol. 249. Titres du Plessis-Ballisson. — Fol. 250 v°. Titres du Breil. — Fol. 268. Inventaires divers de titres de Bretagne. — Fol. 272. Osts dus au duc de Bretagne. — Fol. 276. Titres de M. de la Grelière, conseiller au Grand conseil. — Fol. 278. Registre du greffe criminel de 1316. — Fol. 280. Titres de Dompmart. — Fol. 286. État des gouvernements de la France (du début du règne de Louis XIII). — Fol. 290. « Mémoires de M. Pitou », sur la Guyenne et la Gascogne. — Fol. 312. Mémoires du même sur diverses familles. — Fol. 317. Extraits de divers registres de la Chambre des comptes. — Fol. 332. Notice sur la ville de Dax.

334 feuillets. — De la main d'A. Duchesne.

71

Mélanges historiques sur la Champagne, l'Artois et la Picardie.

Fol. 1. Extraits d'un livre de réception des chanoines de l'église de Troyes (xve-xvie s.). — Fol. 3. Ligues des nobles de Champagne, Vermandois, Beauvaisis, etc. (1314). — Fol. 4. Extraits de l'obituaire de Saint-Étienne de Troyes. — Fol. 5. Extraits des chartes de Montier-la-Celle. — Fol. 6. Accord entre Blanche, comtesse de Champagne, et Érard de Brienne. — Fol. 8. Pièces relatives à l'abbaye de Signy (1247-1336). — Fol. 15. Accord entre Jean de Châtillon, comte de Porcien, et l'abbaye de Saint-Hubert en Ardennes (2 octobre 1346). — Fol. 17. Chartes des seigneurs de Bazoches (v. 1077-1262). — Fol. 28. Extraits du cartulaire de l'abbaye du Charme-aux-Nonnains. — Fol. 30. Charte de Gisla pour Sainte-Gertrude de Nivelles (1030). — Fol. 31. Extrait du martyrologe de l'église de Laon. — Fol. 33. Bulles et chartes relatives à la même église (xiie-xiiie s.). — Fol. 37. Notice sur Gaudri, évêque de Laon. — Fol. 42. Chartes de Saint-Jean de Laon (1128-1188). — Fol. 45. Chartes concernant le diocèse de Laon (1104-1233). — Fol. 50. Fondation de la chapelle de La Neuville-en-Hez (février 1208). — Fol. 51. Notice d'une donation faite par Guillaume le Conquérant à Saint-Étienne de Caen (1088). — Fol. 52. Diplôme de Robert le Pieux pour Saint-Vaast, daté de 1039. — Fol. 53. Chartes concernant les comtés de Boulogne et de Ponthieu (1206-1299). — Fol. 59. Extraits de chartes concernant le diocèse d'Arras (1142-1209). — Fol. 62. Extraits concernant les comtes de Saint-Pol. — Fol. 69. Extrait des titres de Saint-Vaast d'Arras. — Fol. 71. Extraits concernant les comtes de Flandre (1199-1378). — Fol. 75. Diplôme d'Eudes pour Saint-Vaast (21 mai 890). — Fol. 76. Charte du comte Albert pour l'abbaye de Saint-Quentin (986). — Fol. 77. Charte de Baudouin, comte de Flandre, pour Saint-Pierre au Mont-Blandin (1056). — Fol. 78. Extraits du cartulaire du Mont-Saint-Martin (1136-1194). — Fol. 80. Épitaphes diverses de l'Artois. — Fol. 83. Funérailles de Louis de Male, comte de Flandre (1383).

Notes et extraits divers parmi lesquels on remarque : Fol. 93 : Pièces relatives à l'ajournement de Robert, comte de Flandre, devant la cour du roi (1304-1315). — Fol. 104. Charte de franchise de Thibaut, comte de Champagne, pour les habitants de Courlon, etc. (juillet 1228). — Fol. 105. Diplôme de Louis VI pour Cluny (1119).

106 feuillets. — En partie de la main d'A. Duchesne.

72

Mélanges historiques.

Fol. 1. Première partie du *Chronicon Walciodorense* (D'Achery, *Spicil.*, éd. in-fol., t. II, p. 709). — Fol. 6. Extraits des chartes d'Auberive. — Fol. 10. Mandement de Louis, comte de Flandre, au sujet des gardes dues dans les châteaux du comté de Rethel (27 mars 1364) — Fol. 11. Extrait des terriers du comté de Rethel. — Fol. 14. Donation de la vicomté de Béarn à Roger-Bernard, comte de Foix, par Gaston VII (1286). — Fol. 18. Généalogie de la famille Boucher. — Fol. 19. Pièces concernant les seigneurs de Nogentel (3 mars 1468-21 novembre 1492). — Fol. 25. Chartes du prieuré de la Grâce, près Montmirail (1221-1431). — Fol. 47. Extrait de décrets de conciles (la suite est au fol. 24). — Fol. 48. Notice sur Jean Cousin, seigneur de Nogentel. — Fol. 49. Chartes de l'abbaye de Notre-Dame de Regni (1147-1276). — Fol. 85. Extraits des archives du Temple, à Paris. — Fol. 86. Titres de la maisou de Nogentel (1467-1553). — Fol. 88. Extraits concernant les comtes de Roucy (1376). — Fol. 90. Diplôme de Henri I pour la Chaise-Dieu (septembre 1052). — Fol. 91. Extrait des chartes de l'abbaye de La Grasse. — Fol. 93. Diplôme falsifié de Charles le Chauve pour le monastère de Vabre (19 juillet 863). — Fol. 94. Extraits du Livre rouge de l'archevêché de Narbonne. — Fol. 96. Extraits des chartes de Saint-Martin de Montauban. — Fol. 98. Bulle de Clément IV pour l'évêché de Maguelonne (Potthast, n° 19811). — Fol. 99. Extraits de pièces relatives à Montpellier. — Fol. 105. Lettre de rémission pour Jean, comte d'Armagnac, et Jean, vicomte de Lomagne, son fils (1446). — Fol. 112. Testament de Petrone, comtesse de Bigorre (3 novembre 1251). — Fol. 113. Testament d'Esquivat, comte de Bigorre (18 septembre 1283). — Fol. 114. Contrat de mariage de Matha, fille de Jean, comte d'Armagnac, avec Bernard d'Albret (21mai 1321). — Fol. 116. Extrait de l'*Inventio sancti Veroni* (*Bibl. hag. lat.*, n° 8550]. — Fol. 117. Extrait de la *Vita sancti Deicoli Lutrensis* [*ibid.*, n° 2121]. — Fol. 121. Pièces sur les comtes de Rethel (avril 1219-octobre 1276). — Fol. 127. Lettres de noblesse pour Jean Lesguisé, évêque de Troyes (mars 1430).

127 feuillets. — Quelques pièces de la main d'A. Duchesne.

73

Mélanges historiques.

Fol. 1. Bulle d'Alexandre III pour le monastère de Beaulieu (8 avril 1173; Jaffé, n° 12221). — Fol. 3. Extraits du cartulaire de Saint-Martin-des-Champs. — Fol. 6. Extraits de diverses chroniques d'Anjou et de Touraine. — Fol. 9. Listes des localités comprises dans les différents comtés de l'Auvergne. — Fol. 10. Extraits des archives de Saint-Laud d'Angers. — Fol. 13. Évêques d'Angers. — Fol. 29. Extraits d'un cartulaire de Saint-Julien du Mans. — Fol. 35. Concile de Limoges (1031). — Fol. 36. Chartes de Maillezais. — Fol. 45. Fondation de Saint-Jean d'Orbestier (1007). — Fol. 47. Extraits du cartulaire de Boisgrolland.

Chartes diverses, relatives à l'Aquitaine, et parmi lesquelles on remarque les suivantes :

Fol. 53. Diplôme de Richard Cœur-de-lion pour l'abbaye du Jars (4 novembre 1196). — Fol. 54. Chartes des seigneurs de Mauléon (1213 et 1218). — Fol. 55. Charte de Gui-Geoffroi, duc d'Aquitaine, pour Saint-Hilaire de Poitiers (s. d.). — Fol. 57. Lettres de Louis VII pour les évêques de la province de Bordeaux (Luchaire, n° 1). — Fol. 59. Diplôme de Henri Ier pour la Chaise-Dieu (1052). — Fol. 61. Chartes de Montierneuf. — Fol. 71. Diplômes de Pepin d'Aquitaine et de Louis IV pour Saini-Hilaire de Poitiers (833 et 942). — Fol. 75. Chartes de l'église de Mirebeau. — Fol. 81. Diplôme de Louis VI pour les églises cisterciennes

(1135). — Fol. 83. Note sur La Rochelle. — Fol. 86. Notice d'un diplôme de Charlemagne pour Saint-Cybar d'Angoulême.

88 feuillets. — En grande partie de la main d'A. Duchesne.

74

Extraits de divers cartulaires et recueils.

Fol. 1. « De l'origine et invention de la rhyme », par Jean Le Bon (Lyon, 1582 ; in-8°). — Fol. 9. Cartulaire de l'abbaye d'Andecies. — Fol. 12. Polyptique de Saint-Rémi de Reims. — Fol. 17. Notices relatives à la même abbaye. — Fol. 21. Épitaphes de l'église Saint-Rémi. — Fol. 24. Titres de l'église Notre-Dame de Reims. — Fol. 26. Obituaires de la même église. — Fol. 30. Abbés de Saint-Nicaise de Reims. — Fol. 31. Abbés de Saint-Germer. — Fol. 32. Évêques de Châlons-sur-Marne. — Fol. 13. Chartes de Henri, archevêque de Reims (février et juin 1238). — Fol. 34. Martyrologe de l'église de Reims. — Fol. 38. Cartulaire de l'Hôtel-Dieu de Reims. — Fol. 40. Monuments de diverses églises de Reims. — Fol. 41. Chartes de l'archevêché de Reims. — Fol. 42. Décret d'adjudication de la terre de Troissy (19 août 1474). — Fol. 44. Titres du prieuré de Longueau. — Fol. 45. Titres de l'abbaye d'Igny. — Fol. 57. Notice sur l'abbaye de Saint-Rémi. — Fol. 65. Notes sur le sacre des rois de France. — Fol. 7. Cartulaire de Saint-Thierry de Reims. — Fol. 73. Titres de l'abbaye de la Val-le-Roy. — Fol. 74. Cartulaire de Vauclair. — Fol. 76. Notice sur l'abbaye d'Ormont. — Fol. 78. Cartulaire de Saint-Oricole de Senuc. — Fol. 79. Bulles de Jean XIII et d'Adrien IV pour Saint-Rémi de Reims (Jaffé, n°s 3763 et 9937). — Fol. 84. Cartulaire de Hautvilliers. — Fol. 85. Épitaphes de l'église Saint-Martin de Troissy. — Fol. 88. Cartulaire de Pontigny.

Fol. 96. Livre des chartes de la ville de Troyes. — Fol. 97. Charte de Henri, comte de Troyes, pour l'église des patriarches Abraham, Isaac et Jacob de Jérusalem (1179). — Fol. 98. Diplôme de Louis VII pour l'abbaye d'Yerre (Luchaire, n° 108). — Fol. 99. Chartes de Ligny et Saint-Denis de la Chartre. — Fol. 100. Notices sur diverses chartes de Saint-Denis. — Fol. 106. Épitaphes de l'église Notre-Dame de Poissy. — Fol. 108. Chartes d'Aubecour (1190-1251). — Fol. 112. Obituaire de Chaalis. —

Fol. 113 v°. Notice sur l'histoire de la même abbaye. — Fol. 116. Titres de l'abbaye du Parc-aux-Dames. — Fol. 117. Sépultures de l'abbaye de Saint-Yved de Braine. — Fol. 119. Martyrologe de la même abbaye. — Fol. 122. Cartulaire de la même abbaye. — Fol. 126. Cartulaire de la terre de Guise. — Fol. 128. Cartulaire de Thenailles. — Fol. 143. Catalogue des évêques d'Amiens. — Fol. 144. Obituaire de l'église d'Amiens. — Fol. 146. Catalogue des abbés de Corbie. — Fol. 147. Cartulaire du doyenné de Saint-Quentin. — Fol. 148. Martyrologe des Clairets. — Fol. 149. Chartes de l'église de Beauvais. — Fol. 151. Cartulaire de Saint-Just, au diocèse de Beauvais. — Fol. 153. Chartes du comté de Clermont (XIIe-XIVe s.). — Fol. 161. Inventaire des titres du Mont-Saint-Quentin. — Fol. 163. Chartes d'Abbeville (1075-1205). — Fol. 104. Abbés de Saint-Riquier. — Fol. 166. Confédération des nobles et communes de Champagne contre la mauvaise monnaie (1314). — Fol. 167. Notes sur les comtes d'Alençon. — Fol. 169. Notes généalogiques sur diverses familles. — Fol. 171. Obituaires de Reims et de Sens. — Fol. 173. Notice sur les seigneurs de Valery. — Fol. 175. Notices historiques sur Montargis. — Fol. 181. Liste des paroisses ayant pris part à la procession de Bethléem, en 1615. — Fol. 184. Découverte d'une croix dans un arbre de la forêt de Montargis (1607). — Fol. 185. Extraits de diverses pièces concernant les seigneurs de Chaumont. — Fol. 192. Érection du duché de Bournonville (22 octobre 1608). — Fol. 193. Obituaire de Sainte-Catherine du Val-des-Écoliers.

194 feuillets.

75

Mélanges historiques concernant l'Anjou et le Poitou.

Fol. 1. Lettre d'Oihénart à A. Duchesne (12 mars 1635). — Fol. 2 et 4. Diplôme de Charles le Simple pour le monastère d'Aurillac (2 juin 899). — Fol. 5. Notes généalogiques sur diverses familles de l'Anjou. — Fol. 9. Extrait d'une description de la Gaule. — Fol. 10. Extraits des archives de Saint-Laud d'Angers. — Fol. 13. Évêques d'Angers, des origines à 1587. — Fol. 29. Extraits du cartulaire de Saint-Julien d'Angers. — Fol. 33. Donation à Marmoutier de l'église Saint-Malo de Dinant (1108 et 1124). — Fol. 35. Concile de Limoges (1031). — Fol. 36. Chartes de Maillezais. —

Fol. 41. Extraits du bullaire de Cluny. — Fol. 43. Chartes relatives au prieuré de la Fougereuse (820-1181). — Fol. 45. Fondation du monastère de Saint-Jean d'Orbestier (juillet 1007). — Fol. 47. Extraits du cartulaire de Boisgrolland. — Fol. 53. Fondation de l'abbaye de Jars (1197). — Fol. 54. Chartes de Guillaume et Savari de Mauléon (1145 et 1218). — Fol. 55. Charte de Geoffroi, duc d'Aquitaine, pour Saint-Hilaire de Poitiers. — Fol. 56. Privilège de Louis VII pour les églises de la province de Bordeaux (1137; Luchaire, *Actes de Louis VII*, n° 1). — Fol. 57. Privilèges de la Chaise-Dieu (1052-1051). — Fol. 61. Chartes de Montierneuf de Poitiers (1076-1178). — Fol. 70. Charte de Guillaume VII, duc d'Aquitaine, pour Sainte-Croix de Bordeaux (1027). — Fol. 71. Chartes de Saint-Hilaire de Poitiers. — Fol. 75. Chartes de l'église de Mirebeau. — Fol. 79. Charte de Guillaume V, duc d'Aquitaine, pour la Trinité de Vendôme (1000). — Fol. 80. Pièces et notes relatives à La Rochelle. — Fol. 85. Extraits du cartulaire de Saint-Melaine de Vitré. — Fol. 86. Diplôme de Charlemagne pour Saint-Cybar d'Angoulême. — Fol. 87. Fondation de Sainte-Croix de Loudun.

88 feuillets. — En partie de la main d'A. Duchesne.

76

Mélanges généalogiques.

P. 1. Maison de Roucy. — P. 1 *bis*. Titres de la maison de Dreux (1132-1416). — P. 29. Mémoires sur les comtes de Brienne. — P. 5. Titres de la maison de Brienne (1160-1230), et pièces diverses sur la même maison, parmi lesquelles on remarque : P. 62. Extraits du cartulaire de Larrivour (1162-1230). — P. 71. Extraits du cartulaire de Boulancourt. — P. 75. Extraits du cartulaire de Beaulieu, au diocèse de Troyes (1152-1364). — P. 83. Chartes de Ramerupt. — P. 107. Extraits du cartulaire de Pontigny (1168-1278). — P. 119. Chartes de Bassefontaine (1166-1227). — P. 128. Histoire, en français, de la fondation de l'abbaye de la Pitié-Notre-Dame. — P. 143. Pièces concernant les ducs d'Athènes de la maison de Brienne. — P. 153. Lettres de Ch. de Beaulieu à Duchesne (22 mai et 17 décembre 1620). — P. 166. Épitaphes des comtes de Brienne à Ligny. — P. 182. Mémoire sur les comtes de Roucy. —

P. 223. Titres des maisons de Bourbon, Dampierre, etc. — P. 239. Maison de Bourbon. — P. 265. Extrait d'un cartulaire des sires de Sully, formé par Jean de La Celle, vicaire de Bourges, en 1329. — P. 280. Lettre de Claude Reboul à A. Duchesne (23 janvier 1618). — P. 282. Mémoires sur la ville de Chateauvillain et ses seigneurs. — P. 351. Inventaire des titres du trésor de Grancey. — Fol. 358. Notes et pièces sur les seigneurs de Trainel, etc. — P. 380. Titres et notes pour l'histoire de la maison de Garlande. — P. 411. Seigneurs de Melun (à la p. 420, copie du XIIIe siècle d'une charte de l'abbaye de Barbeaux, qui semble avoir été préparée pour être insérée au fol. 195 v° du ms. lat. 10943). — P. 423. Liste des morts et des prisonniers à la bataille de Béthune (28 juillet 1487).

423 pages. — En partie de la main d'A. Duchesne.

77

Mélanges historiques et généalogiques.

Extraits de divers recueils de titres et cartulaires dont suit l'indication sommaire :

Fol. 1. Chartes concernant Senlis. — Fol. 2. Cartulaire de Saint-Martin-des-Champs. — Fol. 12. Titres de Saint-Maur-des-Fossés. — Fol. 13. Titres des Frères mineurs de Vincennes. — Fol. 15. Épitaphes de l'église de Monsoult. — Fol. 16. Épitaphes de l'église de Royaumont. — Fol. 17. Titres de l'abbaye d'Hérivaux (1183-1237). — Fol. 20. Cartulaire de Chaalis. — Fol. 25. Cartulaire de l'abbaye de la Victoire. — Fol. 26. Titres de Saint-Vincent de Senlis. — Fol. 27. Cartulaire de Saint-Nicolas d'Acy. — Fol. 30. Registre des chartes de la terre de Chantilly. — Fol. 38. Cartulaire de Notre-Dame de Senlis. — Fol. 42. Obituaire de l'église de Senlis. — Fol. 42. Épitaphes de l'église des Cordeliers de Senlis. — Fol. 44. Charte d'Aldric, archevêque de Sens, pour l'abbaye de Saint-Rémi. — Fol. 46. Cartulaire de Saint-Jean-du-Jard. — Fol. 48. Cartulaire et titres de Barbeaux. — Fol. 66. Martyrologe de la même abbaye. — Fol. 68. Titres de l'abbaye de Ferrières. — Fol. 72. Chartes concernant le prieuré de La Ferté-Alais. — Fol. 74. Charte de Philippe IV concernant le haras de Hugues de Bouville (1314). — Fol. 76. Titres du prieuré de Villepreux. — Fol. 79. Charte d'Albert, abbé de Micy, pour l'abbaye de Jumièges.

— Fol. 79 v°. Donation du monastère de La Pelisse à l'abbaye de Tiron (1205). — Fol. 81. Diplôme de Clovis pour Saint-Hilaire de Poitiers. — Fol. 83. Chartes concernant Toulouse (1077-1147). — Fol. 85. Mémoires sur Saint-Seurin de Bordeaux. — Fol. 88. Mémoires sur Agen. — Fol. 90. Chartes concernant Lyon (IXe-XIIIe s.). — Fol. 93. Mémoires sur la maison d'Orange. — Fol. 97. Titres du comté de Provence (1112-1348). — Fol. 103. Diplôme de Frédéric Ier pour l'église de Belley (26 mars 1175). — Fol. 104. Procès du roi d'Aragon contre le roi de Majorque (1354). — Fol. 107. Cartulaire de Casaure. — Fol. 112. Lettre de saint Léger à sa mère. — Fol. 115. « Extrait d'un cahier appartenant à MM. de Sainte-Marthe. » — Fol. 117. Notes généalogiques tirées des registres du Trésor des chartes.

127 feuillets. — La plus grande partie de la main d'A. Duchesne.

78

Recueil de chartes de commune.

Copies et extraits concernant les privilèges accordés aux localités dont les noms suivent :

Fol. 2. Châteauvillain (mars 1286). — Fol. 9. Troyes (17 novembre 1588). — Fol. 11. Nogaro en Armagnac (s. d.). — Fol. 13. Narbonne (27 février 1218). — Fol. 14. La Beuvrière (avril 1233; cf. fol. 73). — Fol. 16. Reims (s. d.). — Fol. 18. Troyes (7 novembre 1486-1 mai 1498). — Fol. 50. Beaumont (1282). — Fol. 52. Châteauvillain (1236; cf. fol. 2). — Fol. 61. La Chapelle [d'Angillon] (juin 1229). — Fol. 62. Joigny (septembre 1300). — Fol. 64. Lorris (1187). — Fol. 66. Dixmont (1190). — Fol. 68. Montargis (1170). — Fol. 70. Barcelone (cf. fol. 149). — Fol. 71. Selens et Saint-Aubin (octobre 1235). — Fol. 73. La Beuvrière (avril 1233; cf. fol. 14). — Fol. 75. Chaumont (1190-1228). — Fol. 77. Saint-Bris (avril 1210). — Fol. 79. Saint-Laurent-sur-Barenjon (1234). — Fol. 81. Voisines (1187). — Fol. 83. Le Moulinet (1159). — Fol. 85. Barlieu (1190). — Fol. 86. Crespy [-en-Valois] (juin 1215). — Fol. 88. Montdidier (1195). — Fol. 89. Laon (1128-1331). — Fol. 100. Soissons (1136-1181). — Fol. 102. Abbeville (9 juin 1184). — Fol. 104. Compiègne (1186). — Fol. 105. Saint-Quentin (juillet 1211). — Fol. 106. Corbie (1180-1190). — Fol. 108. Saint-Josse-sur-Mer (1203).

— Fol. 110. La Fère (1207). — Fol. 112. Beauvais (1144-1182). — Fol. 117. Nanteuil (février 1233). — Fol. 118. Courmelles (avril 1210). — Fol. 119. Breteuil (3 mars 1224). — Fol. 120. Beaumont-en-Argonne (1182). — Fol. 124 Chaumont (1205). — Fol. 125. Saint-Omer (30 avril 1127-avril 1206). — Fol. 128. Vaux près Mouzon (18 octobre 1294-7 octobre 1303). — Fol. 130. Vaux, Saconin, Mercin (novembre 1226). — Fol. 131. Chacrise (1180). — Fol. 132. Tournai (1187). — Fol. 134. Crandelain, etc. (1188-1196). — Fol. 135. Ambleteuse (1209). — Fol. 137. Morsain, etc. (s. d.). — Fol. 138 Mantes (1201). — Fol. 140. Ferrières (1185). — Fol. 142. Aizy (juin 1232). — Fol. 144. Pargny (novembre 1231). — Fol. 145. Saint-Riquier (1126). — Fol. 146. Soissons (1136). — Fol. 148. Saint-Martin d'Issoudun (983-984 ; cf. fol. 182). — Fol. 153. Rouen (s. d.). — Fol. 157. Dreux (1180). — Fol. 158. Meaux (1179). — Fol. 160. Reims (1182). — Fol. 162. Chablis (s. d.). — Fol. 164. Chatillon-sur-Seine (1153-1206). — Fol. 168. Sens (1186). — Fol. 169. Auxerre (1260). — Fol. 173. Cerny (1260-1496). — Fol. 175. Dixmont (1205). — Fol. 176. Étampes (1199). — Fol. 177. Orléans (1178-1187). — Fol. 180. Bourges (1181). — Fol. 182. Issoudun (983-1208 ; cf. fol. 148). — Fol. 184. Beaufort-en-Vallée (avril 1346). — Fol. 185. La Rochelle (1199-1360). — Fol. 195. Villefranche [d'Allier] (s. d.). — Fol. 196. Montauban (1144). — Fol. 198. Nevers (27 juillet 1231). — Fol. 200. Castres (23 janvier 1264). — Fol. 206. Toulouse (1141-1208). — Fol. 218. Habitants de la Terre d'Albigeois (1er décembre 1212-juillet 1214). — Fol. 222. Aigues-Mortes (mai 1246). — Fol. 226. Lorrez-le-Bocage (1169). — Fol. 228. Le Puy (mars 1218). — Fol. 229. Saint-Céré (20 décembre 1292). — Fol. 239. Barcelone (1025-1351). — Fol. 242. Chatillon-sur-Marne (août 1231). — Fol. 244. Raucourt et Héraucourt (avril 1255). — Fol. 246. Mézières (août 1233). — Fol. 248. Chatillon-sur-Marne (février 1283). — Fol. 249. Saint-Hellier (23 mars 1324). — Fol. 250. Coutumes d'Anjou et du Maine. — Fol. 323. Ervy-le-Chatel (janvier 1312). — Fol. 324. Cerres, Montceaux, Chaussepierre (30 avril 1544). — Fol. 326. Notice sur un ms. de Chroniques françaises, de la bibliothèque de Colbert (= Duchesne 79).

326 feuillets. — En partie de la main de F. Duchesne.

79

Recueil de Chroniques normandes, en français.

Fol. 1. Roman de Rou. — Fol. 86. Copie d'un ms. de Peiresc contenant diverses Chroniques en français (aujourd'hui ms. fr. 688 de la Bibliothèque Nationale). — Fol. 205. Chroniques de Normandie, par le héraut Berry. — Fol. 277. Recouvrement de Normandie, par le même. — Fol. 319. Catalogue des archevêques de Rouen jusqu'à Georges d'Amboise (jusqu'à 1545). — Fol. 322. Chronique de Rouen, en français, depuis la fondation de la ville jusqu'en 1492.

361 feuillets. — Les fol. 1-85 et 205-361 sont de la main d'A. Duchesne.

80

Mélanges historiques.

Recueil de pièces et de notes, parmi lesquelles on remarque :

Fol. 1. Pièces relatives au procès de Mlle Françoise Léguisé contre Gilles Roger (1618-1629). — Fol. 31. Chartes émanant des ducs de Bourgogne, extraites de divers cartulaires (1046-1179). — Fol. 53. Bulle de Grégoire XI pour le collège fondé par Clément II à Rouen (1er juin 1374). — Fol. 54. Charte de Barthélemi, archevêque de Tours. — Fol. 55. Reconnaissance de 300 livres dues par Françoise d'Alençon à Madeleine de Coucy (16 octobre 1527). — Fol. 58. Testament de Renaud de Pons (septembre 1305). — Fol. 60. Vers en l'honneur de Suger (cf. Duchesne, *Scriptores*, t. IV, p. 141). — Fol. 61. Extrait des titres de Saint-Martin-des-Champs. — Fol. 66. Diplôme de Louis le Pieux pour Sainte-Colombe de Sens (2 avril 836 ; Böhmer-Mühlbacher n° 930). — Fol. 69. Extraits de registres d'arrêts du XIVe siècle. — Fol. 74. Lettre de N. Camuzat à Duchesne (s. d.). — Fol. 77. Lettre d'Oihénart à Duchesne (27 décembre 1634), et extraits de divers cartulaires gascons, par le même. — Fol. 81. Synode de Reims (923). — Fol. 83. Lettre de L. Noël à Duchesne (24 juin 1636). — Fol. 87. Privilège de Benoît VIII pour Cluny (Jaffé, n° 4013). — Fol. 89. Lettre de N. Camuzat à Duchesne. — Fol. 92. Vers placés en tête d'un évangéliaire de Toulouse (cf. *Mon. Germ.*, *Poetae*, t. I, p. 94). — Fol. 93. Formule de translation d'évêque. — Fol. 94. Lettre de Camuzat à A. Duchesne. — Fol.

95. Lettre de P. Andry (6 février 1636). — Fol. 104. Donation faite par Jeanne de Béthune, comtesse de Guise, à Louis de Luxembourg, comte de Saint-Pol (février 1449). — Fol. 107. Privilège accordé par Thibaut IV, comte de Champagne, aux habitants de Troyes (décembre 1230). — Fol. 109. Liste des vies de saints communiquées par A. Duchesne à J. Bolland. — Fol. 111. « Comment un escuyer se doibt faire chevalier. » — Fol. 114. Synode de Verberie (août 853). — Fol. 115. Extrait d'un arrêt du Parlement contre Louis de La Tremoille (1462). — Fol. 120. Lettre de Jean Bigot à Duchesne (3 janvier 1633). — Fol. 122. Extrait des Chroniques générales de l'Ordre de Saint-Benoît. — Fol. 127. Extrait des registres du Conseil de la ville de Reims (7 janvier 1626). — Fol. 128. Lettres de Cl. Robert à A. Duchesne (18 mai 1628-8 juin 1628). — Fol. 131. Extraits concernant les seigneurs de Beaujeu (1270-1292). — Fol. 135. Pièces relatives à Jean de Luxembourg et à Jeanne de Béthune (1441-1450). — Fol. 164. Vicomtes de Beaumont. — Fol. 165. Seigneurs de Toesny. — Fol. 168. Tables des bulles contenues dans divers registres. — Fol. 172. Lettres de Charles VIII réglant la tutelle de Françoise de Bourgogne (19 mai 1491).

173 feuillets.

81

Extraits de chroniques. — Lettres de P. de Gomiécourt.

Fol. 1. Lettre de P. de Gomiécourt à A. Duchesne (12 mai 1631). — Fol. 2. Mémoire sur les droits du roi et du comte d'Alençon sur la ville de Nogent. — Fol. 4. Lettre de N. Camuzat à Duchesne. — Fol. 5. Extraits des Chroniques de Savoie. — Fol. 6. Extraits de la Chronique d'André de Marchiennes. — Fol. 11. Extraits d'une « Genealogia regum Francorum. » — Fol. 15. Extraits d'Aubri de Trois-Fontaines. — Fol. 44. Lettres de P. de Gomiécourt à A. Duchesne (19 mars 1625-16 juillet 1626).

63 feuillets. — Les fol. 5 et 11 sont de la main d'A. Duchesne.

82

Mélanges historiques concernant principalement la Champagne et le Barrois.

Fol. 1. Accord entre Robert de Bar et Louis, duc d'Orléans (7 décembre 1409). — Fol. 2. Remise accordée par Jean sans Peur des droits dûs pour le transfert de diverses seigneuries fait par Robert, duc de Bar à son neveu (17 avril 1409). — Fol. 3. Ordonnances de Philippe le Bon sur le différend entre Jean de Neufchâtel et Jeanne de Ghistelle (2 octobre 1425). — Fol. 8. Lettres de l'empereur Frédéric III réintégrant Louis de Luxembourg, connétable de France, dans ses droits sur diverses localités du Cambrésis (s. d.). — Fol. 11. Compte des frais faits pour l'établissement du siège présidial de Reims (juilllet 1552). — Fol. 20. Pièces concernant les préparatifs du sacre de Louis XIII à Reims (1610). — Fol. 38. Règlement sur l'élection des échevins et conseillers de la ville de Reims (4 février 1617). — Fol. 46. Articles produits par les habitants de Reims contre l'arrêt obtenu par le cardinal de Guise, le 7 mars 1579. — Fol. 75. Pièces relatives à l'Hôtel-Dieu de Reims et à son administration (1560-1608). — Fol. 99. Extrait du catalogue de la Bibliothèque du roi. — Fol. 101. Lettres de Robert de Bar, concernant la succession de son aïeul, Enguerand de Coucy (26 juin 1414). — Fol. 103. Pièces concernant Jean de Luxembourg et Jeanne de Béthune, sa femme (1418-1432). — Fol. 127. Extraits de titres relatifs aux fiefs de Henri, comte de Bar. — Fol. 129. Pièces concernant la châtellenie de Passavant-en-Vosges (13 novembre 1377-14 novembre 1446). — Fol. 150. Mémoires sur les châtellenies dépendant du bailliage de Chaumont en Bassigny. — Fol. 163. Reconnaissance faite par Henri, comte de Bar, des fiefs par lui tenus du roi de France (28 mai 1307). — Fol. 166. Aveu rendu par Orris d'Aizey pour ses châteaux de Coiffy et Passavant (27 novembre 1389). — Fol. 169. Revenus de la prévôté de Passavant. — Fol. 171. Extraits du registre des jours ordinaires tenus à Chaumont, concernant les fiefs de Saladin d'Anglure (1481). — Fol. 173. Liste des villes rattachées à la prévôté d'Andelot. — Fol. 174. Extraits du registre des assises tenues à Andelot, et du registre de la montre du ban et arrière-ban du bailliage de Chaumont (1392-1507).

Fol. 187. Pièces relatives à l'hommage dû par Jean de Calabre, duc de Bar, pour la seigneurie de Gondrecourt (6 novembre 1484-14 mars 1572). — Fol. 196. Aveu rendu au roi pour la même seigneurie par Robert, duc de Bar (1 avril 1397). — Fol. 201. Pariage conclu entre Thibaut V, comte de Champagne, et l'abbaye de Luxeuil (1258). — Fol. 205. Vidimus d'un diplôme de Charles le Gros pour les chanoines de Toul (21 juin 885; Böhmer-Mühlbacher, n° 1662). — Fol. 207. Extraits du registre des assises de Coiffy (12 mai 1453-9 novembre 1463). — Fol. 209. Extrait du rôle de l'arrière-ban de la châtellenie de Coiffy. — Fol. 210. Sentence du bailli de Chaumont en faveur de Jean de Baufremont, seigneur de Vauvillars (7 octobre 1454). — Aveu rendu au roi par Nicolas du Chastelet, seigneur de Monthureux-sur-Saône, pour sa seigneurie de Vauvillars (3 février 1503). — Fol. 213. Extraits d'un registre d'informations relatives à diverses localités du Barrois. — Fol. 226. Liste de manuscrits [de Clairvaux?], envoyée par N. Camuzat à Duchesne. — Fol. 228. Reconnaissance par Louis XII à Suzanne de Bourbon du droit de succéder dans le comté de Clermont (mai 1498). — Fol. 235. Abandon fait par Claude de Chastellux au chapitre d'Auxerre, de ses droits sur la ville de Cravant (16 août 1423). — Fol. 237. Contrat de mariage de Renée de Bourbon et d'Antoine, duc de Calabre et de Lorraine (11 mars 1514). — Fol. 241. Testament de Jean de Luxembourg et de Jeanne de Béthune (17 avril 1430). — Fol. 250. Fondation d'un anniversaire à Marchienne par Jean de Luxembourg (6 mars 1431). — Fol. 252. Proclamation au nom de Robert de Béthune, lieutenant du capitaine du roi en Guyenne, pour la destruction du château de La Rolphie (16 novembre 1391).

253 feuillets.

83

Vies de saints.

Fol 1. S. Julien, évêque du Mans, par Létald de Micy (*Bibl. hag. lat.*, n° 4544). — Fol. 11. Se Sabine de Troyes (n° 7408). — Fol. 15. S. Thyrse (n° 8277). — Fol. 28. S. Ananias (n° 397; rédaction un peu différente). — Fol. 32. S. Maur, par le Pseudo-Faustus (n° 5772). — Fol. 52. S. Ignace d'Antioche (n° 4258). — Fol. 59. S. Tryphon (n° 8338). — Fol. 66. Se Agathe (n° 135). — Fol. 70. S. Amand (n° 332). — Fol. 87. Translation de Se Scolastique (n° 7525). — Fol. 91. S. Séverin (n° 7643). — Fol. 96. SS. Faustin et Jovite (n° 2838). — Fol. 106. Se Julienne de Nicomédie (n° 4522). — Fol. 111. Les Dix-mille martyrs (n° 20). — Fol. 112. S. Alexandre d'Alexandrie (n° 272). — Fol. 125. Passion des XL martyrs (n° 7538). — Fol. 129. Translation de S. Gorgon (nº 3622). — Fol. 133 *bis*. Extraits de vies de saints de Gascogne (nº 3622). — Fol. 134. SS. Chrysanthe et Daire (nº 1787). — Fol. 142. SS Julien et Bassilisse (nº 4629). — Fol. 160. S. Martine (nº 5590). — Fol. 167. S. Theogène (nº 8107). — Fol. 170. S. Félix de Nole (nº 2872). — Fol. 171. Prologue de la vie de S. Bonet (nº 1418). — Fol. 173. S. Ricmirus (nº 7246). — Fol. 176. S. Laumer (nº 4734). — Fol. 177. S. Timothée (nº 8294). — Fol. 179. S. Vicent, Oronce, etc. (nº 8670). — Fol. 184. S. Boamirus (nº 1382). — Fol. 186. S. Romain du Mans. — Fol. 189. S. Paterne (nº 6479). — Fol. 195. S. Veran (nº 8536). — Fol. 201. SS. Romain et Barulas (nº 7303). — Fol. 206. S. Maur (nº 5787). — Fol. 208. S. Maurille (nº 5739). — Fol. 214. S. Vivant (nº 8725). — Fol. 228. S. Urbain (nº 8407). — Fol. 232. S. Valeri (nº 8496). — Fol. 237. Translation de S. Florentin à Lagny (nº 3039). — Fol. 294. S. Gildard (nº 3539). — Fol. 250. S. Romaricus (nº 7323). — Fol. 264. S. Nicolas de Myre (nº 6104). — Fol. 282. Se Eulalie. — Fol. 285. S. Marin (nº 5538). — Fol. 290. S. Andéol (nº 423). — Fol. 294 vº S. Sigismond (nº 7717). — Fol. 296 vº. S. Amateur (nº 356). — Fol. 307. S. Tropez (nº 8307). — Fol. 310. S. Baudile (nº 1043). — Fol. 313. Dix-mille martyrs (nº 20). — Fol. 318. S. Ambroise de Cahors (nº 369). — Fol. 321. S. Airy de Verdun (nº 143). — Fol. 331. S. Antide (nº 566). — Fol. 337. S. Valère de Langres (nº 8496). — Fol. 342. S. Victor de Marseille (nº 8569). — Fol. 364. S. Maieul (abrégé de sa vie par S. Odilon). — Fol. 383. Se Montana (nº 6008). — Fol. 389. S. Folquin (nº 3079). — Fol. 397. S. Chaffre (nº 8104). — Fol. 400. S. Didier de Bourges (nº 2142). — Fol. 403. S. Cyran de Lonrey (nₒ 7715). — Fol. 409. Catalogue de vies de saints.

410 feuillets.

84

Vies de saints.

Recueil de vies de saints rangées à peu près par ordre alphabétique [A-G].

Fol. 1. S. Alain (*Bibl. hag. lat.*, nº 335). — Fol. 4. S. Alban (nº 207). — Fol. 5. S. Aldric de Sens (nº 263). — Fol. 14. S. Almer (nº 305). — Fol. 18. S. Alpin (nº 310). — Fol. 25. S. Amand et ses compagnons (nº 331). — Fol. 26. S. Fructueux, etc. (nº 3196). —

Fol. 27. S. Anscarius (no 544). — Fol. 69. S. Arnoul de Gap (no 712). — Fol. 74. S. Austremoine. — Fol. 106. S. Amand de Périgueux (nº 330). — Fol. 107. S. Balsème (nº 904). — Fol. 108. S. Baudile (nº 1044). — Fol. 109. S. Basle (nº 1034). — Fol. 131. Se Bertile de Chelles (nº 1287). — Fol. 143. S. Charlemagne (nº 1604). — Fol. 166. Translation de S. Clément (nº 2073). — Fol. 170. Miracles et translation de S. Clément de Metz (nº 1862). — Fol. 173. S. Cloud (cf. *Script. rer. Merov.*, t. II, p. 353-357). — Fol. 175. Se Colombe de Sens (nos 1894 et 1896). — Fol. 179. S. Condé (nº 1907). — Fol. 181. Se Consorce (nº 1925). — Fol. 185. S. Constantin du Mans (nº 1731). — Fol. 187. S. Convoion, par Michel Ernault. — Fol. 192. SS. Crépin et Crépinien (nº 1990). — Fol. 195. S. Cuthman (nº 2035). — Fol. 199. S. Didier de Langres (nº 2145). — Fol. 201. S. Denis (nº 2171). — Fol. 204. Passion des Sept-Dormants, par le Pseudo-Grégoire de Tours (nº 2320). — Fol. 208. S. Gilles (nº 93). — Fol. 211. S. Eloi (nº 2474). — Fol. 213. S. Eman (nº 2525). — Fol. 217. S. Cybar (fragment). — Fol. 220. S. Erembert (nº 2587). — Fol. 222. S. Eusèbe (nº 2740). — Fol. 223. S. Donat (nº 2289). — Fol. 226. S. Eusice (nos 2754, 2756 et abrégé). — Fol. 235. S. Faron (nº 2825). — Fol. 268. *Conversio Otgerii militis* (nº 2831). — Fol. 277. Autre vie de S. Faron (nº 2826). — Fol. 285. Vie du même, par Fulcoie de Beauvais (nº 2287). — Fol. 298. Translation de Se Fauste (nº 2832). — Fol. 301. S. Félix II, pape (nº 2857). — Fol. 302. Se Praxède (nº 6920). — Fol. 303. S. Ferréol (nº 2900). — Fol. 305. S. Fidole (nº 2976). — Fol. 315. S. Firmin d'Uzès (nº 3015). — Fol. 318. Translation de S. Firmin d'Amiens (nº 3008). — Fol. 320. S. Florent de Saumur (nº 3047). — Fol. 326. S. Fursy (cf. *ibid.*, nº 3213). — Fol. 330. S. Gautier de Pontoise (nos 8798, 8796 et 8797). — Fol. 355. S. Gaucher (nº 3272). — Fol. 358. S. Gengoul (nº 3328). — Fol. 362. S. Germer (nº 3437).

366 feuillets. — En partie de la main d'A. Duchesne.

85

Vies de saints.

Recueil de vies de saints rangées par ordre alphabétique [G-O]. Fol. 1. Miracles de S. Germain d'Auxerre, par Héric (*Bibl. hag. lat.*, nº 3462). — Fol. 31. S. Gervais (nº 3512). — Fol. 33. S. Goderanne. — Fol. 34. S. Rigomer de Souligny (n° 7256). — Fol. 35. S. Goar (n°s 3566 et 3565). — Fol. 38. S. Gon (n° 3594). — Fol. 40. S. Goeric (extrait). — Fol. 42. S. Guilhem du Désert (extrait de Bernard Gui). — Fol. 48. S. Hadelin (cf. n° 3733). — Fol. 54. S. Hugues de Rouen (n°s 4032 et 4033). — Fol. 66. S. Hildevert n° 3943). — Fol. 69. S. Hubert de Brétigny (n° 3992). — Fol. 70. S. Jean de Reomé (n° 4525). — Fol. 76. *Revelatio capitis b. Joannis Baptiste.* — Fol. 79. S. Yon. — Fol. 80. S. Israël du Dorat (n° 4496). — Fol. 82. S. Thibaut du Dorat (n° 8027). — Fol. 84. S. Julien de Brioude (n° 4540). — Fol. 86. S. Junien (n° 4562). — Fol. 96. S. Laurien (n° 4796). — Fol. 100. S. Léonore (n° 4881). — Fol. 103. S. Léobin (n° 4847). — Fol. 111. S. Léopardin (n° 4880). — Fol. 122. S. Lézin (n° 4917). — Fol. 128. S. Lucien de Beauvais (n° 5010). — Fol. 133. S. Loup de Chalon (n° 5081). — Fol. 137. Translation de S^{e} Marie-Madeleine (n°s 5489 et 5443). — Fol. 143 et 145. S. Marcel de Chalon (n° 5245 et 5246). — Fol. 144. S. Marcel d'Argenton (n° 5242). — Fol. 147. S^{e} Marianne (n° 5257). — Fol. 149. S. Mesmin de Micy (n° 5815). — Fol. 153. S. Martin de Vertou (n° 5669). — Fol. 155. S. Médard (n° 5864). — Fol. 158. S. Mélaine (n° 5887). — Fol. 166. S. Meneleus (n° 5919). — Fol. 168. S. Odelard (extrait de la *Vita sancta Berlendis* (n° 1184). — Fol. 170. S. Pardoul (n° 6459). — Fol. 175. S. Pavace (n° 6602). — Fol. 177. S. Paul de Verdun (n° 6600). — Fol. 180. S. Paul Aurélien (n° 6586). — Fol. 189. S. Priest (n° 6915). — Fol. 195. S. Bris (n° 6730). — Fol. 197. Invention de S. Quentin (n°s 7002 et 7014). — Fol. 200 v°. *Sermo in natale S. Quintini.* — Fol 203. Miracles du même saint (n°s 7017 et 7018). — Fol. 212. S. Fuscien, etc. (n° 3224). — Fol. 217. Invention de S. Gentien (n° 3229). — Fol. 218 v°. S. Rieul (n° 7106). — Fol. 122. S. Priest (n° 6917). — Fol. 227 v°. S^{e} Gudule (n° 3685). — Fol. 237 v°. S. Thierry de Reims (n° 8060). — Fol. 247. S. Révérend (n° 7199). — Fol. 250. S Mathurin (n° 5720). — Fol. 255. S. Robert de la Chaise-Dieu (n°s 7261 et 7263). — Fol. 278. S. Robert d'Arbrissel (extrait de sa vie par Baudri de Dol, n° 7259). — Fol. 282. S^{e} Rusticule (n° 7405). — Fol. 295. S. Serdos (n° 7461). — Fol. 297. S. Savin (n° 7446). — Fol. 299. SS. Savinien et Potentien (n° 7416). — Fol. 301. Translation de S. Sébastien (n° 7545). — Fol. 322. S. Seine (n° 7585). — Fol. 327. S. Servais. — Fol. 330. S. Saens (n° 7700). — Fol. 335. S. Silvestre (n° 7726). — Fol. 339. S. Silvin (n° 7747).

— Fol. 341. S. Simon de Crépy (n° 7757). — Fol. 347. Lettre de P.-F. Chifflet à A. Duchesne (8 octobre 1628). — Fol. 348. SS. Speusippe, Eleusippe et Méleusippe (n° 7823). — Fol. 352. S. Sulpice de Bourges (n° 7930, incomplet du début). — Fol. 356. Se Tarsitia. — Fol. 357. S. Chaffre (n° 8105). — Fol. 363. S. Tillon (n° 8292). — Fol. 368. S. Tutgual (n° 8350). — Fol. 372. S. Turibe (n° 8346). — Fol. 377. Table de la vie de S. Vaast, par Alcuin. — Fol. 379. Miracles de S. Vaast, par Haimin (n° 8510). — Fol. 403. S. Ours (n° 8454).

404 feuillets. — En partie de la main d'A. Duchesne.

86

Recueil de vies de saints, en français.

Traductions de vies de saints, extraites de Surius, Siméon Métaphraste, etc. — Une table des saints dont les vies sont contenues dans ce recueil, rangés selon l'ordre du calendrier, se trouve à la fin du volume; il en existe une table alphabétique dans le ms. nouv. acq. franç. 5713.

1045 pages.

87

Lettres et bulles de papes.

Recueil de bulles des papes dont les noms suivent :

Fol. 1. Clément VI (26 septembre 1342-25 février 1346). — Fol. 18. Clément IV (24 septembre 1265-25 juillet 1267). — Fol. 23. Chartes et bulles de l'abbaye de Vézelay (1221-1267). — Fol. 26. Clément IV (6 octobre 1267-28 juillet 1268). — Fol. 28. Pascal II (janvier 1105-16 mars 1107). — Fol. 31. Bulles d'Alexandre IV pour l'église de Paris (27 juin 1255-14 juillet 1256). — Fol. 35. Urbain IV (28 mai 1262). — Fol. 37. Nicolas IV (13 septembre 1290). — Fol. 39. Jean XXII (18 mai 1322). — Fol. 47. Papes divers du XIIe au XVe siècle (15 novembre 1107-7 juillet 1445). — Fol. 65. Extrait du registre de Bérard de Naples (ms. lat. 4311).

270 feuillets. — Quelques pièces de la main d'A. Duchesne.

88

Recueil de bulles et de lettres de papes.

Fol. 1. Copie de bulles de papes, d'Innocent V à Grégoire XI, d'après un ms. « de libraria Navarrae ». — Fol. 171. Protestation de onze cardinaux contre l'élection d'Urbain VI (août 1378). — Fol. 172. Élection de Célestin V (5-9 juillet 1294). — Fol. 174. Lettre de Clément VII à Louise de Savoie du 4 mars 1525 (copie contemporaine).

175 feuillets.

89

Recueil de pièces et de mémoires judiciaires.

Fol. 1. État de la dépense faite pour le paiement de 20 enseignes lansquenets de MM. de Falquembourg et Lucebourg (4 décembre 1558). — Fol. 3. Mémoire pour madame de la Roche-Guyon. — Fol. 10. Mémoire pour les héritiers de feu Jacques Albaran. — Fol. 22. Mémoire du procureur général sur les mesures à prendre pour assurer la tranquillité dans les provinces. — Fol. 25. Mémoire pour Me Guichard Faure, touchant le rachat des rentes constituées sur les greniers à sel. — Fol. 27. Mémoire pour Arnoul Rougier, accusé de rapt et mariage clandestin (1571). — Fol. 31. Mémoire pour Catherine de Rochefort, veuve de Jean Ratin, chauffe-cire de la grande-chancellerie. — Fol. 34. Mémoire sur les droits de M. et Mme de Guise relativement au comté de Beaufort. — Fol. 39. Requête de Barnabé Brisson pour la réfection des chaussées de ses moulins de Vaux et Chagrenon. — Fol. 47. Doléances adressées au roi et aux États par divers orfèvres de Paris. — Fol. 51. Remontrances adressées au roi par Alexandre de Tourette, président à la cour des monnaies, sur le désordre des dites monnaies. — Fol. 74. Doléances de la communauté des orfèvres de Paris lors des États de Blois. — Fol. 80. Mémoire pour Madeleine Le Picart, veuve du sr de Créqui, contre Louise d'Aumont. — Fol. 97. Remontrances adressées au Parlement par les Élus de la mer, les marchands forains et les chasse-marées, au sujet de la vente du poisson de mer à Paris. — Fol. 102. Rapport du sr Brisson sur sa mission auprès du roi à Fontainebleau. —

Fol. 103. Arrêt du Parlement de Paris concernant l'héritage de Jean Bouchart (26 juillet 1529). — Fol. 105. Mémoire pour Madame de Fontaine-La-Guyon contre la duchesse de Chartres. — Fol. 110. Mémoire sur le bail de terres consenti par les Célestins de Lyon à P. Bochardet. — Fol. 112. Mémoire contre le s[r] de La Lande, fermier général des greniers à sel. — Fol. 120. « Tournebulle » pour M. Robert Senart, capitaine de la garde du roi, contre François de Caulmont. — Fol. 143. Mémoire sur les charges des mesureurs de grains. — Fol. 145. Procès entre Louis de Rouville et Marguerite Raymond, veuve de Giraut Barbot.

Fol. 149. Factum pour les passementiers de Paris contre les tissutiers et rubaniers. — Fol. 150. Mémoire sur les règlements des savetiers de Paris. — Fol. 152. Mémoire pour Jean de Bouvillier contre Pierre Cornuel, au sujet du procès pendant devant le prévôt de Senlis. — Fol. 164. Mémoire sur les charges des officiers de justice. — Fol. 167. Inventaire de pièces produites par le comte de Laval et concernant le duché d'Anjou et le comté de Beaufort. — Fol. 209. Note sur les huissiers et sergents. — Fol. 211. Mémoire pour le s[r] de La Lande touchant la gestion de Pierre Philippeaux, receveur des deniers des fermiers des greniers à sel de la généralité de Tours. — Fol. 215. Instructions à M. Brisson au sujet de l'affaire du s[r] de Beauvoir. — Fol. 218. Contrat de mariage de Jacques Chabot, seigneur de Mirebeau (11 août 1594). — Fol. 223. Mémoires relatifs au procès entre Jeanne de Bretagne, dame de Bressuire, et Marie Gaudin, dame de la Bourdaizière, au sujet de la terre de Villoutreix. — Fol. 266. Compte de Jean Bressart, receveur des châtellenies de Sainte-Maure, Nouâtre, etc. pour Aimard de La Rochefoucault, seigneur de Montbazon. — Fol. 273. Accord entre Aimar Hannequin, évêque de Rennes et les religieux d'Esparnon (11 janvier 1578). — Fol. 277. Fragment du compte de Jean de Montausier et Eusèbe du Puy du Fou, tuteurs des enfants de feu René du Puy du Fou. — Fol. 278. Pièces concernant l'affaire de M. de Chazé, chevalier de Saint-Jean de Jérusalem, contre Mme de Lange, sa sœur utérine, au sujet de la succession de Jeanne Crespin, leur mère. — Fol. 296. Extrait des registres du Parlement : affaire d'Anne d'Escars, femme de Jean de La Queille, contre Jean d'Escars, son frère (20 décembre 1571).

439 feuillets.

90

Mélanges historiques.

Fol. 1. Pièces diverses relatives à l'histoire du XIVe siècle (mars 1306-décembre 1350). — Fol. 17. Actes divers de Charles VI (novembre 1386-septembre 1411). — Fol. 54. Liste sommaire des armoiries de diverses familles, rangées par provinces, et dans chaque province par ordre alphabétique. — Fol. 120. Pièces et mémoires concernant Jean V, comte d'Armagnac, et sa succession. — Fol. 203. Mémoire sur les droits du roi dans les diverses provinces de son royaume (1584). — Fol. 209. Extraits du traité de Cambrai, touchant la ville de Thérouanne (1559). — Fol. 218. Arrêt du Parlement en faveur des chanoines de Saint-Benoit-le-Bien-tourné contre les Cordeliers de Paris (20 avril 1547). — Fol. 233. Mémoire contre Hélion Barbaroux et les Vaudois de Mérindol.

261 feuillets.

91

Chroniques diverses.

Fol. 1. *Gesta regum Francorum* (Cf. *Script. rer. Merov.*, t. II, p. 21) avec des notes sur quelques mss. du même texte. — Fol. 27. Extrait du *De gestis Francorum* de Paul Émile. — Fol. 57. *Gesta regum Francorum* (c. 1-27). — Fol. 76. *Annales Bertiniani.* — Fol. 258. Extraits relatifs aux maires du Palais. — Fol. 262. Chronique des rois d'Espagne jusqu'à 1130.

316 feuillets.

92

Inventaires d'Odet de Baillon.

Inventaires après décès des biens meubles d'Odet de Baillon, sieur de Forges (28 juin 1573-4 septembre 1573). — Originaux.

98 feuillets.

93

Mélanges historiques et généalogiques concernant principalement la Lorraine.

Fol. 1. Privilège d'Hincmar et des évêques réunis à Verberie pour l'abbaye de Saint-Vaast. — Fol. 4. Diplômes de l'abbaye de Moutier-Granval (VIIIe-Xe siècle). — Fol. 9. Généalogie des comtes d'Alsace, de la famille de Wipo, etc. — Fol. 11. Épitaphes de Saint-Vaast d'Arras. — Fol. 12. Extraits des archives de Saint-Arnoul de Metz (706-783?). — Fol. 19. Épitaphes de la cathédrale de Lucques. — Fol. 21. Liste des abbés de Saint-Mansuy de Toul. — Fol. 23. Nécrologe de Saint-Mansuy. — Fol. 25. Extraits de chartes de Saint-Mansuy (982-1251). — Fol. 29. Liste des abbés de Saint-Vanne. — Fol. 30. Extrait du cartulaire de Saint-Vanne (1102-1151). — Fol. 40. Extraits de deux registres contenant divers titres des frontières de Lorraine. — Fol. 44. Extraits de divers mémoires sur les origines de la maison de Lorraine. — Fol. 58. Charte de Gérard, comte de Metz, pour Saint-Bénigne de Dijon (1033). — Fol. 59. Extraits d'un registre des chartes de Champagne, concernant les ducs de Lorraine (1218-1221). — Fol. 62. Extraits des chroniques et chartes de Metz réunies par André de Rineck (1500). — Fol. 70. Arrêt du Parlement intervenu entre Gui de Châtillon et Marie de Lorraine, sa femme, d'une part, et Raoul, duc de Lorraine, d'autre (10 juillet 1345). — Fol. 74. Contrat de mariage de Gaucher de Châtillon, comte de Porcien, et d'Isabeau de Rumigny, duchesse de Lorraine (mars 1312). — Fol. 76. Extraits de pièces et d'arrêts du Parlement concernant les ducs de Lorraine (1317-1393).

Fol. 89. Fondation de l'Ordre du Croissant (1448-1461), et notes diverses sur l'histoire de Lorraine (XVe-XVIe s.). — Fol. 96. Généalogie de la maison de Guise. — Fol. 98. Épitaphe de Claude de Lorraine (12 avril 1550). — Fol. 99. Épitaphe de Henri de Lorraine, évêque de Metz (1505). — Fol. 100. Obsèques de Jean VIII, comte de Salm, grand-maréchal de Lorraine et Barrois (17 mars 1548). — Fol. 103 Épitaphe de Thierry, évêque de Metz. — Fol. 104. « Genealogia illustrissimorum ducum Lotharingiae et Brabantiae, prosapia sancti Karoli magni. » — Fol. 117. Notes sur la généalogie des ducs de Lorraine. — Fol. 122. Extraits des *Gesta pontificum Leodiensium*. — Fol. 125. Fondation du monastère de « Grevenhuse » au diocèse de Spire. — Fol. 126. — Diplôme de Conrad II pour l'église de Worms (30 janvier 1034). — Fol. 127. Lettre de Bernon de Reichenau l'empereur à Henri III. — Fol. 129. Généalogie de la maison de Rheinfelden. — Fol. 139. Notes et extraits se rapportant à la maison de Namur.

Recueil de généalogies, parmi lesquelles on remarque :

Fol. 150. Comtes de Vermandois. — Fol. 151. Comtes de Vexin. — Fol. 158. « Genealogia beati Richarii. » — Fol. 160. Anciennes généalogies des Carolingiens. — Fol. 166. Ducs de Bretagne et comtes d'Anjou. — Fol. 169. Extraits de Guillaume de Tyr. — Fol. 171. Comtes de Flandre. — Fol. 174. Seigneurs de Bellesme. — Fol. 176. Rois de Navarre de la maison de France. — Fol. 180. Lettres de P. de Gomiécourt à A. Duchesne (19 mai 1622-20 décembre 1625).

199 feuillets. — En partie de main d'A. Duchesne.

94

Mélanges historiques sur le XVIe et le XVIIe siècles.

P. 1. Requête adressée au Parlement par Gaston d'Orléans (12 avril 1631). — P. 3. Remontrances adressées au roi par le maître de la monnaie de Bordeaux sur le fait des monnaies. — P. 13. Note sur l'écroulement du Pont-aux-Meuniers à Paris (15 décembre 1596). — P. 21. Extrait des Mémoires mss. du sieur de Lavaux-Gérard sur la généalogie des ducs de Lorraine. — P. 273. Privilèges de la ville de Vervins (14 septembre 1552-15 janvier 1600). — P. 309. Mémoire sur l'histoire de la maison de Clèves. — P. 343. Proclamation de la trêve de Vauxelles par l'amiral de Coligny (6 février 1556). — P. 345. Confirmation par Pie IV de B. Praillon dans la dignité d'abbé de Saint-Symphorien de Metz (6 janvier 1559). — P. 348. Change des monnaies de France dans les diverses provinces d'Italie. — P. 351. Listes des campements de l'armée royale, de 1590 à 1594. — P. 351bis. Mémoire sur la tentative faite, en octobre-novembre 1599, contre la ville de Metz, par les colonels d'Achicourt et La Bourlotte. — P. 355. Audience donnée par le roi aux députés d'Espagne (20 juin 1598). — P. 357. Notes sur divers mémoires de la fin du XVIe siècle. — P. 361. Pièces de vers sur la Ligue. — P. 373. Listes des édits vérifiés au Parlement en juin 1586. — P. 377. « Complainte de la France » (1589).

P. 379. Brevet de Henri IV concédant à son frère naturel Charles de Bourbon, archevêque de Rouen, les abbayes de Lire et de la Croix-Saint-Leufroy (19 décembre 1597). — P. 381. Harangues que doit prononcer l'archevêque de Rouen à son entrée dans la ville. — P. 387. Questions à poser au mariage de [Henri] de Lorraine et de Catherine de Bourbon. — P. 391. Remontrance adressée au roi par les états de la ville de Metz (1597). — P. 401. Controverse de Fontainebleau entre Duperron, évêque d'Évreux, et Duplessis-Mornay (1600). — P. 407. Rapports et pièces sur les agissements du procureur Joly à Metz (1601). — P. 419. Projet de traité présenté au nom du roi au duc de Bouillon (1606). — P. 423. Mémoire sur le paiement des dettes de M. de Sambole à Metz. — P. 429. Discours sur l'ambassade du duc de Nevers à Rome en 1608. — P. 439. Ratification de la trêve entre l'Espagne et la Hollande en 1609 (en espagnol). — P. 441. Mémoire sur la généalogie de la maison de Lorraine. — P. 445. « Lettre d'un gentilhomme allemand écrite de Paris à son seigneur » (30 mai 1618). — P. 449. Lettre de M. Bergeron à M. Dugué, secrétaire de la Chambre du roi (8 octobre 1621). — P. 453. Nouvelles de l'armée de Mansfeld (1622). — P. 457. Requête adressée par le prince Henri de Bourbon au roi (21 mars 1626). — P. 463. État de la recette et dépense de la maison de Charles de Bourbon, abbé commendataire de Marmoutier et de Saint-Florent de Saumur (juillet-décembre 1608).

441 pages.

95

Mélanges historiques et généalogiques.

Fol. 1. Notes sur divers peuples et villes de la Gaule. — Fol. 9. Accord entre l'abbaye de Montiérender et Thibaut III, comte de Champagne. — Fol. 10. Charte de Garnier de Marigny pour l'église de Troyes (1239). — Fol. 11. Accord entre le Saint-Siège et les agents de l'Empereur (5 juin 1527). — Fol. 13. Extraits de titres relatifs à la seigneurie de Combronde. — Fol. 16. Lettre de J. Bigot à Duchesne (19 janvier 1633). — Fol. 18. Notes sur la maison de Rochefort. — Fol. 19. Pièces relatives à La Rochelle et à l'île d'Oléron (janvier 1372-20 mars 1408). — Fol. 23. Pièces relatives à Jean de Luxembourg et à Jeanne de Béthune, sa femme (1 juillet 1380-9 septembre 1439). — Fol. 41. Pièces relatives à la possession par les seigneurs de Croix des revenus de la gabelle de Château-Porcien (5 novembre 1467-2 septembre 1585). — Fol. 58. Privilèges des habitants du comté de Rethel (29 décembre 1405). — Fol. 66. Notice sur la sainte Hostie de Braine (placard imprimé). — Fol. 67. Charte de

Gui, évêque de Châlons, pour l'abbaye de Trois-Fontaines (1189). — Fol. 68. Lettre de N. Camuzat à Duchesne. — Fol. 69. Notes sur le siège et la délivrance d'Orléans en 1429. — Fol. 72. Articles proposés par l'archevêque de Reims contre les lieutenants et conseillers de la dite ville. — Fol. 75. Pièces relatives aux familles de Luxembourg et de Béthune (10 juillet 1380-17 octobre 1539). — Fol. 159. Fragment de compte de la maison du Pressoir (1572; le début est au fol. 166). — Fol. 162. Lettre du sieur Noël à M. de Vaubercy, garde ordinaire de l'artillerie du gouvernement de Champagne (16 juin 1573). — Fol. 168. Pièces relatives à la maison de Bar (septembre 1304-août 1413). — Fol. 175. Pièces relatives à la maison de Ghistelle (16 septembre 1360-20 mars 1481).

209 feuillets.

96

Recueil de chartes de coutume de la Gascogne et de la Navarre.

Fol. 1. Privilèges de Sainte-Livrade (26 août 1248). — Fol. 5. Privilèges des habitants de la vallée d'Ossau, etc. (1397-1398). — Fol. 15. Charte de Villefranche-de-Lomagne. — Fol. 27. Privilèges de Montcuq. — Fol. 59. Privilèges de Cahors et du Quercy (juillet 1594). — Fol. 64. Charte de Castelnau-Rivière-Basse (1309). — Fol. 68. Privilèges d'Hastingues (10 juin 1455-25 octobre 1584). — Fol. 88. Commune de Sorde (octobre 1532). — Fol. 109. Charte de Montory (21 octobre 1388). — Fol. 113. Fors de Béarn. — Fol. 219. Loi du roi Alfonse XI. — Fol. 229. For de Jacca. — Fol. 275. *Usatici Barcinonenses*. — Fol. 328. For d'Estella. — Fol. 344. For d'Aragon. — Fol. 380. For du roi Jacques. — Fol. 410. « Ameioramento del rey don Carlos. » — Fol. 415. Extrait d'un supplément au vieux For de Navarre.

426 feuillets.

97

Extraits divers par Oihénart.

Notes et extraits de la main d'Oihénart se rapportant aux textes suivants :

Fol. 1. Registres d'Innocent XI. — Fol. 10. Chronique de Bernard Gui. — Fol. 11. Mémoires sur l'abbaye de Roncevaux. — Fol. 96. Histoire de San-Juan de la Peña. — Fol. 124. Mémoire pour Juan de Huerta, sous-prieur de Roncevaux. — Fol. 141. Histoire de Jacques d'Aragon. — Fol. 145. Chronique de Charles-Quint. — Fol. 163. Chronique de Henri IV de Castille. (Tous ces textes, sauf les deux premiers, sont en espagnol.)

252 feuillets. — Table en tête du volume. (Ancien Supplément latin 195.)

97 *bis*.

Mélanges historiques et généalogiques.

Fol. 3. Testament de Gauthier de Brienne, duc d'Athènes (18 juillet 1347). — Fol. 13. Donation faite par Louis de La Trémoille à Charlotte Couronneau, sa maîtresse (8 mars 1546-12 janvier 1547). — Fol. 19. Aveu rendu à Jean de Luxembourg par Guillemette de Montigny (11 juin 1394). — Fol. 20. Testament de Jean de Langhat, évêque de Limoges, et pièces relatives à son exécution (8 octobre 1546-15 mars 1561). — Fol. 30. Donation par Charles VII à Gaston de Lyon, sénéchal de Toulouse, de biens de la famille d'Enghien, échus au roi par droit d'aubaine (juillet 1484). — Fol. 32. Vente par Érard de Nanteuil, à Robert, duc de Bourgogne, de ses droits à Souleaux, Villeloup, etc. (1294). — Fol. 34. Cession par Philippe le Bel à Edmond d'Angleterre et à Blanche de Navarre, sa femme, des châtellenies de Soulaines et Lassicourt (juin 1288). — Fol. 36. Notes sur la généalogie de François de Luxembourg, vicomte de Martigues. — Fol. 40. Mémoire pour Jean, seigneur de Roye, contre Jean d'Humières, au sujet de l'héritage de Raoul de Flavy (1462). — Fol. 53. Approbation par l'Université de Paris, du projet de mariage entre le Dauphin Charles et Marguerite d'Autriche (22 mars 1482). — Fol. 57. Vente par Jeanne de Sains, dame de Lagny, femme de Jean de Launay, à Guillaume de Flavy, de la seigneurie de Lagny (juin 1431-9 juin 1436). — Fol. 61 v°. Contrat de mariage de Jean de Roye et Blanche de Brosse (3 août 1475). — Fol. 83. Mémoire pour Antoine de Roye et Catherine de Saarebruck sa femme, contre M. et Mme d'Anthoing. — Fol. 87. Mémoire pour Guy de Beloy, curateur aux causes d'Antoine de Roye, contre Charles de Sainte-Maure, comte de Nesle, et Catherine d'Estouteville, sa femme (1489). — Fol. 91. Inventaire des pièces produites devant le Parlement par Jean de Roye (26 juin 1493). — Fol. 99. Réponse de Thibaut, Gui et Jean de Flavy, aux demandes de Jean de Roye (incomplet de la fin). — Fol. 111. Réplique de Jean de Roye. — Fol. 131. Mandement de Charles VII, autorisant Pierre d'Orgemont, son échanson, à faire valoir ses droits contre les héritiers de Mahieu de Roye (26 janvier 1446). — Fol. 135. Pièces concernant la cause de Jean de Roye contre Robert d'Estouteville et Catherine de Sainte-Beuve, sa femme (24 septembre 1425-18 septembre 1447 et mémoires non datés). — Fol. 151. Notice d'un accord entre l'église de Soissons et Jean de Chérizy (15 août 1337). — Fol. 152. Aveu rendu à Jean de Roye par Regnault de Bucy, pour ses fiefs de Muret (25 novembre 1391). — Fol. 153. Extrait du dénombrement du fief tenu à Maissenin par Jean du Rosay (3 avril 1383).

Fol. 154. Confirmation des privilèges de Notre-Dame d'Oulchy par Henri, comte de Troyes (1169). — Fol. 156. Procuration donnée par Phileberte de Rupt, veuve de Jean de Roye et tutrice de ses enfants, à Jacques « Cumyn » (6 avril 1516). — Fol. 158. Compte des obsèques et du service de bout de l'an de Phileberte de Rupt, dame de Saint-Georges (morte le 9 décembre 1519). — Fol. 172. Pièces relatives à François et Yvon de Villeprouvée (6 mai 1514-23 septembre 1539). — Fol. 184. Testament de Marie de Roye, femme de Pierre d'Orgemont (14 novembre 1499). — Fol. 190. Privilèges accordés à divers habitants de Méry-sur-Seine (mai 1209 avril 1510). — Fol. 193. Vente par Guillaume de Marigny à Jacques de Basson d'un étang près de Marigny (19 décembre 1313). — Fol. 196. Aveu rendu à Pons de Mortagne par Jean de Chabanais, pour ce qu'il tient au nom de Marguerite de Marcillac, sa femme (29 janvier 1339). — Fol. 201. Procès entre Catherine de Chauvigny, veuve de Charles d'Amboise, et Philippe de Lannoy et Marguerite de Chatillon, sa femme, au sujet de l'héritage de Jeanne Flote (28 février 1491-21 juillet 1494. — Fol. 213. Bail consenti aux religieux de Saint-Martin de Troyes par Robert Compoings, procureur de Perrette Bracque, veuve de Jacques Piedefer, conseiller au Châtelet (août 1509). — Fol. 214. Inventaire des titres du château de Juilly (19 mars 1519). — Fol. 253. Vente d'une terre par Elyon de Mailly, seigneur d'Arc-sur-Tille, à Nicolas Godet (6 septembre 1533).

Fol. 255. Procès verbal d'examen par divers écrivains jurés de Paris, de deux lettres adressés à Semblançay par G. de Bonnivet (18 janvier 1564). -- Fol. 261. Arrêt en faveur d'Hector de Rochechouart et de Catherine d'Estrabonne, sa femme, contre les religieuses de Moncel (7 septembre 1492). — Fol. 265. Extrait relatif à Christophe de Bouan. — Fol. 266. Épitaphe de Robert de Crèvecœur (24 août 1400). — Fol. 267. Accord entre Charlotte d'Aunay, dame de Plancy, et Jean Billardon, au sujet des moulins de Plancy (23 octobre 1504). — Fol. 268. Lettre de Jean de Langeac, évêque d'Avranches, à [François de Dinteville], évêque d'Auxerre (8 juin [1532]; original). — Fol. 269. Lettre de Guillaume du Bellay à Pomponio Trivulcio (25 novembre 1532; original). — Fol. 271. Lettre de M. de Lespinasse à M. de Paisy (20 mars s. d.; original). — Fol. 273. Lettre de François, comte de Nevers, à M. de Nemours (25 août 1555; original). — Fol. 274. Lettres écrites par le même ou en son nom aux élus de Troyes (août-septembre 1552; originaux). — Fol. 277. Serment prêté par François II, duc de Bretagne (22 août 1477). — Fol. 278. Liste des comtes de Rethel jusqu'en 1406. — Fol. 280. Règlement pour le partage des biens d'Englebert d'Enghien et Marie d'Antoing, sa femme, entre leurs enfants (4 décembre 1447) — Fol. 298. Lettres royaux pour Louis de Luxembourg, comte de Ligny (8 mai 1491 et 11 juillet 1487). — Fol. 302. Extraits relatifs à diverses rentes assignées par les rois de France à des princes de leur maison (1297-1335). — Fol. 309. Feuillet d'un obituaire de Morienval (cf. Molinier, *Obituaires français*, p. 284). — Fol. 310. Extraits relatifs au fief de Lieuvillers. — Fol. 311. Extraits de divers contrats de mariage et registres paroissiaux (1720-1780).

322 feuillets. — Le recueil comprenait, à l'époque de F. Duchesne, un plus grand nombre de pièces ; on en trouvera l'indication dans la table placée en tête.

98

Mélanges sur le Béarn.

Documents et extraits recueillis par Oihénart, et parmi lesquels on remarque :

P. 3. Testaments et contrats de mariage des comtes de Béarn. — P. 95. Institutions de la Bigorre. — P. 147. Traité entre

Jean II, roi de Navarre, et Gaston IV, comte de Foix (3 décembre 1455). — P. 201. Mémoire concernant le succession du comté de Foix (1492). — P. 213. Extrait du Trésor des chartes de Pau. — P. 229. Testament de François-Phœbus, comte de Foix (29 janvier 1482). — P. 239. Domaine de Béarn. — P. 257. Traités et pièces concernant l'histoire de Béarn et de Bigorre, principalement aux XIVe et XVe siècles. — P. 481. Absolution accordée par Charles VIII à Alain d'Albret (mars 1490). — P. 501. Histoire de Navarre. — 519. Histoire de Bigorre. — P. 565. Accord entre Louis de Sancerre, connétable de France, et Archembaud, captal de Buch (1399).

671 pages (157 et 208 feuillets). — En grande partie de la main d'Oihénart.

99

Pièces diverses concernant la Navarre.

Fol. 1. Testaments des comtes de Cerdagne et de Roussillon (1035-1351). — Fol. 5. Donation par Louis IX à Nuño Sanche, comte de Roussillon, de la vicomté de Fenouillet (18 octobre 1233). — Fol. 6. Extraits des registres de la Chambre des comptes concernant la Navarre. Fol. 21. Enquête faite à la Bastide-Clairence contre Jean de Frecho, drapier (27 novembre 1667). — Fol. 29. Extraits de diverses chroniques. — Fol. 31. Sentence rendue par les enquêteurs et réformateurs du roi, en faveur de Ponce de Mortagne, contre les villes de Navarre (24 juillet 1323). — Fol. 57. Confirmation par Charles IV le Bel de l'accord conclu entre Gaston II, comte de Foix, et Jeanne d'Artois (juin 1324). — Fol. 90. Privilège d'Alfonse XI de Castille pour les gens d'Alava (2 avril 1332). — Fol. 93. Accord entre les habitants de Vittoria et la reine Jeanne de Navarre (décembre 1371). — Fol. 96. Concession par Charles, prince de Béarn, à Jean de Beaumont de la vicomté d'Arberoue (8 juin 1455). — Fol. 99. Capitulation de Fontarabie (1524). — Fol. 108. Confirmation des biens et droits des maréchaux de Navarre (février-août 1523). — Fol. 111. Charte de Sanche V de Navarre (7 décembre 1071). — Fol. 112. Fondation du monastère de Saint-Pierre hors les murs de Pampelune. — Fol. 114. Notice de la fondation de l'abbaye de Roncevaux. — Fol. 121. Lettre de Martin Burges à Oihénart. — Fol. 124. Documents relatifs à l'histoire de Roncevaux (1137-1525). — Fol. 171. Privilèges de la vallée de Bastan (1441). — Fol. 173. Confirmation de privilèges des pays de basques (1462). — Fol. 174. Mémoire sur les droits du doyen de Tudela (imprimé, in-4°). — Fol. 188. Notes diverses relatives à la Navarre. — Fol. 196. Privilège de Catherine, reine de Navarre, pour le maréchal Philippe de Navarre (7 juin 1484).

197 feuillets. — Quelques pièces de la main d'Oihénart.

100

En déficit.

101

Extraits divers.

Extraits, de la main d'Oihénart, de divers ouvrages pour la plupart imprimés :

Fol. 1. Jugements divers sur Aimoin. — Fol. 8. Lettres d'Innocent III. — Fol. 14. Bulle de Jules II : *Pastor ille* (21 juillet 1512). — Fol. 23. Lettres de Pierre Martyr. — Fol. 162. Chronique d'Alfonse VII (Pampelune, 1600; in-fol.). — Fol. 174. *Nobiliaire* de Petro de Barcellos (Rome, 1640). — Fol. 206. *Vita et processus S. Thomae Cantuariensis* (Paris, 1495; in-4°). — Fol. 221. *Mémoires Séquanois*, de Gollut (Dôle, 1592; in-fol.). — Fol. 235. Bref discours de la maison de Lorraine, de l'abbé Bruand (Lyon, 1591; in-8°). — Fol. 249. Extrait des œuvres de Pierre Martyr. — Fol. 261. *Historia de la provincia de Sant Iago de Mexico, de la orden des Predicadores*, par Fray Augustin Davila Padilla (Bruxelles, 1625; in-fol.). — Fol. 290. Notes sur divers écrits relatifs à l'Amérique. — Fol. 304. Description du Spitzberg.

308 feuillets.

102

Extraits divers.

Extraits des divers ouvrages imprimés ou mss., parmi lesquels on remarque les suivants :

Fol. 4. Registres de Clément IV. — Fol. 9. Œuvres de Bernard

Gui. — Fol. 19. Chronique de Saint-Bénigne de Dijon. — Fol. 31. Registre de Jean XXII. — Fol. 43. Généalogie des comtes de Rodez. — Fol. 48. Généalogies diverses des rois de France. — Fol. 53. Continuateur de Nangis. — Fol. 89. Fragments concernant l'histoire de Bordeaux. — Fol. 114. *Vitae pontificum et cardinalium* de Ciacconius. — Fol. 119. Chroniques de Mathieu de Paris. — Fol. 126. Chronique d'Adémar de Chabannes. — Fol. 150. Registres *Olim*. — Fol. 175. Continuateur de Nangis. — Fol. 206. Chronique de Saint-Victor de Paris, de Jean de Thoulouse. — Fol. 227. Histoire et généalogie des comtes de Foix et de Carcasssonne. — Fol. 244. Chroniques des comtes d'Anjou. — Fol. 258. Paix entre les bourgeois de Bordeaux (1252). — Fol. 261. Histoire des comtes de Rodez, par Bonal.

333 feuillets. — De la main d'Oihénart, à l'exception des feuillets 227 à 236. Table en tête du volume.

103

Extraits divers.

Extraits de divers recueils et documents, parmi lesquels on remarque :

Fol. 1. Registres de la connétablie de Bordeaux. — Fol. 110. Privilèges de Muret. — Fol. 118. Testament de Gérard d'Armagnac, vicomte de Fezensaguet (21 avril 1339). — Fol. 141. État des châtellenies du pays de Comminges. — Fol. 148. Lettre de Payen à Oihénart (18 octobre 1665). — Fol. 151. Notice sur Trie. — Fol. 157. Pièces concernant Toulouse. — Fol. 180. Titres des comtes de Foix. — Fol. 258. Fragments de l'obituaire de l'église de Tarbes et de divers registres de la même ville. — Fol. 280. Testament de Bernard Aton, vicomte de Carcassonne (1118). — Fol. 283. Extrait du *Registrum curiae Franciae* des archives de Carcassonne. — Fol. 290. Registres concernant la même ville. — Fol. 304. Fragments relatifs au Béarn et à la Gascogne. — Fol. 330. Registre de Saint-Sever.

335 feuillets. — De la main d'Oihénart, à l'exception des feuillets 118-151.

104

Extraits de divers documents.

Extraits d'archives et de cartulaires, parmi lesquels on remarque les suivants :

Fol. 1. Trésor des chartes de Lectoure. — Fol. 64 v°. « Somme de l'Isle. » — Fol. 152. Petit cartulaire de Sainte-Marie d'Auch. — Fol. 220. Archives de Montesquieu. — Fol. 224. Coutumes d'Auch. — Fol. 237. Livre rouge du chapitre d'Auch. — Fol. 255. Cartulaire de l'évêché de Condom. — Fol. 284. Livre rouge de l'évêque d'Aire. — Fol. 285. Papiers de M. du Faur, procureur du roi à Eauze. — Fol. 299. Trésor des chartes d'Albret. — Fol. 398. Coutumes de Tartas. — Fol. 404. Trésor des chartes de Pau.

410 feuillets. — De la main d'Oihénart, à l'exception des feuillets 122 à 147. En tête se trouvent 14 feuillets préliminaires, cotés A-N, contenant la table du volume divisé en quatre parties.

105

Extraits divers.

Fol. 1. Extraits du Trésor des chartes de Paris, concernant la Guyenne, le Languedoc, la Gascogne et la Navarre.

Fol. 254. Extraits de divers mss., parmi lesquels on remarque :

Fol. 255. Chronique Bordelaise d'un ms. de Dupuy. — Fol. 257. Mémoires de M. Pithou. — Fol. 282. Translation de sainte Fausta (*Bibl. hag. lat.*, n° 2832). — Fol. 283. Testaments d'Alfonse le Sage. — Fol. 292. Cartulaire de Champagne de M. de Thou. — Fol. 295. Pièces concernant l'Anjou. — Fol. 302 v°. Lettres de Charles-Quint.

306 feuillets. — De la main d'Oihénart, à l'exception des feuillets 226-251.

106

Extraits divers.

Extraits de divers recueils et documents, parmi lesquels on remarque :

Fol. 2. Registres du Parlement de Paris. — Fol. 77. Mss. de M. de Thou. — Fol. 83. « Liber principum » de la Chambre des comptes de Paris. — Fol. 87. Notes généalogiques sur les comtes d'Astarac. — Fol. 89. État des services dus au roi de Navarre dans le comté de Bigorre. — Fol. 113. Pièces sur l'abbaye de

Moissac. — Fol. 118. Documents concernant diverses familles de Gascogne. — Fol. 135. États de Béarn. — Fol. 142. Généalogies diverses. — Fol. 171. Mémoire adressé au comte de Turenne sur la maison de l'Isle-Jourdain. — Fol. 174. Testament de Matha de l'Isle, comtesse de Comminges (décembre 1352). — Fol. 179. Testament de Bernard, comte de Comminges (26 mars 1335). — Fol. 191. Accord entre les habitants du pays de Soule et ceux du pays de Josbaig (2 mars 1297). — Fol. 193. Pièces relatives au commerce des Espagnols dans le pays de Comminges (1512-1594). — Fol. 203. Cartulaire de Champagne. — Fol. 223. Notice sur Saint-Savin (de la main d'A. Duchesne). — Fol. 224. « Notitia provinciarum Galliae. » — Fol. 241. Chronique d'Adémar de Chabannes. — Fol. 249. *Gesta pontificum et comitum Engolismensium.* — Fol. 253. *Gesta Francorum.* — Fol. 260. Chronique de Geoffroi de Vigeois et chroniques diverses. — Fol. 278. Archives de la Chambre des comptes.

366 feuillets. — De la mains d'Oihénart, à l'exception des feuillets 171-203 et 223-225.

107

Mélanges historiques.

Extraits de divers registres et documents, parmi lesquels on remarque :

Fol. 1. Inventaires du Trésor des chartes. — Fol. 30. Serment prêté par Philippe le Long aux États de Navarre (1319). — Fol. 41. « Registre de la chancellerie de France, cotté num. 66. » — Fol. 59. Extraits du Trésor des chartes. — Fol. 104. Privilèges des habitants de la vallée d'Asun. — Fol. 110. Registres du Trésor des chartes. — Fol. 167. Registres de la Chambre des comptes de Paris. — Fol. 172. Traité entre Louis XI et Jean de Foix, comte de Candale (17 mai 1462). — Fol. 176. Absolution pour Jean, comte d'Armagnac (11 octobre 1461). — Fol. 187. Cartulaire de Bigorre, de la Chambre des comptes de Paris. — Fol. 197. Registre de M. de Loménie relatif à la Castille et à l'Aragon. — Fol. 205. Registres de la Chambre des comptes de Dijon. — Fol. 219. « Cartulaire du comte Alfonse. » — Fol. 224. Lettres de réhabilitation en faveur de Charles d'Armagnac (3 avril 1483). — Fol. 236. « Liber principum. » — Fol. 283. « Papiers de Mr Bouchet. » — Fol. 285. Confirmation par Louis XI à Jean d'Albret, vicomte de Tartas, de la comté de Gaure et de la ville de Fleurance (octobre 1466). — Fol. 291. Traité entre Jeanne, reine de Navarre, et Pierre, roi d'Aragon (27 août 1349). — Fol. 295. Testaments des comtes d'Armagnac. — Fol. 304. Pièces de la Chambre des comptes communiquées par Vyon d'Hérouval. — Fol. 315. Documents de la Chambre des comptes concernant la Bigorre. — Fol. 337. Instructions pour le recouvrement des titres d'Armagnac, et extraits se rapportant à ces titres. — Fol. 374. Livre rouge de la Chambre des comptes de Paris. — Fol. 380. Traité entre Louis XI et le duc de Nemours (mars 1468). — Fol. 392. Testament de Jean de Xaintrailles, maréchal de France (1461). — Fol. 399. Testaments de divers seigneurs. — Fol. 414. Compte de Barthélemy du Drach (cf. nouv. acq. fr., n°s 9236-9239) (1338-1340).

422 feuillets. — En grande partie de la main d'Oihénart.

108

Copies et extraits de divers documents.

Fol. 1. Chartes de Beaulieu. — Fol. 3. Accord entre Guillaume, comte de Toulouse, et Raimond, comte de Barcelone. — Fol. 4. Lettre de Besly à Oihénart (1er décembre 1642). — Fol. 7. Mandement d'Alfonse de Poitiers au sénéchal d'Agen. — Fol. 10. Coutumes de Bayonne. — Fol. 13. Pièces diverses de la Chambre des comptes. — Fol. 15. Registre de Jean, duc de Bourbon (1486). — Fol. 17. Accord entre Jean, duc de Guyenne et de Lancastre, et Raimond de Montaut (13 mars 1394). — Fol. 22. Accord entre Charles VII, et le comte de Comminges (9 mars 1442). — Fol. 27. Capitulation de Fronsac (5 juin 1457). — Fol. 31. Accord entre [Roger], seigneur de Camoys, et la cité de Bordeaux (1453; cf. D. de Beaucourt, *Hist. de Charles VII*, t. V, p. 279). — Fol. 35. Enquête faite par Guillaume Jouvenel des Ursins et Jean d'Estouteville, au sujet de la prise de Castillon (22 juillet 1453). — Fol. 45. Absolution accordée par Charles VII aux habitants de Bordeaux (9 octobre 1453). — Fol. 47. Règlement sur le fait de la justice de Bordeaux. — Fol. 51. Mémoire sur l'état et le gouvernement de la cité de Bordeaux. — Fol. 54. Mémoire (en espagnol) sur la conservation de la Guyenne et de la cité de Bayonne. — Fol. 56. Serments prêtés au roi de France par le duc de Nemours, le comte d'Armagnac et le seigneur d'Albret (novembre 1465). — Fol. 60. Serment prêté au roi par le duc de Guyenne, son frère (19 août 1469). — Fol. 61. Instructions données à Me Pierre Noir, envoyé auprès du pape par le roi.

Fol. 63. Rapport sur diverses dépositions faites au procès du duc de Nemours. — Fol. 66. Extrait du procès-verbal de Me Cousinot touchant le cardinal Balue. — Fol. 74. Instructions données par le roi à Olivier le Roux et à Louis Nyvart. — Fol. 78. Instructions données au comte de Comminges, gouverneur de Guyenne (4 avril 1486). — Fol. 81. Traité entre les rois de France et de Castille (8 mars 1477). — Fol. 89. Traité entre Charles VIII et Ludovic-Maria Sforza, duc de Milan (10 octobre 1495). — Fol. 97. Pièces relatives à la concession à Gaston, comte de Foix, d'une rente de 1500 livres tournois (5 juin 1338-juillet 1341). — Fol. 101. Pariage entre Roger, comte de Foix, et l'abbé de Boulbonne (9 janvier 1256). — Fol. 107. Concession à Roger-Bernard, comte de Foix, par Philippe IV des droits de celui-ci sur Pamiers (septembre 1285). — Fol. 108. Prise de possession de ladite ville au nom de Gaston, comte de Foix (14 décembre 1332). — Fol. 111. Accord entre Charles VI et Archembaut de Grailly, comte de Foix (10 mars 1400). — Fol. 116. Mandement de Charles VIII pour la restitution des fiefs du seigneur d'Albret (10 mars 1490). — Fol. 119. Extraits de registres de la Chambre des comptes touchant le pays de Gaure. — Fol. 130. Pièces concernant la cession du comté de Gaure au seigneur d'Albret (1492-1494). — Fol. 160. Dénombrement des fiefs appartenant à Françoise de Lomagne. — Fol. 167. Accord entre le duc d'Albret et Gilles de Lomagne, seigneur de Montagnac (24 février 1501).

168 feuillets. — Copies du xve siècle, à l'exception des feuillets 1-7, 11-19, 61-72, 95, 116-129.

109

Extraits divers relatifs à la Gascogne et au Languedoc.

Extraits de divers titres et registres de la Chambre des comptes de Paris et du Trésor des chartes, parmi lesquels on remarque : Fol. 13 v°. Accord entre Jacques, roi de Majorque, et Gaston, comte de Foix (1304). — Fol. 289. Contrat de mariage de Gaston, fils du comte de Foix, et de Marie, fille de Charles de Bourbon (30 mai 1429). — Fol. 42. Ordonnances de Philippe le Bel et de Philippe de Valois. — Fol. 51. État des terres de la maison d'Armagnac. — Fol. 79. Notes diverses sur la même maison. — Fol. 101. Relation de l'ambassade envoyée par le duc d'Anjou au roi de Castille (1377). — Fol. 113. Extraits du registre *Croix* de la Chambre des comptes. — Fol. 172. Extraits du Trésor des chartes. — Fol. 258. Extraits du *Registrum curiae Franciae* de la Chambre des comptes. — Fol. 297. Pièces concernant les rapports des rois de France et des seigneurs d'Albret (1332-1407). — Fol. 376. Accord entre Aimeri de Castelnau et Raimond VII, comte de Toulouse (1238). — Fol. 386. Inventaire du t. 52 des mss. d'Oihénart (Duchesne 110).

389 feuillets. — En majeure partie de la main d'Oihénart. Table en tête du volume.

110

Extraits divers concernant principalement la Navarre.

Fol. 1. Extraits d'un registre de Bayonne appartenant à M. d'Harloro. — Fol. 11. Statuts de la commune de Bayonne. — Fol. 21. Extraits d'un registre appartenant à M. du Luc et de divers documents concernant la même ville. — Fol. 59. « Ex libro veteri membranaceo civitatis Baionensis. » — Fol. 78. Accord entre l'église de Bayonne et le seigneur de Bardos. — Fol. 80. Mandement de la reine de Navarre au capitaine général du royaume de Navarre (1 avril 1531). — Fol. 84. Serment prêté à Philippe V par Guilhem-Loup, seigneur de Tilh. — Fol. 86. Jugement rendu par Charles [le Noble], roi de Navarre, entre les seigneurs de Gramont et de Luxe (27 février 1384). — Fol. 96. Chartes des rois de Navarre pour la ville de Saint-Jean-Pied-de-Port (1234-1320). — Fol. 100. Confédération des villes de Navarre (27 août 1274). — Fol. 109. Mémoire sur le pays d'Aldudes. — Fol. 137. Notes et documents sur les affaires de Navarre du début du XVIIe siècle. — Fol. 186. Procès des habitants de Sauveterre contre deux habitants de Mongaston (7 novembre 1450). — Fol. 190. Notes sur la famille de Caumont. — Fol. 196. Notice sur la maison de Mauléon. — Fol. 200. Note sur l'hommage de la Navarre au roi de France au début du XIVe siècle. — Fol. 202. Note sur les vicomtes de Fronsac. — Fol. 206. Abbés de Sainte-Croix de Bordeaux, d'Eyssex, de Lezat, etc., évêques de Condom, etc. — Fol. 220. Diplôme de Louis VII pour Notre-Dame de Saintes (Luchaire, *Actes de Louis VII*, n° 76). — Fol. 224. Extrait des chartes de Saint-Julien de Brioude.

241 feuillets. — Quelques pièces de la main d'Oihénart.

111

Extraits concernant la maison de Foix.

Extrait des diverses pièces relatives au comté de Foix, parmi lesquelles on remarque :

Fol. 17. Traité entre Jeanne d'Artois, comtesse de Foix, et les habitants de la vallée d'Ossau (1319). — Fol. 20. Répertoire des titres du trésor de Gaston de Foix, par Miguel de Bernis (1445). — Fol. 98. Inventaire du château de Foix. — Fol. 111. Inventaire du Trésor des chartes de Pau. — Fol. 150. Coutumes de Foix. — Fol. 162. Contrats de mariage et testaments des comtes de Foix. — Fol. 192. Limites du comté de Foix. — Fol. 204. « Libro del contrarolle de la cassa del senyor princep » Carlos de Viane (1460). — Fol. 215. Table du vol. 54 d'Oihénart (Duchesne 112).

217 feuillets. — De la main d'Oihénart. Table en tête du volume.

112

Extraits de divers ouvrages espagnols.

Fol. 2. *Descripcion de la imperial ciudad de Toledo*, [par Pedro de Alcocer]. (Tolède, 1617 ; in-fol.). — Fol. 6. *Historia del apostel de Jesu Christo sant Iago*, par Mauro de Castella Ferrez (Madrid, 1610 ; in-fol.). — Fol. 23. *Nobiliario del conde don Pedro* (Madrid, 1646). — Fol. 39. *Dialogos de medallas, inscriciones y otras antiguidades*, par Felipe Mey (Tarragone, 1587). — Fol. 45. *Descripcion del reyno de Galicia*, par le licencié Molina (Mondonedo, 1550 ; in-4°). — Fol. 47. Extraits des ouvrages de Moralès et de Yepès. — Fol. 80. *Compendio de algunas historias de España... y especialmente de la antigua familia de los Girones* [par Jeronimo Gadiel] (Alcala, 1577 ; in-fol.).

— Fol. 87. « Decendencia de la casa de Mendoça. » — Fol. 123. Lettres de Pierre Martyr. — Fol. 137. *Vida... del emperedor Carlo Quinto*, par Prudentio de Sandoval (Pampelune, 1614; in-fol.). — Fol. 173. *Epitome de los señores de Vizcaya*, par Antonio Navarro de Larreategui (Turin, 1620; in-4°). — Fol. 180. *Antiguedad de la lengua de Cantabria*, par Balthasar de Echaue (Mexico, 1607, in-4°). — Fol. 209. *Libro de la Monteria*, par Gonzales Argote de Molina (Séville, 1582; in-fol.).

219 feuillets. — De la main d'Oihénart, à l'exception des fol. 87-123.

113

Extraits de divers ouvrages manuscrits, en espagnol.

Fol. 1. Histoire des comtes de Biscaye. — Fol. 4. « Linages de España », par Garcia de Salazar. — Fol. 122. « Genealoxia, y sucession de los reyes de Navarra y fueros del Reino. » — Fol. 137a. « Genealogia y descendencia de los... reyes de Navarra y duques de Cantabria », par Sancho de Alvear (cf. Antonio, *Bibl. hispana nova*, t. II, p. 275). — Fol. 138. « Siguensse los nombres de los reyes de inclitisima memoria que an sido en Navarra. » — Fol. 147. Généalogie des rois de Navarre, de Sancho de Alvear (cf. fol. 137a). — Fol. 172. Extraits des archives de Bidache. — Fol. 176. Extraits du for de Sobrarbe. — Fol. 181. « Historia de los reyes de Navarra », de Pedro de Valencia (cf. Antonio, *ibid.*, p. 245). — Fol. 191. Chronique de Navarre. — Fol. 217 « Relacion de la dezendenzia de los reyes de Navarra. » — Fol. 227. Chronique de Garci-Lopes de Roncevaux.

251 feuillets, plus les feuillets 137*a*-137*d*. — En partie de la main d'Oihénart.

114

Extraits de divers cartulaires et recueils.

Fol. 2. Cartulaire du chapitre de Bayonne. — Fol. 15. Pièces relatives à l'église de Dax. — Fol. 20 et 25. Trêve de Dieu pour la province d'Auch. — Fol. 21. Cartulaire de Lescar. — Fol. 27. Cartulaire du chapitre d'Oloron. — Fol. 32. Cartulaire de Saint-Jean de Sorde. — Fol. 36. Cartulaire de Sauvelade. — Fol. 47. Obituaire d'Arthous. — Fol. 52. Cartulaire de Saint-Pé. — Fol. 60. Cartulaire de la Réole. — Fol. 68. Chartes de l'Escale-Dieu. — Fol. 70. Chartes de la Case-Dieu. — Fol. 73. Martyrologe de la même abbaye. — Fol. 80. Cartulaire de Lucq. — Fol. 84. Chartes et documents concernant la Bigorre. — Fol. 102. Pièces relatives à Bours. — Fol. 104. Pièces relatives à Blaye et Blanquefort. — Fol. 106. Documents concernant la Bigorre, et principalement la souveraineté des rois d'Angleterre. — Fol. 128. Archives de la Trésorerie de Toulouse. — Fol. 146. Archives de Toulouse. — Fol. 156. « Des peuples du pays de Commenge », par Jean Bofat. — Fol. 162. Pièces relatives à Saint-Jean-Pied-de-Port. — Fol. 186. Extraits relatifs à la Bastide-Clairence. — Fol. 194. Privilèges de la ville de Florence en Béarn. — Fol. 198. Documents concernant le château de Mauléon. — Fol. 202. Pièces concernant la Bidache. — Fol. 213. Trésor des chartes de Navarre. — Fol. 219. Archives d'Albret. — Fol. 227. Table du volume.

240 feuillets. — En majeure partie de la main d'Oihénart.

115

Extraits de divers ouvrages, pour la plupart imprimés.

Fol. 1ª *Théâtre d'honneur et de chevalerie*, par A. Favyn (Paris, 1620; in-4º). — Fol. 7. *Coronica general de España*, de Pedro Antonio Beuter (Valence, 1604; in-fol.). — Fol. 21. Chronique d'Alfonse le Sage (Valladolid, 1604). — Fol. 44 vº. *Cronica del rey D. Fernando* (Valladolid, 1554; in-fol.). — Fol. 60 vº. *Annales de la Corona de Aragon*, par Zurita (Saragosse, 1610; in-fol.). — Fol. 65. *Corpus Francicae historiae*, de Marquard Freher (Hanau, 1613; in-fol.). — Fol. 70. *Cronica general de la orden de San Benito*, par A. Yepez (Valladolid, 1609 et suiv.; in-fol.). — Fol. 103. *Cronica del rey D. Jaime I*, par Ramon Muntaner (Barcelone, 1562; in-fol.). — Fol. 111. *Cronica del... Cid Ruy Diaz campeador* (Medina del Campo, 1552; in-fol.). — Fol. 132. *Cronica del rey D. Sancho il Bravo* [Valladolid, 1554; in-fol.]. — Fol. 148. Historiens espagnols divers. — Fol. 169. *Rerum Gallicarum commentarii*, par François Beaucaire de Peguillon (Lyon, 1625; in-fol.). — Fol. 177. Lettres de Pierre Martyr (Alcala, 1530; in-fol.). — Fol. 300. *Discorso y allegationes de Decreto*, par Pedro Luyz Martinez (Saragosse, 1591). — Fol. 301 v°. *Cronica general de España*, continuée par Ambrosio Morales (Alcala, 1574; in-fol.). — Fol. 311. Généalogies extraites des ouvrages de Sandoval. — Fol. 333. *Cosmographie universelle*, de François de Belleforest (Paris, 1575; in-fol.). — Fol. 350. Extraits des ouvrages d'A. Moralez. — Fol. 357. Histoire de saint Hubert, évêque de Liège (d'après un ms. de la Chartreuse de Liège). — Fol. 360. *Libro de las grandezas de España*, par Pedro de Medina (Alcala, 1595; in-fol.). — Fol. 376. Lettres de Pierre Martyr. — Fol. 419. *In obitum incomparabilis Margaritae, illustrissimae Navarrorum reginae, oratio funebris*, par Charles de Sainte-Marthe (Paris, 1550; in-4°). — Fol. 426. *Tratado comprobatorio del imperio.. que los reyes de Castilla tienen sobre las Indias*, par Bartholomeo de las Casas (Séville, 1552; in-4°). — Fol. 484. *La conveniencia de las dos Monarquias catolicas* (Madrid, 1612). — Fol. 487. Histoire de la naissance, progrès et décadence de l'hérésie de ce siècle, par Florimond de Remond (Rouen, 1624).

410 feuillets. — En partie de la main d'Oihénart.

116

Extraits de divers inventaires.

Extraits des inventaires de divers dépôts d'archives :

Fol. 1. Titres du comté d'Astarac. — Fol. 6. Trésor des chartes de Pau. — Fol. 88. Titres de la maison d'Armagnac dans la tour de Vic. — Fol. 102. Cartulaires de Pau et d'Orthez. — Fol. 123. Titres d'Albret à Nérac. — Fol. 201. Titres de la Trésorerie de Toulouse. — Fol. 224. Titres de Rodez. — Fol. 250. Titres de Périgord. — Fol. 260. Trésor des chartes de Fronsac.

369 feuillets. — De la main d'Oihénart, à l'exception des feuillets 260-349.

117

Pièces relatives à la maison d'Armagnac.

Fol. 1. Testament de Jean I, comte d'Armagnac (18 février 1346). — Fol. 23. Constitution de la dot de Marguerite de Comminges (4 juin 1385). — Fol. 31. Testaments de Jean I et de Bernard II, comtes d'Armagnac (5 avril 1373 et 11 avril 1398; imprimé gothique, in-fol.). — Fol. 40. Accord entre Gaston, comte de Foix, et Marguerite de Comminges, femme de Jean d'Armagnac (3 avril 1379). — Fol. 47. Concession par Charles VI à Bernard, comte d'Armagnac, du comté de Pardiac (octobre 1405). — Fol. 54. Arrêt rendu en faveur de Jeanne et Marthe d'Armagnac contre Bernard, comte d'Armagnac (7 mai 1412). — Fol. 59. Enquête faite par Jean Berthelot, conseiller au Parlement, au sujet des lettres royaux obtenues par Jean de Levis, seigneur de Mirepoix (avril 1446). — Fol. 110. Engagement pris par Jean, roi de Castille et de Léon, de soutenir le roi de France contre le comte d'Armagnac (17 septembre 1442). — Fol. 113. Cession par le Dauphin à Jean V, comte d'Armagnac, des châtellenies de Rouergue et de Beaucaire (12 juillet 1452). — Fol. 121. Accord entre Jean V, comte d'Armagnac, et Jean de Xantrailles (1454). — Fol. 123. Instructions données au sénéchal de Rodez, envoyé auprès du roi par le comte d'Armagnac (10 février 1467). — Fol. 125. Commission donnée au sire de Labatut, sénéchal d'Armagnac, d'informer au sujet des agissements du vicomte de Castillon (19 avril 1480). — Fol. 129. Chefs d'accusation contre Charles d'Armagnac. — Fol. 135. Accord entre MM. de Montault et de Marestaing, curateurs des biens et de la personne de M. d'Armagnac, et M. Jean Boucher, trésorier de la maison d'Armagnac (8 mai 1493). — Fol. 139. Lettres de Charles VIII au comte d'Astarac et à l'évêque d'Albi, pour la remise entre les mains du roi des terres du comté d'Armagnac (8 avril 1496 et 24 septembre 1497).

Fol. 143. Mémoire sur les droits de Louise de Lyon, veuve de Charles, bâtard de Bourbon, sur le pays d'Aure. — Fol. 147. Lettres royaux en faveur de ladite dame Louise de Lyon (8 juillet 1512). — Fol. 152. Confirmation par François I de la donation faite par Louise de Savoie à Marguerite de France, sœur du roi, du duché d'Alençon (21 avril 1526). — Fol. 155. Enquête au sujet de la légitimation de Pierre, bâtard d'Armagnac (8 mars 1511). — Fol. 157. Donation faite à Pierre, bâtard d'Armagnac, par Jean d'Armagnac, comte de Nemours, du comté de l'Isle-Jourdain (23 novembre 1500). — Fol. 165. Contrat de mariage de Mathieu de Foix, comte de Comminges, et de Catherine de Coarraze (27 avril 1446). — Fol. 171. Ratification par Raimond-Arnaud de Coarraze des donations faites à sa fille (24 mai 1462). — Fol. 175. Contrat de mariage de Jean de Caraman et de Catherine de Coarraze, comtesse de Comminges (17 mai 1460; deux exemplaires). — Fol. 193. Mémoire sur les droits du comte d'Astarac sur la terre d'Aspre, comme héritier de Jeanne de Coarraze, sa mère. — Fol. 195. Contrat de mariage d'Antoine de Bonneval et de Marguerite de Foix (5 novembre 1471). — Fol. 199. Remontrances adressées au comte de Comminges, au sujet de son mariage avec la fille du comte d'Astarac. — Fol. 205. Notes sur la maison de Castelbajac. — Fol. 206. Lettre adressée à M. de Saracane (?) (10 décembre 1655). — Fol. 208. Extrait du testament de Raimond, comte de Comminges (19 octobre 1375). — Fol. 211. Extrait du testament de Judic de Caumont (15 avril 1357). — Fol. 212. Extraits de titres et de mémoires concernant la généalogie de la famille d'Espagne-Montespan. — Fol. 237. Confirmation par Gaston de Lévis de l'accord conclu par Roger-Bernard son frère, avec Bernard, comte d'Armagnac (21 mars 1407). — Fol. 241. Constitution de curateurs pour Roger-Bernard de Lévis, seigneur de Mirepoix (2 juillet 1416). — Fol. 248. Pièces et notes relatives aux droits de Jean de Lévis, seigneur de Mirepoix, sur l'héritage de Jean d'Armagnac, vicomte de Fézensaguet (1500). — Fol. 252. Mémoire pour Jean, comte de Carmain, contre Jean de Lévis, seigneur de Mirepoix. — Fol. 280. Extraits concernant la généalogie de la maison de Lévis. — Fol. 282. Pièces concernant le procès de Frédéric de Foix, comte de Candale, contre Marthe d'Astarac, veuve de Gaston de Foix-Candale (1539). — Fol. 313. Extrait des titres de la maison de Lavedan. — Fol. 319. Dénombrement des fiefs tenus en Béarn par Henri de Foix.

325 feuillets. — Copies des xve et xvie siècles; quelques feuillets de la main d'Oihénart.

118

Extraits de divers documents ou cartulaires.

Fol. 1. Concession en fief de la cité de Conserans à l'évêque par Alfonse de Poitiers. — Fol. 1. *bis*. Charte de Philippe VI pour l'abbaye de Moissac (août 1345). — Fol. 1 *ter*. Inventaire des chartes de Boulbone (902-1463). — Fol. 19. Chartes de l'abbaye de Salanques. — Fol. 32. Cartulaire de Saint-Mont. — Fol. 51. État des biens de l'Escale-Dieu (1147). — Fol. 53. Cartulaire de la Benisson-Dieu de Comminges. — Fol. 58. Vieux cartulaire du chapitre de Dax. — Fol. 70. Pièces relatives à l'élection de Gaillard de l'Hospital à l'évêché de Comminges (1501). — Fol. 90. Titres de la collégiale de Saint-Gaudens. — Fol. 98. Cartulaire de Mas-d'Asil. — Fol. 124. Cartulaire de l'Hôpital-Neuf de *Urdios* (au diocèse de Dax). — Fol. 134. Vies de saints, d'un ms. de Moissac.

145 feuillets. — En majeure partie de la main d'Oihénart.

119

Mélanges sur l'histoire d'Espagne.

Fol. 1. Extraits des archives de Pampelune. — Fol. 45. Extraits de l'*Antiquedad de España y confermacion de la nobleza de Cantabria,* par Pablo Gottardo (Milan, 1586). — Fol. 84. Confirmation des privilèges des marchands descendant dans la vallée de Roncal (1628). — Fol. 90. « Capitulos de la Hermandad » de Tudela (15 mai 1488). — Fol. 109. Privilèges de Roncal (1330-1527). — Fol. 149. Capitulation de la cité de Pampelune entre les mains du duc d'Albe (20 juillet 1512). — Fol. 154. Instructions données par le roi d'Espagne à M. de Salinas, pour s'enquérir au sujet du roi de France et du seigneur d'Albret (21 mars 1538). — Fol. 157. Cession du Guipuzcoa à Charles [le Mauvais], roi de Navarre, par Pierre [le Cruel], roi de Castille (23 septembre 1366). — Fol. 162. Confirmation par Catherine, reine de Navarre, des privilèges accordés en 884 par Eneco à l'abbaye de Leyre (12 mars 1483). — Fol. 166. Mémoire sur les privilèges accordés par les rois à diverses villes d'Espagne. — Fol. 176. Chartes de Notre-Dame d'Oliva, en Navarre (1162-1263). — Fol. 178. Fondation et privilèges de Notre-Dame de Fitero (1140-1299). — Fol. 191. Pièces relatives à Louis de Beaumont, connétable de Castille (1485-1495). — Fol. 227. Monitoire du Saint-Office contre Jeanne d'Albret (28 septembre 1563). — Fol. 230. Bref de Pie V, réglant les mesures à prendre dans les provinces basques par l'évêque de Bayonne, au sujet des affaires du for ecclésiastique (30 avril 1566). — Fol. 533. Mémoire, en espagnol, sur la maison de Beaumont. — Fol. 249. Donation par Jean V, roi d'Aragon, à Jean de Atondo, d'une rente de 120 florins d'or (18 septembre 1475). — Fol. 260.

Notice généalogique sur la famille Enriquez de la Carra y Navarra.

260 feuillets. — Les feuillets 1 à 79 et 227 à 229 sont de la main d'Oihénart.

120

Mélanges historiques et généalogiques.

Fol. 2. Inventaire des titres de madame Philippe de Ganay (16 juin 1523). — Fol. 8. Chartes de Montiérender (1100-1160). — Fol. 14. Extraits des registres de la Chambre des comptes, concernant les apanages et les grands officiers. — Fol. 32. Extraits de diverses chroniques. — Fol. 36. Testament de Marie de Châteauvilain, dame d'Arc et de Montaigu (22 octobre 1366). — Fol. 38. Notes sur la dignité des rois de France. — Fol. 43. Notes sur des registres de Papes, envoyées par Camuzat. — Fol. 45. Extrait d'un diplôme de Philippe-Auguste pour Raoul de Culan (Delisle, n° 2072). — Fol. 50. Notes sur divers comtes de Brienne. — Fol. 51. Extraits des archives de l'évêché de Laon (1225-1228). — Fol. 52. Extrait d'une charte de Gautier II, évêque de Laon, pour l'abbaye de Prémontré (1158). — Fol. 53. Pièces concernant Jeanne de Béthune et Jean de Luxembourg (1440-1447). — Fol. 58. Extrait de la chronique [d'Aubri de Trois-Fontaines]. — Fol. 63. Extrait de la vie d'Adalard par Paschase Ratbert. — Fol. 67. Généalogie de la famille Le Bouteiller. — Fol. 71. Diplôme de Carloman pour Montiéramey (23 janvier 883). — Fol. 74. Famille Arbaleste. — Fol. 74. Famille de Vaudetar. — Fol. 76. Famille de Marlhac. — Fol. 76. Anoblissement de Jean Maillart, bourgeois de Paris (18 avril 1372).

Fol. 77. Généalogies des comtes de Boulogne. — Fol. 88. Famille Le Maçon. — Fol. 96. Maison de La Chaussée d'Eu. — Fol. 101. — « Le génie de la reyne Christine de Suède » (1655). — Fol. 109. Fondation de l'abbaye de Marcilly (février 1239). — Fol. 110. Maison de Verthamon. — Fol. 115. État des terres dont Catherine de Médicis avait la jouissance. — Fol. 116. Maison de Coligny. — Fol. 118. Notes sur les familles de Ribouville et de Rochechouart. — Fol. 119. Épitaphes de l'église du Mans. — Fol. 120. Maison de Rye. — Fol. 122. Maisons de Maridor et de Chambes. —

Fol. 126. Famille de Rouville. — Fol. 159. Famille du Gard. — Fol. 164. Famille Le Fèvre de Caumartin. — Fol. 168. Mémoire sur les droits de divers seigneurs au Conseil du roi. — Fol. 174. Chartes de Notre-Dame de Soissons (660-1057). — Fol. 179. Ordonnance de Louis XIII sur les avocats, et extraits de mémoires sur le même sujet. — Fol. 191. Mémoire sur le Parlement de Bretagne. — Fol. 193. Notes sur la famille Le Clerc. — Fol. 200. Requête adressée à Henry, évêque de Troyes, par l'abbaye de Saint-Loup (9 octobre 1365). — Fol. 202. Extraits de pièces de vers, etc., relatifs à la famille de Charlemagne. — Fol. 203. Lettre de M. Desbarbieux (2 juillet 1617). — Fol. 209. Donation faite au monastère de Saint-Prix en Vermandois par Baudouin, chancelier de Henri I (2 décembre 1047). — Fol. 210. Lettre du prieur de Saint-Sauveur d'Anvers relative à des généalogies du Brabant (28 septembre 1638). — Fol. 212. Extraits de titres relatifs à la maison de Chastellux (1324-1360). — Fol. 213. Notes sur le comté d'Auvergne. — Fol. 214. Notes relatives à Tours et à Ligny. — Fol. 216. Épitaphe de Françoise de Luxembourg (16 décembre 1583). — Fol. 217. Accord entre Louis VII et Algrin, archidiacre d'Orléans (Luchaire, *Actes de Louis VII*, n° 67). — Fol. 219. Extraits de registres du Trésor des chartes, concernant la maison de Thouars, etc. (1330-1400). — Fol. 223. Notes sur les barons de Bassenghien. — Fol. 224. Fragment d'un aveu de Gui de Pontailler, maréchal de Bourgogne (1 juin 1377). — Fol. 225. Extraits relatifs à la maison de La Grange (1374-1410), de la main de N. Camuzat. — Fol. 228. Consultation médicale pour le s[r] Cousinot.

Fol. 229. Extrait des Annales de Saint-Victor de Paris (1134-1329). — Fol. 233. Extraits de l'obituaire de Montiéramey. — Fol. 236. Pièces relatives à la légitimation d'André Gusman, bâtard d'un chevalier de Malte (1653). — Fol. 239. Relation du conclave de Jules III (janvier 1550). — Fol. 243. Aveu rendu à Thibaut V, comte de Champagne, par Étienne, fils du comte de Chalon, pour le château de Vignory (1262). — Fol. 244. Diplôme de Charles le Chauve (27 décembre 843) et bulles d'Adrien IV (5 avril 1155 et 4 avril 1156) pour l'abbaye de Ferrières. — Fol. 248. Cochefillet. — Fol. 258. Familles Le Clerc et de Nanterre. — Fol. 262. Extraits concernant les familles Lesguisé, Hennequin, Molé, etc. — Fol. 273. Descendance de Catherine de Mauny, femme de Jacques de Cochefillet. — Fol. 276. Maison de Laval. — Fol. 277. Maison d'Éveillechien. — Fol. 279. Maisons de Louvain et de Béthune. — Fol. 280. Famille de Durfort. — Fol. 282. Famille Perrot. — Fol. 283. Famille Boucher. — Fol. 284. Extraits des œuvres de Pétrarque. — Fol. 289 v°. Concile de Limoges (1029). — Fol. 291. « Notitia de servitio monasteriorum » (*Mon. Germ.*, in-4°; *Capitularia*, t. I, p. 349). — Fol. 293. Famille de Cambout. — Fol. 294. Extraits des mémoires de M. Trincant, procureur du roi à Loudun, concernant la famille de Fretaud. — Fol. 297. Extraits concernant la famille Fretard. — Fol. 302. Famille Bourdin. — Fol. 304. Famille Boucher d'Orsay. — Fol. 325. Dessins de sceaux. — Fol. 328. Famille d'Eschallart. — Fol. 329. Famille de Belleville. — Fol. 330. Famille de La Rivière. — Fol. 330. Seigneurs de Châteauroux. — Fol. 393. Mémoires et pièces concernant Pompadour (1262-1512). — Fol. 427. Généalogie, en vers, de Louis XIV. — Fol. 429. Liste versifiée des rois de France, de Pharamond à Louis XIV. — Fol. 430. Inventaires de titres et extraits divers relatifs à la famille de Disimieu. — Fol. 440. Mémoire et notes sur la famille de Chaumont. — Fol. 455. Famille de Bréant (blason colorié). — Fol. 465. Famille d'Aleigre. — Fol. 471. Famille Le Cointe (blason colorié). — Fol. 476. Famille Thiboust de Berry. — Fol. 477. Maison de Laubespine. — Fol. 481. Famille Longueil. — Fol. 482. Famille Le Varlet d'Orivault. — Fol. 483. Famille de Nicot. — Fol. 486. Famille de Baillon. — Fol. 489. Famille des Essarts. — Fol. 491. Comtes d'Egmont. — Fol. 496. Mémoire sur la noblesse d'Antoine du Perron, seigneur de Corcelle.

507 feuillets. — Quelques pièces de la main d'A. Duchesne.

121

Recueil de généalogies.

Généalogies de diverses familles, parmi lesquelles on remarque les suivantes :

Fol. 1. De Créqui. — Fol. 10. Comtes de Hainaut. — Fol. 19. D'Ailly. — Fol. 20. D'Anglure. — Fol. 22. D'Angennes. — Fol. 28. D'Enghien. — Fol. 40. Adhémar de Grignan. — Fol. 76. Bracque. — Fol. 87. De Champagne. — Fol. 89. De Clérembault. — Fol. 95. De Chabanes. — Fol. 99. De Daillon. — Fol. 105. De Damas. —

Fol. 108. De Clermont. — Fol. 109. Gouffier. — Fol. 118. Comtes d'Eu. — Fol. 119. Comtes de Ponthieu. — Fol. 122. De Saint-Gelais. — Fol. 123. Chastaignier. — Fol. 128. De Ghistelle. — Fol. 130. Lettre de Trincant à A. Duchesne. — Fol. 131. Note sur la famille L'Hermite de Solier. — Fol. 138. Extraits des mémoires de Jean de Nostradamus, concernant la maison des Baux. — Fol. 144. Maison de Joyeuse. — Fol. 152. De Montbron. — Fol. 156. De Maillé. — Fol. 165. De Sainte-Maure. — Fol. 167. De Talleyrand-Périgord. — Fol. 171. De Pons. — Fol. 180. De Prie. — Fol. 182. De Blanchefort. — Fol. 183. De Roye. — Fol. 196. Turpin. — Fol. 212. De Bueil. — Fol. 219. De Villeneuve. — Fol. 225. D'Aunoy. — Fol. 227. De Trie et Dammartin. — Fol. 233. De l'Isle-Adam. — Fol. 237. De Villiers. — Fol. 239. De Beaumont. — Fol. 242. Villiers de l'Isle-Adam. — Fol. 246. D'Offémont. — Fol. 157. Extraits de l'inventaire des titres de Dammartin. — Fol. 259. Extrait de l'inventaire des titres de Chantilly. — Fol. 266. Extraits des titres de la baronnie de Préaux. — Fol. 286. Famille de Chauvigny. — Fol. 293. De Grandpré. — Fol. 302. De Mello. — Fol. 306. De Noyers. — Fol. 314. De Nesle. — Fol. 318. De Trainel.

320 feuillets. — De la main d'A. Duchesne. Le volume est suivi d'une table alphabétique des noms de famille, due au généalogiste Arminot, qui donna ce volume à la Bibliothèque en 1828.

COLLECTION BRÉQUIGNY

1

Mélanges sur la Chine et les Chinois.

Fol. 2. Notes relatives à la publication des *Mémoires concernant l'histoire, les sciences....., etc. des Chinois*, par les missionnaires de Pékin (Paris, 1776-1814, 16 vol. in-4°), et correspondance de Bréquigny à ce sujet avec MM. Bérard, Bertin, Bourgeois, Chompré, de Guignes, Saillant, Zeiher. — Fol. 203. Mémoires divers (imprimés au t. XI des *Mémoires des missionnaires*).

318 feuillets (les fol. 201-318 en papier de Chine).

2

Mélanges sur la Chine et les Chinois.

Fol. 3. Notes et lettres concernant les envois de la Chine. — Fol. 149. Observations faites en Chine par le P. d'Incarville, S. J. (par ordre alphabétique de matières). — Fol. 171. Lettres adressées à Bréquigny et à Bertin, de 1786 à 1789, par MM. Amiot, Aubin, Bourgeois, de Grammont, de Guignes, Raux. — Fol. 251. Fragment d'un mémoire du P. Amiot sur les danses des Chinois. — Fol. 260. Extrait d'une lettre du P. Amiot sur l'ancienne histoire des Chinois.

273 feuillets.

3

Mélanges sur la Chine et les Chinois.

Extraits, annotés par Bertin, de lettres écrites de Pékin (1766-

1786) par les missionnaires Amiot, Benoist, Bourgeois, Cibot, Ko, Lefebvre, et extraits de la *Gazette de Pékin* de 1778.

111 feuillets.

4

Mélanges sur la Chine et les Chinois.

Fol. 2. « Notes pour accompagner les textes chinois traduits par les missionnaires sur l'ancienne histoire de la Chine. » — Fol. 76. « Recueil de traditions envoyées de Pékin, le 4 septembre 1774, pour appuyer de textes et de témoignages ce qu'a écrit M. Ko, sur l'origine et l'antiquité de sa nation. »

184 feuillets.

5

Mélanges sur la Chine et les Chinois.

Notes et mémoires divers envoyés de Pékin par le P. Amiot.

336 feuillets.

6

Mélanges sur la Chine et les Chinois.

Mémoire du P. Amiot sur l'art militaire des Chinois, et traduction de traités de tactique chinois (cf. *Mémoires des missionnaires*, t. VII et VIII).

300 pages. — Papier de Chine.

7

Mélanges sur la Chine et les Chinois.

Abrégé chronologique de l'histoire universelle de l'Empire chinois, par le P. Amiot.

188 feuillets.

8

Mélanges sur la Chine et les Chinois.

P. 1. « Introduction à l'histoire des peuples qui ont été ou qui sont actuellement tributaires de la Chine », par le P. Amiot. — P. 275, « Explication des lettres de créances, suppliques, etc. envoyées par ces peuples », par le même.

358 pages.

9

Mélanges sur la Chine et les Chinois.

Fol. 2. Observations faites à Pékin, par le P. Amiot, du 1er janvier 1757 au 31 décembre 1762. — Fol. 40. Observations faites du 1er janvier 1786 au 31 mai 1789. — Fol. 147. Fragment de traduction de l'Almanach impérial chinois.

310 feuillets.

10

Mélanges sur la Chine et les Chinois.

Manuscrits du P. Amiot : *Gazette de l'Empire chinois*, année 1788.

214 pages; papier de Chine.

11

Mélanges sur la Chine et les Chinois.

Doctrine des Chinois sur la piété filiale, par le P. Amiot (cf. *Mémoires des missionnaires*, t. IV).

128 feuillets; in-8° oblong.

12

Mélanges sur la Chine et les Chinois.

« Réponses aux *Recherches philosophiques* de M. de P[auw] sur les Chinois », par le P. Amiot (cf. *Mémoires des missionnaires*, II, p. 365 et 35).

251 pages; in-8e oblong.

13

Mélanges sur la Chine et les Chinois.

Mémoire du P. Amiot sur la musique des Chinois tant anciens que modernes. Cf. *Mémoires des missionnaires*, t. VI.

402 feuillets; papier de Chine. Les feuillets 92 à 349 sont la copie d'un ms. chinois.

14

Mélanges sur la Chine et les Chinois.

Recueil de morceaux de musique chinois, par le P. Amiot.

105 feuillets; papier de Chine.

15-16

Mélanges sur la Chine et les Chinois.

« Doctrinae Sinicae brevis indagatio, ex ipsis Sinarum libris eruta, in qua dilucidantur pene omnes controversiae Sinenses, authore P. Franc. Noël, Belga, S. J., missionario Sinensi. »

Tome I. « De cognitione primiEntis seu Dei apud Sinas. » — 325 pages; in-4°.

Tome II. « De cultu defunctorum apud Sinas. » — Pages 317 à 638 et 27 pages; in-4°.

17

Mélanges sur la Chine et les Chinois.

Fol. 2. « Notitia rituum Sinicorum in colendis parentibus ac benefactoribus defunctis », par le P. F. Noël. — Fol. 71. « De ethica

Sinensi », par le même. — Fol. 141. Feuillets dépareillés de diverses notices.

170 feuillets.

18

Mélanges sur la Chine et les Chinois.

Fol. 2. « L'ancienne histoire du monde selon les Chinois », par le P. de Prémare. — Fol. 145. « Circa litteras librosque veteres ἐπίκρισις », par le même.

224 feuillets; papier de Chine, in-4°.

19

Mélanges sur la Chine et les Chinois.

« De avita Sinorum pietate », par le P. Lefèvre.

193 pages; in-4°.

20

Mélanges sur la Chine et les Chinois.

« Responsio apologetica de Sinensium ritibus politicis, ad R. P. Dominicum Navarete, ordinis Praedicatorum. »

153 pages, et 2 feuillets de notes, in-4°.

21

Mélanges sur la Chine et les Chinois.

Chronologie chinoise, par le P. Gaubil (cf. *Traité de la chronologie chinoise*, divisé en trois parties, composé par le P. Gaubil, missionnaire à la Chine, et publié pour servir de suite aux *Mémoires concernant les Chinois*, par M. Silvestre de Sacy, Paris, 1814, in-4°).

287 feuillets; gr. in-fol.

22

Mélanges sur la Chine et les Chinois.

Fol. 4. Préface de l'*Histoire générale de la Chine*, du P. de Mailla (publiée en 13 vol. in-4°, Paris 1777-1785), 2 exemplaires, dont l'un sur papier de Chine. — Fol. 114. Essai sur l'Antiquité des Chinois, par le P. Koff. — Fol. 219. Mémoire sur l'intérêt de l'argent en Chine (incomplet de la fin), par le P. Cibot; cf. *Mémoires des missionnaires*, t. IV, p. 299.

301 feuillets.

23

Mélanges orientaux.

Traduction du début du *Djihankouchaï*, d'Ala ed-Din Ata Melik el Djouveïni, et de la partie de l'*Histoire de Mirkhond* qui a rapport aux Mongols.

256 feuillets.

23 *bis*

Mappemonde chinoise.

Traité de géographie et cartes chinoises.

Transféré au fonds chinois, n° 5278.

24

Mélanges littéraires.

Fol. 4. « Lettre sur les amours de Mahomet, écrite à la prière de Mlle de Faverolle, en 1760. » — Fol. 12. Notes de M. Bespierre sur divers volumes orientaux. — Fol. 18. Collation d'une ancienne édition de Solin avec l'édition de Saumaise. — Fol. 26. Remarques sur les traductions de Pausanias. — Fol. 32. Dissertation sur l'expédition d'Aelius Gallus en Arabie. — Fol. 43. Traduction, faite à Londres en 1765, d'un dialogue de M. Harris sur l'art, dédié au comte de Shaftesbury. — Fol. 75. Analyse du livre de Guill. Schikard, *Tarich, seu series regum Persiae*, etc. (Tubingue, 1628; in-4°). — Fol. 87. Remarques sur la *Bibliothèque orientale*, de M. d'Herbelot. — Fol. 92. « Notes sur plusieurs des ouvrages renfermés sous la cotte A » et se rapportant à l'histoire ancienne d'Arabie. — Fol. 94. « Nouvelles littéraires, envoyées à la *Bibliothèque françoise* et insérées pour la plupart dans ce recueil de 1736 à 1746. »

210 feuillets.

25

Articles de la *Bibliothèque françoise*.

Fol. 3. Note des 135 articles fournis par Bréquigny à la *Bibliothèque françoise*, de 1735 à 1745. — Fol. 13. Recueil d'articles fournis par lui à ladite *Bibliothèque*, de 1740 à 1745.

297 feuillets.

26

Rapports de Bréquigny avec diverses sociétés académiques. — Histoire des empereurs romains par les médailles.

Fol. 3. Liste des membres de la Société des antiquaires de Londres (placard imprimé, 1766). — Fol. 5. Diplôme de la Société des antiquaires de Cassel, et règlement imprimé. — Fol. 10. Académie des sciences, belles-lettres et arts de Rouen (1745). — Fol. 20. Société académique de Cherbourg. — Fol. 30. Discours de réception de Bréquigny à l'Académie française (6 juillet 1772), et fragment de traduction en anglais. — Fol. 37. Société d'agriculture de la généralité de Touraine (1751). — Fol. 45. Notes pour une histoire des empereurs romains par les médailles depuis le règne de Trajan. — Fol. 198. Remarques sur quelques médailles des empereurs et diverses monnaies de Smyrne.

217 feuillets.

27

Travail sur les orateurs grecs. — Notes sur le *Dictionnaire historique* de Moréri.

Fol. 3. Brouillons et notes se rapportant au travail de Bréquigny sur les orateurs grecs, et principalement à Lysias. — Fol. 13. Collation de Lysias, « ex marginibus codicis qui fuit Antonii Contii. » — Fol. 15. Extraits et fragments relatifs à Dion Chrysostome. — Fol. 109. Remarques sur le *Dictionnaire historique* de Moréri (édit. de 1740), pour les lettres A, B, C, D, E, P, Q, R, S. — Fol. 193. Notes sur l'article « Vercingétorix ».

210 feuillets.

28

Rapports de Bréquigny avec D. Abad. — Mélanges historiques et littéraires.

Fol. 2. Pièces relatives à D. Abad, bénédictin de S. Juan de la Peña, puis prieur de S. Marie de Meya, qui devait s'occuper des monuments relatifs à l'histoire de France se trouvant en Espagne. — Fol. 8. Notes de D. Abad sur les archives de divers monastères espagnols. — Fol. 11. Sépultures des rois d'Aragon à S. Juan de la Peña (2 gravures). — Fol. 13. « Titre d'une histoire ancienne des rois d'Aragon, qui paraît écrite par un moine de S. Juan de la Peña. » — Fol. 16. Remarques de Bréquigny sur divers sujets de littérature et d'histoire, parmi lesquelles on remarque des notes relatives à la vie d'Apollonius de Tyr (fol. 63-71) et aux chambellans (fol. 98-108). — Fol. 109. « Échantillon pour monseigneur le duc de Montauzier. La vie de Ronsard, prince des poètes français, tirée du livre manuscrit des Vies des poètes, du sieur Colletet..., par le sieur Colletet le fils » (copie du XVIIe siècle). — Fol. 157. Fragment d'annonce du *Dictionnaire italien, latin et français*, de M. Antonini (1735).

158 feuillets.

29

Parlement au temps de la Fronde. — Mélanges de littérature latine et française. — Géographie et voyages.

Fol. 2. « Pourtraict de Messieurs du Parlement de Paris », commençant par ceux des présidents de Lamoignon, de Nesmond, de Longueil, Potier de Nouvion, de Mesmes, etc. — Fol. 74. Dissertations sur un passage des *Géorgiques* de Virgile (IV, 287), de J. Harduin et de Huet. — Fol. 83. Lettre du président Bouhier au P. Oudin au sujet de ces dissertations (déc. 1713). — Fol. 87. Réponse du P. Oudin (1 janvier 1714). — Fol. 89. Explication de ces mêmes vers, par le P. Oudin (1728). — Fol. 93 v°. Dissertation critique sur le *Culex* de Virgile, par le même, et extrait d'une lettre au président Bouhier sur ce sujet. — Fol. 100. Requête justificative du sieur Pajot, chirurgien-major, au conseil de l'île Bourbon (29 déc. 1756), et lettres du même (1756-1757). — Fol. 114. Traduction de la cinquième décade de *l'Asie*, par Diego de Conto (Lisbonne, 1612, in-fol.). — Fol. 121. Relation du voyage de *l'Aigle* et de *la Marie* à l'île Sainte-Catherine et sur la côte de l'Amérique du Sud (1738-1739). — Fol. 138. « Discours prononcé à la présentation des lettres de M. le chancelier d'Aguesseau, le 2 juin 1717. » — Fol. 154. Remontrances présentées au roi par le Parlement, le 27 juin 1718. — Fol. 161. Dissertation sur la langue originale des romans du moyen âge. — Fol. 165. Remarques sur le Roman de la Rose. — Fol. 170. Satire de Boileau sur l'Équivoque (deux copies).

186 feuillets.

30

Matériaux pour une édition des poésies de Mellin de Saint-Gelais.

Fol. 4. Texte de diverses poésies de Saint-Gelais découpées dans un volume imprimé. — Fol. 40. Copie, annotée par Bréquigny, de pièces du même auteur. — Fol. 78. Notes et tables diverses pour les poésies de Saint-Gelais, et copies de quelques pièces.

224 feuillets.

31

Mélanges historiques et littéraires.

Fol. 4. Discours sur les affaires politiques (1692). — Fol. 15.

« Remonstrance au Roy, importante pour son estat », faite par le s[r] de La Hoguette, en 1620 (deux copies, l'une du début du XVIIe siècle, l'autre plus récente). — Fol. 29. Remarques sur l'*Histoire naturelle de Languedoc*, de J. Astruc (Paris, 1737, in-4°), concernant l'histoire ancienne. — Fol. 40. « La nouvelle Bibliothèque choisie et amusante » (juillet 1733), notices sur les premiers volumes de l'*Histoire littéraire*, etc. — Fol. 63. Épitaphe du duc de Bourgogne, par le P. Damiron, feuillant. — Fol. 64. « La Fagonade », poème satirique. — Fol. 68. *Philippiques*, de La Grange-Chancel. — Fol. 83. Remarques de M. Falconnet sur la Table de Peutinger. — Fol. 88. *La Chartreuse* de Gresset. — Fol. 95. « Dialogue d'un vieil officier avec son fils », satire en vers. — Fol. 106. Traité de l'art de l'éloquence. — Fol. 142. Vers pour l'impératrice Elisabeth. — Fol. 148. Description de la ville de Berlin. — Fol. 155. « Portrait d'une dame de Prague, par un officier français ». — Fol. 158. « Portrait de Damon. »

161 feuillets.

32

Poésies françaises, latines et italiennes.

« Beaucoup de pièces fugitives, dont quelques-unes ont été imprimées; beaucoup méritent peu d'être connues... Il y en a de satyriques, d'autres sont des compliments et des éloges, beaucoup sont relatives aux événements qui se passèrent alors et peuvent fournir quelques anecdotes. »

Fol. 3. Pièces françaises. — Fol. 186. Pièces latines. — Fol. 214. Pièces françaises.

217 feuillets.

33

Mélanges d'histoire et de littérature, par Falconnet.

Fol. 1. Extraits de divers auteurs grecs et latins, provenant de Falconnet. — Fol. 37. « Drama de adolescente, quem a latrocinio Joannes evangelista ad optimam frugem revocavit » (programme de pièce scolaire du XVIIe siècle). — Fol. 47 v°. « Mithridates » (*idem*). — Fol. 68. Extraits de divers auteurs anciens et du moyen âge, d'un recueil de canons de l'église de Cambrai, etc. — Fol. 79. « Médaille de Mahomet, avec l'explication » en slave et latin (cette monnaie paraît être d'Akbar, empereur des Indes). — Fol. 83. Essai sur le *Siècle de Louis XIV*, de Voltaire. — Fol. 85. Extrait d'un plaidoyer de M. Talon. — Fol. 87. Copie de quatre lettres de Voltaire. – Fol. 94. Pièces fugitives diverses. — Fol. 145. « Pasquinades » du XVIIIe siècle, provenant de Falconnet. — Fol. 158. Liste des opéras représentés en France depuis 1581 jusqu'en 1725, avec les noms des auteurs des paroles et de la musique. — Fol. 166. Notes de Falconnet sur Christophe Colomb. — Fol. 172. Extraits d'auteurs anciens, par le même. – Fol. 177. Liste des grands-maîtres de Saint-Jean-de-Jérusalem, en provençal, extraite d'un ms. de 1366 appartenant au marquis d'Aulan.

181 feuillets.

34 et 35

Notes de Bréquigny sur les manuscrits de Saint-Martin et de Saint-Gatien de Tours.

Voy. L. Delisle, *Notice sur les manuscrits disparus de la Bibliothèque de Tours pendant la première moitié du* XIXe *siècle*, dans les *Notices et extraits*, t. XXXI, 1, p. 157-356.

135 et 145 feuillets.

36 et 37

Notes sur Giannino Guccio, qui prétendit être le roi de France Jean Ier.

I (36). — Fol. 3. Notice de Bréquigny sur Giannino Guccio. — Fol. 21. « Osservazione di Girolamo Gigli sopra la storia del re Giannino », copie d'un ms. de Rome (cf. coll. Moreau, t. 1732 et ms. italien 393). — Fol. 132. Lettres de N. Rienzi se rapportant aux observations précédentes (ces lettres se trouvent aujourd'hui dans le ms. italien 393, fol. 219-234).

132 feuillets.

II (37). — Extraits du livre ms. de Sigismundo Tizio, *Historie di Siena dal 1300 fin'al 1360*, relatifs à l'histoire du même Giannino.

264 feuillets.

38

Extraits de divers registres.

Fol. 3. Registres de couleur et bannières du Châtelet de Paris. — Fol. 71. Requêtes de l'Hôtel, registre I. AAA. — Fol. 79. Registre A de l'Hôtel de Ville. — Fol. 87. Extraits des archives de diverses localités (Gimont, Garbie, Simone). — Fol. 95. Extraits du Trésor des chartes. — Fol. 122. Registre des métiers de Paris, de la bibliothèque de la Sorbonne. — Fol. 127. Registre du chancelier Doriole, appartenant au chancelier d'Aguesseau. — Fol. 129. Extraits du *Dictionnaire des arrêts*, de M. Brillon. — Fol. 142. Registre de l'Université de Paris, à la bibliothèque des Avocats. — Fol. 149. Extraits divers concernant la Flandre. — Fol. 197. Correspondance se rapportant aux recherches pour les *Ordonnances*. — Fol. 228. Extraits de diverses ordonnances. — Fol. 234. « Pièces contenues dans le portefeuille portant pour titre : Cours et juridictions; Conseil du Roi ».

250 feuillets.

39

Mélanges historiques, relatifs surtout aux Parlements et au Domaine royal.

Fol. 3. Note sur la charte fausse de Louis VI pour Tiron. — Fol. 9. Lettre de M. Houard sur les anciennes cours des rois de France. — Fol. 12. Remarques sur les formules de Marculf, [par M. Gibert]. — Fol. 26. Réponse de M. Houard aux remarques précédentes. — Fol. 26 *bis*. Dissertations sur les origines du Parlement. — Fol. 91. Projet pour la désunion de la Cour des pairs d'avec le Parlement de Paris, copié en 1721 sur l'original trouvé parmi les papiers de M. Law. — Fol. 99. Note sur la Cour du roi et la Cour des pairs. — Fol. 114. Notes sur les *Olim*. — Fol. 127. Ordonnances relatives au Parlement. — Fol. 146. Procès-verbal du lit de justice du 3 septembre 1732 (imprimé, in-4°). — Fol. 148. Lettre sur les lits de justice (imprimé, 1756, in-4°). — Fol. 152. Diplôme de Dagobert pour Saint-Denis (K. Pertz, *Dipl.*, Spuria, n° 26). — Fol. 154. Charte du roi Tortus, extraite du martyrologe de Pontoux (cf. Dupuy, t. 1, fol. 11). — Fol. 155. Extraits d'ordonnances concernant le Parlement. — Fol. 174. Notes sur une charte de Hugues Capet pour Saint-Maur-des-Fossés (20 juin 988). — Fol. 181. Lettres d'anoblissement de la famille des Hennequins de Troyes. — Fol. 183. Extraits de divers arrêts. — Fol. 188. Ordonnances concernant le rachat des rentes constituées sur les maisons de Paris (xve et xvie siècles), extraites des Mémoriaux de la Chambre des comptes. — Fol. 194. Ordonnance de saint Louis sur les monnaies, extraite des mêmes Mémoriaux. — Fol. 197. Dépenses du couronnement, de saint Louis à Louis X. — Fol. 198. Extraits divers concernant le Parlement. — Fol. 203. Édit de Louis XI, rendant exécutoires dans les ressorts des parlements de Bordeaux et de Toulouse les arrêts de celui de Paris (23 septembre 1474). — Fol. 212. Arrêts de 1483 concernant les officiers de la Cour. — Fol. 225. Extraits concernant l'aliénation du domaine du roi. — Fol. 230. Extraits des arrêts de la Chambre des requêtes, relatifs au Domaine, de 1532 à 1534 (cf. Dupuy, t. 96, f. 24). — Fol. 259. Arrêts divers relatifs au même sujet (1558-1582). — Fol. 263. Liste d'édits concernant la justice, etc. — Fol. 274. Extrait d'un compte de 1351, concernant les vêtements du roi.

276 feuillets.

40

Ordonnances des rois de France.

« Recueil d'ordonnances qui ne sont pas encore imprimées ou qui ne le sont qu'imparfaitement, de 1185 à 1321. » (Copies d'ordonnances, classées chronologiquement, depuis 1206 jusqu'au 4 avril 1321.)

340 feuillets.

41

Ordonnances et actes divers.

Fol. 3. Dissertation sur le bénéfice. — Fol. 16. Ordonnance de Philippe V relative au domaine. — Fol. 20. Procuration du roi d'Angleterre pour l'hommage du comté de Ponthieu (1291). — Fol. 21. Fragment d'ordonnance relative aux guerres privées. — Fol. 22. Constitution du douaire de Marie de Brabant, femme de Philippe III (sept. 1280). — Fol. 25. Confirmation par Guillaume X d'Aquitaine des donations faites à Saint-Jean d'Angély. — Fol. 27. Actes divers du XIIIe siècle, extraits du Trésor des chartes. — Fol. 57. Testament de Philippe-le-Bel (20 nov. 1314). — Fol 65. Traité de mariage de Charles [IV] de France et de Blanche de Bourgogne (sept. 1307). — Fol. 68. Extraits des registres du Trésor. — Fol. 73. Ordonnance du duc Jean pour les États de Normandie. — Fol. 77. Ordonnance du Trésor (3 décembre 1319). — Fol. 79. Ordonnance concernant les baillis et sénéchaux (s. d.). — Fol. 81. Ordonnance de Charles VI relative au domaine. — Fol. 84. Anoblissement de Simon de Bussy (1335). — Fol. 85. Extraits de registres du Parlement (XIIIe-XVe siècle). — Fol. 116. Extraits des registres du Trésor des chartes, etc. (1272-1356).

168 feuillets.

42

Notes pour le recueil des Ordonnances. — Cartulaires de Philippe-Auguste.

Fol 1 *bis*. Note sur les pièces recueillies pour les *Ordonnances* et la collection des Chartes. — Fol. 1[quater]. Inventaire chronologique des titres qui se trouvent dans les Cartulaires de Philippe-Auguste (885-1294), avec indication des pièces imprimées, mais sans renvois aux registres. — Fol. 243. Note sur les registres de Philippe-Auguste. — Fol. 246. Lettres de M. Bertin concernant les recherches faites pour les *Ordonnances*. — Fol. 245. Lettre de M. Desnoyer sur le même sujet (7 juillet 1779).

263 feuillets.

43

Travaux pour le recueil des *Ordonnances*.

Fol. 1 *bis*. Inventaire des actes non datés des Cartulaires de Philippe-Auguste. — Fol. 57. Lettre de Denys Godefroy, relative aux travaux du Comité des chartes (29 nov. 1784). — Fol. 59. Analyse de l'inventaire de Pierre d'Étampes et de registres du Trésor des chartes. — Fol. 96. Note sur les registres de Philippe-Auguste. — Fol. 102. Notice sur les archives de l'Hôtel-de-Ville de Paris. — Fol. 103. Analyse de pièces du registre A de l'Hôtel-de-Ville. — Fol. 115. « Table des chartes copiées d'après les mss. de M. le Premier », et extraites des registres du Trésor des chartes.

128 feuillets.

44

Cartulaire de Laon et chartes diverses.

Fol. 2. Table du cartulaire de Laon. — Fol. 3. Note sur une charte de Louis VI de 1129. — Fol. 9. Copie d'une lettre relative à un projet d'histoire du Laonnais (3 juillet 1779). — Fol. 12. Cartulaire de la ville de Laon, comprenant 41 pièces de 1129 à 1481. — Fol. 122. Observations sur les chartes de l'abbaye de Coulombs. — Fol. 124. Chartes pour l'abbaye de Coulombs, de Louis VI (1133), de Louis VII (1160), de Philippe III (1281), du dauphin Charles (1358). — Fol. 132. Diplôme de Louis VII pour l'église de Mende (1161). — Fol. 133. Diplôme de Philippe-Auguste pour la ville de Péronne (1191). — Fol. 134. Diplôme du même roi pour St-Denis-de-la-Châtre (1204). — Fol. 135. Charte de Louis, fils de Philippe-Auguste, pour l'église d'Auxy (mars 1219). — Fol. 136. Confirmation par Philippe le Bel, en février 1290, du diplôme de Chilpéric pour l'église de Tournay (K. Pertz, *Dipl.*, Spur. n° 14). — Fol. 138. Charte de Louis X pour Louis d'Évreux (1315). — Fol. 139. Extraits de divers actes de Charles VI. — Fol. 142. Chartes de Philippe le Bel concernant le droit de *gabalum* de l'église de Cambrai (juin et juillet 1301). — Fol. 145. Lettre de Charles IV pour Jean d'Aguindiau. — Fol. 147. Actes concernant les privilèges de la ville de Brive (1357-1588). — Fol. 177. Union des bailliages de Brive et d'Uzerche à la sénéchaussée de Limoges (7 juin 1373). — Fol. 181. Ordonnance de Henri VI concernant les aides et gabelles de France (25 oct. 1424). — Fol. 181. Mandement de Charles VII aux habitants de Narbonne, leur défendant de recevoir le Dauphin et ses partisans (24 février 1439). — Fol. 183. Pièces extraites des registres 177 et 178 du Trésor des chartes, se rapportant au règne de Charles VII (1445-1446).

192 feuillets.

45

Documents sur l'histoire des monnaies.

Fol. 3. Ordonnance de Louis IX sur le fait des monnaies [1229]. — Fol. 5. Deux extraits du Trésor des chartes relatifs à l'établissement d'un monnayeur à Saint-Lô (31 mars 1450). — Fol. 7. Planches gravées de monnaies épiscopales et seigneuriales. — Fol. 52. Copie du « Livre des monoyes », ms. Cotton, Tiberius D. II, avec monnaies figurées (xive-xvie siècle). — Fol. 98. Monnaies des barons et prélats de France, copie du ms. Harley 4468. — Fol. 108. Mémoire sur les contrefaçons de la monnaie anglaise, au temps d'un roi Edouard, extrait des archives de la Tour de Londres.

112 feuillets.

46

Chartes pour l'histoire des rois de France (800-1474).

Fol. 2. « Collection de chartes pour l'histoire de la seconde race » ; copies de diplômes et de chartes de 800 à 933. — Fol. 155. Note sur les titres des rois de France. — Fol. 156. Note de Zurlauben sur la famille d'Etichon, duc d'Alsace — Fol. 158. Extrait du ms. LXXIII de la cathédrale de Cambrai. — Fol. 160. *Chronicon Maceriense*. — Fol. 162. « Collection de chartes pour l'histoire de la troisième race »; copies de documents de 987 à 1175 et de 1237 à 1474.

266 feuillets.

47

Mélanges historiques et littéraires. — Notices de divers manuscrits.

Fol. 3. Notes sur les *Mémoires de M. de Bordeaux* (Paris, 1758; 4 vol. in-12). — Fol. 14. Observations sur le premier volume de l'*Histoire de Bordeaux* de Dom Devienne (Bordeaux, 1771; in-4°). — Fol. 20. Extraits concernant l'histoire de Cambrai. — Fol. 27. Remarques sur les *Annales d'Aquitaine* de Jean Bouchet. — Fol. 34. Notes concernant les Templiers. — Fol. 38. Projet de cours d'études à l'usage de l'École militaire. — Fol. 59. Table de pièces pour un traité de la Police. — Fol. 64. Liste des abbés de Coulombs. — Fol. 67. Observations sur l'*Emprunt et l'impôt*, de M. de Saussure (1779). — Fol. 69. Observations sur la critique de l'édition de Joinville de 1761, par le P. Griffet. — Fol. 70. Remarques sur les mémoires envoyés au concours de l'Académie en 1780. — Fol. 75. Notes sur la féodalité. — Fol. 83. Notices sur les mss. de l'abbé de Soulavie. — Fol. 83. Notice d'un cartulaire de Saint-Euverte d'Orléans. — Fol. 103. Textes concernant les États de 1614. — Fol. 106. Observations sur un passage de Jean Le Bel. — Fol. 112. Notices de divers mss. de la Bibliothèque du roi. — Fol. 118. Table d'un cartulaire de Laon appartenant à M. de Beaucousin. — Fol. 121. Table d'un cartulaire de Dijon, au même possesseur. — Fol. 128. Notice de deux mss. de Froissart. — Fol. 137. Ms. de Suidas du collège de Clermont. — Fol. 146. Notice de Foncemagne sur trois mss. du collège de Navarre. — Fol. 152. Notice sur le ms. de Frédégaire. — Fol. 179. Notes sur des mss. de l'abbé de Longuerue. — Fol. 213. Notice d'un cartulaire de l'église de Châlons. — Fol. 218. Notices de divers registres et cartulaires de la Bibliothèque du roi. — Fol. 259. Analyse d'un mémoire sur la Table des Ordonnances. — Fol. 266. Notice du ms. 755 de la collection Dupuy, contenant des actes du XIIIe au XVIe siècle. — Fol. 269. Notice du ms. 393 de Saint-Victor contenant un *Ars dictaminis*. — Fol. 279. Extrait d'un ms. de la bibliothèque de M. de Chenevières, concernant les évènements de 1652-1653. — Fol. 283. Dépouillement du ms. 9692 de la Bibliothèque du Roi, contenant des documents relatifs à l'histoire des

XIVe et XVe siècles (ms. fr. 2920). — Fol. 288. Note de Sainte-Palaye sur le ms. de Froissart de la bibliothèque de Breslau.

293 feuillets.

48

Notes sur divers sujets de littérature et d'histoire.

Fol. 4. Lettres de Joly de Fleury concernant les pièces du procès du cardinal de Bouillon (1708), et lettres d'abolition en faveur de sa mémoire. — Fol. 27. Observations sur les tragédies de M. de Rochefort. — Fol. 38. Note sur le *Glossaire* de Sainte-Palaye. — Fol. 54. Lettre de Bréquigny au citoyen Delalande sur un ms. anglo-saxon (15 frimaire an II). — Fol. 62. Notes sur quelques livres rares. — Fol. 70. Observations sur divers ouvrages imprimés. — Fol. 147. « Ouvrages commencés et abandonnés » (Histoire de Venise, Étude de la grammaire chez les Romains, Histoire des femmes, traductions diverses, etc.).

208 feuillets.

49

Mélanges historiques et littéraires.

Fol 3. Renseignements fournis par Bréquigny à divers correspondants. — Fol. 22. Vie de Dion Chrysostome, en grec, extraite d'un ms. de la Laurentienne (plut. LVIII, n° 22). — Fol. 25. Du titre de *sire* donné au roi. — Fol. 30. Prospectus de la nouvelle édition des *Capitulaires* de Baluze, par P. de Chiniac, 1761 (impr. in-8°). — Fol. 61. Note sur l'histoire de l'Islande. — Fol. 70. Notes de Bréquigny sur les auteurs de sa bibliothèque, classés par ordre alphabétique. — Fol. 142. Notes sur divers ouvrages imprimés.

176 feuillets.

50

Notes pour la *Bibliothèque françoise* de La Croix du Maine et du Verdier. — Mélanges historiques.

Fol. 3. Notices sur divers auteurs envoyées à Rigoley de Juvigny, pour son édition de la *Bibliothèque françoise* de La Croix du Maine et Du Verdier. — Fol. 32. Prospectus de M. Gaillard pour ladite *Bibliothèque*. — Fol. 37. « Particularitez de la vie des auteurs françois qui ont écrit des lettres », par ordre alphabétique de noms. — Fol. 40. Notice sur l'*Historia tripertita* et le ms. 143 de Saint-Martin de Tours. — Fol. 65. Notes relatives à la langue péruvienne. — Fol. 77. Brouillons de lettres de Bréquigny. — Fol. 83. Sur le *De statu imperii germanici*, de S. Pufendorf (Berlin, 1706; in-8°). — Fol. 90. Remarques sur le cosmographe Ethicus. — Fol. 93. Additions de J.-B. Mencke au catalogue des historiens de M. Lenglet. — Fol. 102. Note sur l'auteur d'*Amadis de Gaule*, et extraits relatifs à ses traducteurs. — Fol. 158. Notice sur une copie d'un registre du Parlement de Paris (1428-1435) transporté à Londres. — Fol. 159. Extraits des catalogues des mss. de M. de Fontette.

170 feuillets.

51

Discours et lettres sur l'histoire de France.

Fol. 4. Sur le gouvernement de la première race. — Fol. 16. Sur la monarchie patrimoniale de la seconde race. — Fol. 32. « Que la couronne de France a continué d'être patrimoniale sous la troisième race, mais est devenue inaliénable » (mises au net et brouillons). — Fol. 86. Lettres sur le gouvernement de la France, écrites par Bréquigny en 1757. — Fol. 166. Note de l'abbé de Saint-Cyr sur les lettres précédentes.

167 feuillets.

52

Histoire des Mérovingiens.

Fol. 2. Observations sur l'histoire des rois de la première race. — Fol. 19. Dissertation sur l'assassinat de Chilpéric Ier, roi de Soissons. — Fol. 37. Lettre à M. de Nicolay sur le prétendu sacre de Clovis. — Fol. 47. Traduction des 37 premiers titres de la Loi Salique. — Fol. 63. Extraits d'Adrien de Valois, etc., relatifs aux Mérovingiens. — Fol. 65. Vies de reines mérovingiennes. — Fol. 141. Vie de l'impératrice Judith.

155 feuillets.

53

Mélanges sur l'histoire de France.

Fol. 3. Mémoire sur Hugues Capet. — Fol. 14. Notes sur Louis VII. — Fol. 20 *bis*. « Minutes et extraits sur les dissertations de Gibert », concernant l'histoire des Gaulois. — Fol. 34. Sur le mot « communes ». — Fol. 36. Recherches sur les pairs de France. — Fol. 61. Mémoire sur les apanages. — Fol. 111. Analyse d'un recueil ms. du marquis d'Argenson sur le même sujet. — Fol. 128. Actes relatifs aux apanages (XIIIe et XIVe siècles), extraits des registres du Trésor des chartes et de la Chambre des comptes. — Fol. 173. Lettres à M. Lambert sur le domaine royal. — Fol. 183. « Mémoire sur le domaine du Roi, les avantages qu'il est possible d'en retirer et les moyens pour y parvenir. »

188 feuillets.

54

Documents extraits des registres R et Q de la Cour des monnaies. — Pièces concernant la noblesse.

Fol. 3. « C'est le prix que l'on a donné en or et en argent au marc et la vallue des monnoies du royaume », de 1306 à 1574. — Fol. 26. « Ci s'ensievent les prix que l'en a donné au marc d'argent de Paris et les monnoies blanches et noires faictes ou Royaume de France », de 1296 à 1389. — Fol. 52. Monnaies des barons. — Fol. 66. Listes de comtes et de seigneurs, d'après un travail ms. de Dom Clément. — Fol. 91. Projet pour la conservation des titres de la noblesse et l'établissement d'un conseil héraldique (1784-1787). — Fol. 108. Note sur le grand-prévôt de l'hôtel. — Fol. 113. Notice sur le grand-louvetier. — Fol. 116. Droits de la France sur le Brabant.

123 feuillets.

55

Notes et pièces relatives à l'histoire de différentes villes ou provinces.

Fol. 3. Agenais et Guyenne. — Fol. 11. Avignon et Comtat-Venaissin. — Fol. 25. Beaumont-sur-Oise. — Fol. 27. Besançon. — Fol. 30. Bourgogne. — Fol. 40. Cherbourg. — Fol. 50. Flandre (travaux du Courchetet d'Esnans). — Fol. 58. Foix (Extrait de la vie ms. de Gaston de Foix par Guillaume Le Seur, et notice sur celui-ci). — Fol. 79. Jonquières près Compiègne. — Fol. 83. Longueville (estimation du duché en 1536). — Fol. 103. Lorraine et Barrois. — Fol. 108. Lorris. — Fol. 112. Le Mans (instruction aux officiers de la sénéchaussée, du XVIIIe siècle). — Fol. 118. Milhau. — Fol. 124. Montivilliers. — Fol. 133. Nantes. — Fol. 139. Navarre (pièces concernant le différend entre Philippe VI et le roi de Navarre au sujet de Nègrepelisse, et actes relatifs à la maison d'Évreux). — Fol. 173. Normandie (mémoire sur l'établissement des Normands, note sur les rôles normands de Londres). — Fol. 197. Paris (notes sur les principales familles, par ordre alphabétique). — Fol. 284. Périgueux. — Fol. 287. Poitou (armoiries de la province). — Fol. 289. Ponthieu. — Fol. 29. Quercy. — Fol. 294. Rouergue. — Fol. 295. Saluces. — Fol. 301. Vendômois.

313 feuillets.

56

Mélanges historiques et économiques. — Mémoires sur les États généraux.

Fol. 3. Mémoire pour M. Godefroy, garde des archives de la Chambre des comptes du roi à Lille. — Fol. 5. Lettre de Charles V au pape Urbain V, du 16 nov. [1369] (Delisle, *Mandements*, p. 298). — Fol. 7. Lettre du comte de Saarebruck à la duchesse de Bar, relative aux mêmes évènements (20 août). — Fol. 9. Note de Godefroy sur les deux lettres précédentes. — Fol. 13. Liste des grands officiers, d'après l'*Histoire généalogique de la maison de France*. — Fol. 15. Notes sur l'enregistrement des Ordonnances. — Fol. 23. Réflexions sur la liberté du commerce des grains. — Fol. 28. Projet d'une monnaie de papier. — Fol. 34. Projet de contribution patriotique volontaire. — Fol. 38. Projet de rachat des rentes dues aux églises. — Fol. 41. Mémoire sur l'établissement d'un Mont-de-Piété en faveur de l'Hôtel-de-Ville de Paris, et au profit des Enfants-Trouvés. — Fol. 58. Note sur une lettre de Jeanne d'Arc au duc de Bourgogne. — Fol. 64. Extrait d'un mémoire ms. sur la noblesse d'Irlande. — Fol. 73. Notes sur les familles de Beaune et Briçonnet, extraites des titres de la terre de La Carte en Touraine. — Fol. 78. Remarques sur la *Franco-Gallia* d'Hotmann. — Fol. 83. Mémoires historiques sur les États généraux et notes sur le même sujet. — Fol. 290. Note de la main de Dom Poirier sur les droits des princes du sang aux États généraux.

298 feuillets.

57

Mélanges bibliographiques et notes diverses.

Fol. 8. Notes sur une traduction de Tertullien. — Fol. 28. Exercices sur le texte hébreu de la Genèse. — Fol. 38. Notes se rapportant aux divers travaux dont fut chargé Bréquigny (*Ordonnances*, etc.). — Fol. 82. Lettre à M. Lefranc, avocat à la Cour des aides de Montauban, sur le *Newtonianismo* d'Algarotti (12 octobre 1738). — Fol. 86. « Considérations sur la science qui enseigne les intérêts des princes. » — Fol. 96. « Lettres sur la Robe », copiées sur un ms. de M. L. E. D. N. N. (1740). — Fol. 114. Projet d'une compagnie pour le commerce avec la Perse (1781). — Fol. 120. Notes prises par Mlle Lambrat aux conférences de l'abbé Duguet, et communiquées à Bréquigny en 1755. — Fol. 170. Traité d'Altranstadt entre les rois de Saxe, de Suède et de Pologne (24 septembre 1706), texte allemand et version française (imprimé, in-4o). — Fol. 188. Recettes diverses. — Fol. 204. Mémoire sur l'état actuel [1744] de la Compagnie des Indes.

208 feuillets.

58.

Évêchés de Madère et d'Extrême-Orient.

Fol. 3. Notes relatives aux érections des évêchés de Funchal (Madère), Goa, Malacca et Cochin. — Fol. 19. Bulle de Léon X pur l'érection de l'évêché de Funchal (12 juin 1515). — Fol. 22. Bulle de Paul III pour l'érection de l'évêché de Goa (5 déc. 1534). — Fol. 30. Bulle de Benoît XIII érigeant Pékin en évêché (22 février 1724). — Fol. 36. Bulle de Clément X nommant Antonio Paez Godinho à l'évêché de Nankin (11 février (1717). — Fol. 41. Bulle du même pape nommant Emmanuel de Jesu-Maria audit évêché (12 février 1720). — Fol. 46. Bulle de Jules III transformant en évêché l'archevêché de Funchal (3 juillet 1551). — Fol. 49. Bulle de Paul IV, érigeant en archevêché l'évêché de Goa (4 février 1557). — Fol. 52. Bulle de Paul IV pour l'érection de l'évêché de Malacca (4 février 1557). — Fol. 56. Bulle du même pape pour l'érection de l'évêché de Cochin (4 février 1557). — Toutes ces pièces, d'après une note de Bréquigny, se rapportent à un projet d'érection d'un évêché à Pékin.

59 feuillets.

59

Mélanges historiques et littéraires.

Fol. 2. Fragments de lettres et de notes. — Fol. 18. Pièces de vers diverses (fables et pièces fugitives). — Fol. 64. Lettre de [François de Beauvilliers], duc de Saint-Aignan, au roi, sur son mariage avec Mlle de Rancé (15 mars 1681). — Fol. 66. Mémoire touchant les prétentions de l'abbesse de Montivillers au *Te Deum* et à la cloche de la retraite (1678). — Fol. 74. Lettre de Henri IV, roi de Navarre, au baron de Noe (s. d. [mars 1580]). — Fol. 76. Bref de Clément IX pour le maréchal de Bellefond, à l'occasion du projet d'expédition à Candie. — Fol. 77. Condamnation prononcée contre un pourceau coupable du meurtre d'un enfant (4 juin 1494). — Fol. 81. Provision du bénéfice de l'église de Souvigny-sous-Châteaux, au diocèse de Tours, en faveur de Nicolas Chassevent. — Fol. 82. Transaction entre Suzanne de la Carte et le chapitre de Saint-Martin de Tours (juin 1233). — Fol. 84. Réparation d'un puits salin en 1487. — Fol. 86. Note sur la population de la Russie. — Fol. 88. Lettre, en italien, sur le recueil des *Lettres des papes* de D. Coustant. — Fol. 90. Lettre du général des Augustins relative à l'autorité de saint Thomas (1779). — Note sur la famille Desmaretz, du pays de Caux (1717). — Fol. 94. Lettre du marquis de Chaumont à l'évêque de Rochester sur la rime (28 novembre 1729). — Fol. 98. Lettre en latin du dit évêque au marquis sur le même sujet. — Fol. 100. Notes en anglais relatives à Théodore, roi de Corse, et au pape Benoît XIV. — Fol. 102. Discours divers. — Fol. 113. Arrêt du Conseil d'État portant établissement à Paris d'un dépôt général des matricules des notaires (21 juin 1742; imprimé, in-4°). — Fol. 115. Lettre de candidature de l'architecte Patte à l'Académie des Inscriptions. — Fol. 117. Lettre de Mme Martin proposant la fondation d'un prix à l'Académie française, pour le meilleur discours sur les débiteurs insolvables (8 juin 1789). — Fol. 121. Requête en faveur du sieur Brulé, garde de la bibliothèque de Saint-Germain-des-Prés. — Fol. 124 et 125. Billets du lieutenant Duchamp à Bréquigny (1761 et 1762). — Fol. 127. Lettre à M. Le Franc de Pompignan au sujet de l'élection de Sainte-Palaye à l'Académie Française (imprimé, in-4°). — Fol. 129. Épitaphe du duc de Culloden (placard imprimé). — Fol. 130. Liste des joyaux de la Tour de Londres (imprimé, in-4°). — Fol. 131. Arrêt du Conseil d'État concernant les porteurs anglais de papiers du Canada (9 mai 1766, imprimé, in-4°). — Fol. 135. Vers du Sr Descazeaux sur le retour du duc de Brunswick à Londres en 1765 (placard imprimé). — Fol. 136. Billet gravé pour assister au procès de lord W. Byron. — Fol. 137. Prospectus d'un ouvrage d'Eusèbe Voet sur les coléoptères (imprimé, in-4°). — Fol. 139. Fragment d'une notice imprimée sur le Testament politique de Richelieu (in-8°). — Fol. 141. Monnaies romaines gravées. — Fol. 143. Fragment d'inscription. — Fol. 142. Fragment d'une *Philosophie de Newton* (imprimé, in-8°).

146 feuillets.

60

Histoire légendaire de Charlemagne. — Traduction d'Hérodote.

Fol. 1ter. Copie de *Philomena* (ms. français 2232). — Fol. 136.

Notice sur le Pseudo-Turpin. — Fol. 143. Traduction du premier livre des *Histoires* d'Hérodote.

211 feuillets.

61

Mélanges d'histoire littéraire et d'histoire ancienne.

Fol. 2. Notices des mss. de Froissart de la Bibliothèque du roi. — Fol. 11. Dissertation de Falconnet sur les premiers traducteurs français et sur le projet d'une Bibliothèque d'anciens auteurs français. — Fol. 34. Lettre de Maurepas à Falconnet au sujet de la dissertation précédente (21 mai 1736). — Fol. 37. Remarques sur la population des divers états d'Europe. — Fol. 45. « Description du pays des Braques, ou catalogue des dames amoureuses de la Cour de France », satire contre un certain nombre de dames. — Fol. 57. Notes sur Jeanne d'Arc. — Fol. 66. Préface du traducteur anglais des *Considérations sur les mœurs*, de Duclos. — Fol. 70. « Observations pour rendre nos conversations plus utiles. » — Fol. 75. « Mémoires pour l'histoire des sciences et des beaux-arts. » — Fol. 108. Dissertation latine sur divers systèmes de comput de l'antiquité. — Fol. 138. Chronologie des gouverneurs de Syrie. — Fol. 142 et 148. Deux lettres anonymes au président de Mazaugues, sur le grand pontificat chez les Romains (1733). — Fol. 148. Lettre sur Palamède de Forbin (10 mars 1733). — Fol. 149. Correspondance entre Valbonnais, le président Bouhier et Bimard de la Bastie au sujet d'une inscription romaine d'Albigny et de l'empereur Albinus (1729). — Fol. 174. Dissertation latine sur la légion romaine. — Fol. 208. Dissertation latine sur les dieux gaulois inconnus. — Fol. 208. Notice sur les rois de Bithynie. — Fol. 237. Note sur une médaille de la reine Musa. — Fol. 243. Remarques sur l'écriture boustrophedon. — Fol. 250. Notice sur une inscription grecque de Bérénice en Égypte. — Fol. 255. Note sur une inscription grecque de Tripoli. — Fol. 258. Dissertations latines sur les origines de Grenoble et les antiquités du pays des Allobroges.

305 feuillets.

62

Rapports de Bréquigny avec l'Académie des Inscriptions et principalement avec La Curne de Sainte-Palaye.

Fol. 3. Notice sur les fiches de Falconnet. — Fol. 8. Notes relatives à l'administration de la Bibliothèque du roi. — Fol. 14. Mémoire sur les notaires. — Fol. 30. Notes de Bréquigny sur les sujets de prix proposés par l'Académie, et sur les mémoires envoyés au concours. — Fol. 54. Sur la rareté et le prix des monnaies impériales romaines. — Fol. 178. Notice sur M. Boindin, de l'Académie des Inscriptions, par lui-même. — Fol. 87. Mémoire de Buache sur la Table de Peutinger. — Fol. 92. Lettre écrite de Quito par M. Bouguer, compagnon de La Condamine (10 février 1757). — Fol. 97. Notes sur le siège de Gênes (1747), communiquées à Bréquigny par le comte de Kercado. — Fol. 104. Note sur les travaux de Buache. — Fol. 108. « Traité de l'infini créé. » — Fol. 143. Pouillé du diocèse de Metz. — Fol. 162. Lettres de l'abbé Lebeuf à Sainte-Palaye, de 1724 à 1734 (*originaux*). — Fol. 192. Mémoires pour l'établissement d'une Académie à Nancy (1750). — Fol. 203. Plan de travaux pour l'Académie des Inscriptions. — Fol. 205. Note sur la continuation du *Glossaire* de Sainte-Palaye. — Fol. 207. Lettre du chancelier d'Aguesseau à Sainte-Palaye, sur le projet d'acquisition des mss. d'un couvent de Sicile (7 août 1749). — Fol. 209. Mémoire à d'Aguesseau sur le même sujet. — Fol. 211. Projet d'études sur l'histoire de France. — Fol. 213. Notes sur Sainte-Palaye et ses travaux. — Fol. 229. Testament de Sainte-Palaye (1er mars 1780). — Fol. 234. Catalogue de la bibliothèque de Sainte-Palaye, et projet d'acquisition par le roi de ladite bibliothèque.

258 feuillets.

63

Articles de Bréquigny dans le *Journal des Savants*. — Mémoires sur les fiefs du Dauphiné.

Fol. 3. Manuscrits des articles de Bréquigny, avec quelques lettres et notes se rapportant à ces articles. — Fol. 175. Mémoires sur les matières féodales en Dauphiné, fournis par M. de Bréquigny dans l'affaire de la comtesse de Lorraine. — Fol. 234. Note de mémoires demandés à M. de Bréquigny sur différents sujets.

236 feuillets.

64

Mémoires de Bréquigny sur les affaires de Parme (1763-1765).

« Mémoire au sujet des prétentions du duc de Parme, Plaisance et Guastalle, sur Sabionette et Bozzolo, en qualité de duc de Guastalle. » — Copie envoyée à M. d'Argental, accompagnée de brouillons et de notes diverses se rapportant à l'histoire des duchés de Parme et de Plaisance.

121 feuillets.

65

Papiers divers de Bréquigny. — Notes relatives aux anciens poètes de la France.

Fol. 3. Bulletins pour faire la table des cartons de Bréquigny. — Fol. 21. Notes sur la distribution des exemplaires des *Ordonnances*, les livres prêtés, etc. — Fol. 36. Lettres adressées à Bréquigny par R[ené de Paulmy] au sujet des *Mélanges* de ce dernier, et notes de Bréquigny sur cet ouvrage (1783). — Fol. 118. Liste des vies de poètes provençaux indiquées dans les *Nouvelles littéraires* de Florence, de 1741. — Fol. 149. Lettres du président de Mazaugues à Sainte-Palaye, concernant l'envoi de la vie provençale de Saint-Honorat, un ms. de Bertrand Boisset et divers mss. de Florence (6 septembre-19 octobre 1742). — Fol. 159. Table de mss. de poésies provençales. — Fol. 165. Notes et lettres relatives à un ms. du marquis de la Clayette, contenant d'anciennes chansons françaises. (Cf. Collection Moreau, t. 1715-1719, et P. Meyer, dans *Notices et Extraits*, t. XXXIII, 1re partie, 1890, p. 3.) — Fol. 177. Photographie d'un feuillet de ce ms., aujourd'hui conservé dans l'abbaye de Saint-Paul en Carinthie. — Fol. 178. Courtes notices de mss. poétiques de la Bibliothèque du roi, de celle du Vatican, et d'un ms. du marquis Riccardi de Florence.

185 feuillets.

66

Correspondance de La Curne de Sainte-Palaye, etc.

Lettres adressées à La Curne de Sainte-Palaye par divers personnages, dont les noms suivent :

Fol. 3. Le roi Stanislas (19 avril 1720). — Fol. 3. Le même (25 mai 1726). — Fol. 5. Le même, sur le projet d'établissement d'une académie à Nancy (4 novembre 1750). — Fol. 10. M. Martin fils (30 avril 1740). — Fol. 11. Le président Bouhier (21 décembre 1741). — Fol. 12. Le même (30 janvier 1742). — Fol. 13. Le même (10 mars 1742). — Fol. 14. Le même (5 juin 1742). — Fol.15. Le même (27 juillet 1742). — Fol. 16. Le même (6 octobre 1742). — Fol. 17. Le même (2 novembre 1742). — Fol. 19. Le même (6 novembre 1742). — Fol. 22. Le même (9 mars 1743). — Fol. 23. Legauld (24 déc. 1745). — Fol. 25. M. P. d'Argenson (6 septembre 1742). — Fol. 26. Trublet (6 février 1742). — Fol. 28. Le président de Mazaugues (s. d.). — Fol. 29. Le même (le 4 mai 1742). — Fol. 31. Thomassin-Bargemond (20 mars 1743). — Fol.33. Note de Bréquigny sur des lettres adressées à Sainte-Palaye par M. de Choiseul, Secousse, etc., et non conservées. — Fol. 40. Lettres écrites à Sainte-Palaye par son frère, et datées de Wissembourg (30 mai-22 juin 1725), de Strasbourg (9 juillet 1725), de Blois (30 oct. 1725), Chambord (11 novembre 1725-3 janvier 1726).

Lettres adressées à Sainte-Palaye par divers personnages, dont les noms suivent :

Fol. 66. M. de Croisœuil (s. d.). — Fol. 69. Le même (6 octobre 1715). — Fol. 73. Le même (s. d.). — Fol. 75. Le même (s. d.). — Fol. 77. Le même, sur la mort de Louis XIV (s. d.). — Fol. 79. Le même (7 septembre 1715). — Fol. 81. Le même (s. d.). — Fol. 83. Le même (10 avril 1732). — Fol. 85. Le même (12 janvier 1748). — Fol. 87. Le même (6 décembre 1747). — Fol. 89. Martin Saint-Amand (13 janv. 1748). — Fol. 91. Secousse (20 août 1722). — Fol. 95. Le même (16 novembre 1722). — Fol. 100. Le même

(6 août 1723). — Fol. 103. Le P. Tournemine (9 avril s. d.). — Fol. 106. Schoepflin (28 mars 1775). — Fol. 108. Le même (3 août 1776). — Fol. 110. Trois lettres anonymes, datées de Blois et de Chambord (septembre, s. d.). — Fol. 115. Hardion (s. d.). — Fol. 116. De Merzck (9 septembre 1729). — Fol. 117. Le même (s. d.). — Fol. 121. Notes se rapportant à un voyage fait en Hollande par Sainte-Palaye en 1766. — Fol. 130. Récit de ce voyage. — Fol. 154. Voyage autour de Paris (août 1766). — Fol. 160. Ancien almanach sur bois (gravure). — Fol. 165. Notice sur les mss. du recueil de Thomas de Beckington sur le traité d'Arras (1435). — Fol. 166. Lettre des habitants du Puy à Louis VIII (septembre 1223). — Fol. 168. Accord entre la ville de Cambrai et Gautier de Mauny (10 avril 1358). — Fol. 170. Notice sur Sainte-Palaye, et remarques de Bréquigny sur son *Glossaire*, se rapportant aux lettres B et C.

195 feuillets.

67

Mémoire du comte de Broglie sur le traité de Versailles.

« Doutes et questions sur le traité de Versailles du 1er may 1756, entre le roy et l'impératrice, reine de Hongrie. »

127 pages et 2 feuillets préliminaires.

68

Séjour de La Curne de Sainte-Palaye à la cour du roi Stanislas. — Vie de Gautier de Mauny, etc.

Fol. 2. Note sur la famille de La Marthonie (Périgord), du XIIIe au XVIe siècle. — Fol. 3. Oraison funèbre de Raymond de La Marthonie, par Pierre Fayolles, curé d'Eguirac (s. d.). — Fol. 12. Lettres écrites par La Curne de Sainte-Palaye à son frère pendant son séjour à Strasbourg et à Wissembourg auprès du roi Stanislas (1725-1726) ; nouvelles relatives au mariage de Louis XV. — Fol. 54. Fragment de journal de la cour de Stanislas (août-décembre 1725). — Fol. 60. Deux lettres de Stanislas à Sainte-Palaye, relatives à l'Académie de Nancy (24 mai 1751 et 31 août 1744). — Fol. 64.

Discours du cardinal de Rohan à Marie Leckzinska lors de son mariage. — Fol. 72. Discours du duc d'Antin pour demander à Stanislas au nom de Louis XV, la main de sa fille. — Fol. 74. Règlement pour la maison du roi de Pologne. — Fol. 76. Cinq lettres de Sainte-Palaye à Bimard de la Bastie (4 décembre 1739-10 mars 1741). — Fol. 89. Note de Bréquigny relative aux Juifs. — Fol. 90. Notes sur quelques mots de la Vie de Marie de Médicis, par Mme d'Arconville. — Fol. 92. Notes et brouillons de la Vie de Gautier de Mauny.

207 feuillets.

69

Travaux pour le Recueil des *Ordonnances*.

Copies de pièces extraites principalement du Trésor des chartes, concernant l'histoire des années 1412-1414.

165 feuillets.

70

Travaux pour le recueil des *Ordonnances*.

Table, par ordre topographique, de pièces du Trésor des chartes.

298 feuillets.

71

Travaux pour le recueil des *Ordonnances*.

Fol. 2. Documents concernant la marine de Philippe de Valois, extraits du Registre *Croix* de la Chambre des comptes. — Fol. 27. Pièces relatives aux années 1415-1418, extraites principalement des Registres 168-170 du Trésor des chartes et du *Registrum litterarum officiariorum ab anno 1416*.

184 feuillets.

72

Travaux pour le recueil des *Ordonnances*.

Pièces émanant de divers seigneurs laïques et ecclésiastiques (984-1447).

202 feuillets.

73

Travaux pour le recueil des *Ordonnances*.

Pièces relatives presque toutes à la Bourgogne (1601-1651).

157 feuillets.

74

Travaux pour le recueil des *Ordonnances*.

Fol. 2. Pièces relatives presque toutes à la Bourgogne (165-1727). — Fol. 164. Pièces relatives à la Normandie (1568-1586). — Fol. 172. Catalogue de titres concernant l'histoire des années 1412-1417. — Fol. 175. Anecdotes recueillies par Bréquigny sur divers personnages, Boileau, Sainte-Palaye, etc.

185 feuillets.

75

Extraits divers. — Recherches en Italie et en Angleterre.

Fol. 2. Extraits faits par Bréquigny de divers ouvrages imprimés; analyses d'articles de la *Bibliothèque françoise* et du *Journal des savants*. — Fol. 151. Remarques sur la *Table des Diplômes*, et réponse aux critiques de M. Houard. — Fol. 157. Mémoire sur les recherches à faire à Rome. — Fol. 171. Notes sur les mss. de M. Bertin, principalement sur ses copies de registres du Parlement et de la Chambre des comptes. — Fol. 195. Mémoires sur les recherches à faire à Londres; rapport de Bréquigny sur ses travaux en Angleterre et pièces diverses s'y rattachant.

243 feuillets.

76

Travaux de Bréquigny en Angleterre.

Notices de mss. et copies de pièces, parmi lesquelles on remarque les suivantes :

Fol. 5. Lois de Guillaume le Conquérant contenues dans le Livre rouge de l'Échiquier. — Fol. 9. Notice sur deux chartes de Richard II. — Fol. 11. Mandement de Henri V au trésorier et aux barons de l'Échiquier (Westminster, 5 juill. an 8 = 1420). — Fol. 12. Notice sur le cartulaire de Malmesbury. — Fol. 13. Cartulaire de Newstead. — Fol. 14. Cartulaire de Langedon. — Fol. 16. Rôles de l'Échiquier, office des Remembrances. — Fol. 20. Cartulaire de Notre-Dame de Warwick. — Fol. 23. Notice sur les Cinq ports d'Angleterre et les navires qu'ils doivent fournir au roi au temps d'Édouard I. — Fol. 26. Mandements divers adressés au trésorier de l'Échiquier par Henri V, Édouard III et Henri VI. — Fol. 34. Diplôme de Philippe-Auguste pour la Trinité de Cantorbéry (1180). — Fol. 37. Lettre de D. Heinsius à Symonds d'Ewes (14 mai 1642; copie). — Fol. 38. Lettre d'A. Duchesne au même (28 décembre 1639; copie), avec une généalogie de la maison de Bourbon. — Fol. 48. Lettres de W. Nicolson à Wanley (23 sept. 1699-18 juill. 1700; copies). — Fol. 54. Charte de Richard II pour l'abbaye de Saint-Valéry (7 août 1392). — Fol. 56. Notice de diverses chartes du British Museum. — Fol. 65. Lettre de Montfaucon à Wanley (7 juillet 1721). — Fol. 67. Cartulaire et chronique de Saint-Augustin de Cantorbéry. — Fol. 72. Notice de pièces relatives à l'histoire de France, copiées à Londres. — Fol. 77. Notes sur divers registres de l'Échiquier. — Fol. 99. Notes sur divers mss. des bibliothèques de Londres intéressant l'histoire de France. — Fol. 104. État des copies faites à Londres par Bréquigny. — Fol. 114. « Liste des titres sauvés de l'incendie de White-Hall qui se trouvent chez un particulier. » — Fol. 125. Notes historiques sur les rois de France de Louis VII à Louis IX, sur les papes, etc., d'après les mss. de la bibliothèque Cottonienne. — Fol. 148. Notes généalogiques et indication de recherches à faire à Londres sur diverses familles. — Fol. 205. Listes de pièces, relatives aux campagnes de 1688-1691, recherchées par M. de Choiseul. — Fol. 209. Recherches particulières diverses demandées à Bréquigny.

225 feuillets.

77

Notes relatives principalement aux recherches généalogiques à faire à Londres.

Fol. 3. Lettres et notes relatives aux recherches généalogiques que l'on demandait à Bréquigny de faire à Londres. — Fol. 11. Lettre au frère Menoult, pièce attribuée à Voltaire. — Fol. 13. « Instruction pastorale de l'humble évêque d'Aletopolis à l'occasion de l'Instruction pastorale de Jean Georges, humble évêque du Puy. » — Fol. 17. « Lettre de M. Clapierre à M. Eraton, sur la question si les Juifs ont mangé de la chair humaine et comment ils l'apprêtèrent », attribuée à Voltaire. — Fol. 19. Pamphlet en forme de récit de vision. — Fol. 21. Mémoire de La Porte du Theil sur les moyens de continuer la publication des *Chartes et diplômes*. — Fol. 23. Notes sur divers mss. de l'Échiquier. — Fol. 31. Mémoire sur Othon de Brunswick. — Fol. 41. Notes pour les *Ordonnances*.

Mémoires généalogiques sur diverses familles dont les noms suivent :

Fol. 45. D'Aurelle. — Fol. 67. Cocherel. — Fol. 74. De la Briffe. — Fol. 87. De Mesgrigny. — Fol. 95. De Dompierre. — Fol. 99. De Brossard. — Fol. 114. Comte d'Aspremont. — Fol. 116. Oryot. — Fol. 128. De Malvoisin. — Fol. 132. Le Paulmier. — Fol. 133. De Durfort-Basiège. — Fol. 147. De la Villette. — — Fol. 149. De Batz. — Fol. 189. Feudrix. — Fol. 191. De Brusse. — Fol. 202. Fragment mystique écrit par une femme.

208 feuillets.

78

Rapports de Bréquigny sur ses recherches à Londres et Mémoires présentés à l'Académie des Inscriptions.

314 feuillets.

79

Mémoires présentés par Bréquigny à l'Académie des Inscriptions.

On y remarque (fol. 304 et 305) le calque des souscriptions du décret d'union de l'Église grecque et de l'Église latine à Florence (1439) conservé aux archives du château Saint-Ange.

308 feuillets.

80

Mémoires présentés par Bréquigny à l'Académie des Inscriptions.

Ces mémoires sont suivis (fol. 187) d'une lettre d'Anisson-Duperron sur l'interruption des publications de l'Institut (4 janvier 1791). — Fol. 193. Mémoire sur la découverte de la reproduction des polypes d'eau douce, envoyé à l'Académie de Rouen. — Fol. 196. Mémoire sur un projet de rendre le blé vivace, pour la même Académie. — Fol. 202. Mémoire sur l'usage de brûler les morts chez les Romains. — Fol. 216. Lettre de Bréquigny à M. de Sainte-Croix sur les Vêpres siciliennes (1780).

222 feuillets.

81

Prolégomènes diplomatiques et historiques, placés en tête du recueil des *Chartes mérovingiennes*.

294 feuillets.

82

Copies de pièces pour le recueil des *Chartes et diplômes* (500-743).

161 feuillets.

83

Mémoires de Bréquigny sur l'histoire de Calais sous la domination anglaise.

200 feuillets.

84

Notices sur les diaires de divers papes, d'après les manuscrits de la Bibliothèque du roi.

Fol. 3. *Diarium* de Burchard. — Fol. 90. Paris de Grassis. — Fol. 183. Jean-François Firmano. — Fol. 199. Corneille Firmano. — Fol. 214. Jean-Paul Mucante.

170 feuillets.

85

Notices sur divers écrivains du moyen-âge et de la Renaissance, d'après les manuscrits de la Bibliothèque du roi.

Fol. 3. Bernard Itier. — Fol. 53. Gilles li Muisis. — Fol. 90. Chronique de Saint-Brieuc. — Fol. 114. Aimeri de Peyrat. — Fol. 154. Idace et Frédégaire. — Fol. 173. Bernard Gui. — Fol. 217. Jacques Gohory. — Fol. 246. Robert Blondel. — Fol. 264. Guilhem de Puylaurens. — Fol. 288. Notice sur les *Rabelaesiana* d'Antoine le Roi (cf. ms. lat. 8704).

311 feuillets.

86

Mémoires divers.

Fol. 2. Notice sur le ms. de Suidas de la Bibliothèque du collège de Clermont (suppl. grec 96). — Fol. 41. Roman de Rou de la Bibliothèque du Roi. — Fol. 106. Mémoire sur les négociations touchant le projet de mariage entre la reine Elisabeth d'Angleterre et les ducs d'Anjou et d'Alençon (*Mém. de l'Acad. des Inscr.*, t. IV, p. 689). — Fol. 189. Recherches sur les régences en France, jusqu'au XVIe siècle (*ibid.*, p. 520). — Fol. 218. Lettre au baron de Sainte-Croix sur les Vêpres siciliennes (cf. n° 80).

225 feuillets.

87-92

Dépouillement de la Collection de Brienne (mss. nouv. acq. franç., 6972-7328).

I (87).	Collection de Brienne,	t. 1 à 80.	—	300 feuillets.
II (88).	— —	t. 81 à 126.	—	301-600 feuillets.
III (89).	— —	t. 126 à 199.	—	601-837 feuillets.
IV (90).	— —	t. 209 à 238.	—	300 feuillets.
V (91).	— —	t. 238 à 264.	—	301-600 feuillets.
VI (92).	— —	t. 265 à 340.	—	601-867 feuillets.

93

Recherches de Bréquigny en Angleterre.

Notes et extraits se rapportant aux sujets suivants :

Fol. 2. Histoire de Normandie. — Fol. 105. Comté d'Armagnac. — Fol. 149. Périgord. — Fol. 159. Règne de saint Louis. — Fol. 173. Combat dit de Brenneville. — Fol. 175. État de pièces trouvées en Angleterre. — Fol. 177. Ducs de Bretagne. — Fol. 187. « Discourse of the laws of France and observations upon the state of that Kingdom a° 1609, by sir Thomas Overbury. » — Fol. 193. Liste des seigneurs ayant assisté à l'accord de Calais, entre les rois de France et d'Angleterre [1347]. — Fol. 195. Notes sur divers mss. de la bibliothèque Cottonienne. — Fol. 199. Notice sur deux morceaux en langue saxonne (charte du roi Édouard, 1059).

204 feuillets.

94

Histoire des Califes jusqu'à la fin du VIIIe siècle de l'ère chrétienne.

Minute.

209 feuillets.

95

Histoire de Mahomet.

Minute. — A la suite se trouvent quelques certificats et diplômes, avec sceaux, relatifs aux études de droit de Sainte-Palaye.

116 feuillets.

96

Travaux de Bréquigny en Angleterre.

Extraits et notices se rapportant aux recueils de documents qui suivent :

Fol. 4. Mss. divers de la bibliothèque Cottonienne. — Fol. 18. Mss. Harléiens. — Fol. 27. Mémoriaux de l'Échiquier. — Fol. 33. Rôles gascons et normands. — Fol. 35. Chartes du Musée Britannique. — Fol. 39. Ms. Cotton, Caligula, D. V. — Fol. 42. Notice et extraits du ms. Cotton, Caligula, D. VI (lettres de la fin du XVe siècle). — Fol. 81. Mss. Caligula, D. VII et VIII (lettres originales concernant les rapports entre la France et l'Angleterre, de 1518 à 1524). — Fol. Tables de pièces concernant la France, contenues dans divers mss. de la bibliothèque Cottonienne. — Fol. 186. Inscriptions d'Angleterre, d'après un mss. de la même bibliothèque.

187 feuillets.

97

Travaux de Bréquigny en Angleterre.

Notices de différents mss. de la bibliothèque Cottonienne : Fol. 11. Nero, D. VI. Pièces relatives au traité de Calais (1360). — Fol. 19. Tiberius, D. II. Monnaies. — Fol. 38. Titus, A. III. Alliance de la France et de la Castille (XIVe-XVe siècle). — Fol. 57. Titus, A. XVII. Entrée de Claude de France à Paris (10 mai 1517). — Fol. 85. Vespasien, A. VI. Ménestrel d'Alphonse. — Fol. 98. Vitellius, B. VIII. Lettres touchant les affaires d'Italie (1526). — Fol. 135. Additions et corrections au catalogue de la bibliothèque Cottonienne.

152 feuillets.

98

Travaux de Bréquigny en Angleterre.

Minutes de notices de mss. de la bibliothèque Harléienne, parmi lesquels on remarque les suivants :

Fol. 30. Ms. 957. Hugues de Saint-Victor. — Fol. 43 et 63. Ms. 1515. Rapports entre les princes allemands et la France (1674-1676). — Fol. 48. Ms. 1517. Pièces relatives au traité de Nimègue (1678). — Fol. 86. Ms. 4362. Registre de la Chambre des comptes de Paris (début du XVIe siècle). — Fol. 106. Ms. 4465. Pièces concernant la Lorraine (XVIIe s.). — Fol. 122. Notes sur divers registres de l'Échiquier. — Fol. 129. Suppléments mss. de Rymer conservés au Musée Britannique. — Fol. 175. Pièces de la Tour de Londres. — Fol. 203. Chartes du Musée Britannique. — Fol. 217. Cartes de Terre-Neuve conservées à la Bibliothèque Hans Sloane [au Musée Britannique]. — Fol. 223. Bibliothèque du palais de Lambeth à Londres.

227 feuillets.

99

Travaux de Bréquigny en Angleterre.

État de pièces concernant l'histoire de France copiées dans divers dépôts.

117 feuillets.

100

Travaux de Bréquigny en Angleterre.

« An abstract of remarkable things lying in the Paper Office. »

176 feuillets.

101

Travaux de Bréquigny en Angleterre.

Notices sur divers mss. de la bibliothèque Harléienne, concernant principalement les rapports de la France avec les pays étrangers.

94 feuillets.

102

Travaux de Bréquigny en Angleterre.

Notices de pièces du XIIIe au XVIIe siècle, relatives aux rapports de l'Angleterre avec les divers pays suivants :

Fol. 2. Empire. — Fol. 4. Aragon. — Fol. 6. Bourgogne. — Fol. 13. Bretagne. — Fol. 18. Espagne. — Fol. 20. Espagne et Bourgogne. — Fol. 32. France. — Fol. 54. Empire. — Fol. 56. Bourgogne et Gueldre. — Fol. 58. France. — Fol. 86. Bretagne.

88 feuillets.

103

Travaux de Bréquigny en Angleterre.

Notice de pièces copiées au Musée Britannique, à l'Échiquier, à la Tour de Londres.

118 feuillets.

104

Travaux de Bréquigny en Angleterre.

Liste des pièces copiées au Musée Britannique et à l'Échiquier.

272 feuillets.

105

Travaux de Bréquigny en Angleterre.

Notices de lettres (de 1235 à 1603, mais principalement du XVIe siècle) se rapportant à l'histoire de France, conservées dans divers dépôts de Londres.

112 feuillets.

106-144

Mémoires sur la Chine et les Chinois.

I (**106**). 1. Sur les abeilles, les différentes cires, etc., par le P. Cibot (imprimé dans les *Mémoires des msssionnaires de Pékin*, Paris, 1776-1814, 16 vol. in-4°, t. XIII, p. 377). — 2. Sur l'antiquité des Chinois, par le même (cf. *ibid.*, t. I). — 3. Notes sur le précédent mémoire.

21, 126 et 100 pages; papier de Chine; in-8° oblong.

II (**107**). L'antiquité des Chinois prouvée par les monuments, par le P. Amiot (cf. *Mémoires des missionnaires*, t. I).

193 feuillets; les feuillets 148-193 comprennent les planches en couleur papier de Chine.

III (**108**). Sur l'usage de la viande en Chine, par le P. Cibot (cf. *Mémoires des missionnaires*, t. XI).

134 pages; papier de Chine; in-4°.

IV (**109**). Parallèle entre les mœurs et usages des Chinois et ceux décrits dans le livre d'Esther, par le P. Cibot (cf. *Mémoires des missionnaires*, t. XIV, p. 309-516).

223 pages; papier de Chine, in-8° oblong.

V (**110**). Suite du Parallèle précédent (cf. *Mémoires des missionnaires*, t. XV).

193 pages; papier de Chine; in-8° oblong.

VI (**111**). Suite du Parallèle précédent.

188 pages; papier de Chine; in-8° oblong.

VII (**112**). Suite du Parallèle précédent, non imprimée dans les *Mémoires des misionnaires*.

130 pages; papier de Chine; in-8° oblong.

VIII (**113**). Mémoires divers sur la Chine (imprimés dans les *Mémoires des missionnaires*, t. VIII et IX).

364 feuillets.

IX (**114**). Mémoires divers sur la Chine (imprimés dans les *Mémoires des missionnaires*, t. XI).

243 feuillets.

115

Mélanges historiques et archéologiques.

Fol. 3. Lettres de Philippe le Hardi pour la commune de Montbard (12 août 1376). — Fol. 5. Quittances et compte concernant l'arrestation de Guillaume de Durfort, en 1348 (originaux). — Fol. 14. État de l'île de Ré (1650). — Fol. 18. Alphabet phénicien et inscriptions. — Fol. 21. Dessin d'une miniature d'un ms. de Froissart appartenant à M. Mahudel. — Fol. 28. Inscriptions du moyen-âge de Marseille, Florence et Rome. — Fol. 41. Lettres originales du duc d'Alençon au s[r] des Pruneaux (10 avril 1579-25 février 1584). — Fol. 51. Lettres originales d'Henri III relatives au même personnage (11 juillet 1584 et 31 juillet 1584). — Fol. 56. Mémoire sur un monument en or représentant un chien et sur l'Ordre du chien. — Fol. 59. Arrestation des seigneurs de Langeac et de Leudan pour avoir joûté contrairement aux ordonnances (1336). — Fol. 60. Lettre de Bouhier à Sainte-Palaye (4 mai 1741). — Fol. 62. Lettre de Trublet au même (23 juin 1741). — Fol. 64. Lettre de Houard au même (1er janvier 1768). — Fol. 67. Mémoires et lettres concernant la *Table des Ordonnances*. — Fol. 77. Inventaire sommaire des manuscrits, médailles, etc. du cabinet de Clairambault.

— Fol. 87. Instructions pour M. de Mondragon, allant servir comme volontaire dans l'armée de l'Empereur en Hongrie.

92 feuillets.

116

Notes sur divers manuscrits.

Fol. 4. Mss. français du baron de Stosch à Florence. — Fol. 9. Mss. français de Saint-Marc de Venise. — Fol. 16. Mss. divers de la reine de Suède au Vatican. — Fol. 39. Mss. divers appartenant à des particuliers (Vies de saints, en français ; chronique de Saint-Denis de l'abbé de Rothelin). — Fol. 44. Notes sur divers mss. du président Bouhier, etc. — Fol. 74. Mss. de Froissart. — Fol. 153. Extraits du *Durchlauchtige Welt* (Hambourg, 1711, in-12), relatifs aux princes de l'Europe.

190 feuillets.

117

Histoire de Pologne.

Extraits traduits du livre de Martin Cromer, *Polonia, sive de origine et rebus gestis Polonorum libri XXX* (Cologne, 1589, in-fol.).

163 feuillets.

118

Histoire de Pologne.

Fol. 2. Extraits traduits de Dlugossus, *Historiae Poloniae libri XII* (Leipzig, 1711-12, 2 vol. in-fol.).

187 feuillets.

119

Histoire de Pologne et pièces relatives au roi Stanislas.

Fol. 2. Extrait, concernant la géographie de la Pologne, de l'Histoire de Dlugossus. — Fol. 47. État des personnes composant la cour du roi Stanislas. — Fol. 48. Liste des rois de Pologne. —

Fol. 50. Alliances de la famille Leckzinska. — Fol. 94. Traité d'Altranstadt entre le roi de Saxe et les rois de Suède et de Pologne, le 14-24 septembre 1706 (imprimé, in-4°). — Fol. 105. Cantate italienne que le cardinal de Polignac fit chanter à Rome en l'honneur du mariage de Louis XV. — Fol. 113. Adresse du recteur de l'Université de Strasbourg à l'occasion de ce mariage (placard imprimé). — Fol. 114. Pièce de vers latins relative au jubilé pontifical de 1725, par F. Boutard (imprimé, in-4°). — Fol. 116. Extraits de gazettes allemandes concernant le mariage de Louis XV (imprimés). — Fol. 127. Mémoires sur les tailles proportionnelles, par M. Amellon de Chassilly, adressés en 1726 au roi de Pologne. — Fol. 103. Requête au roi de Pologne en faveur du comte de Limandre. — Fol. 168. Manifeste d'Auguste II sur son retour en Pologne en 1709, traduit du latin en français (imprimé ; in-fol.).

177 feuillets.

120

Dépouillement de divers registres et ouvrages imprimés, fait pour le recueil des *Ordonnances*.

113 feuillets.

121

Mémoires concernant la Chine et les Chinois.

Copie d'un livre chinois : 281 planches, avec légendes, concernant des danses.

293 feuillets ; papier de Chine.

122

Mémoires concernant la Chine et les Chinois.

Même ouvrage, mais avec les légendes des planches en français. — En tête trois lettres du chevalier de Bellerive au marquis de Castellar, ambassadeur d'Espagne en France, sans date.

297 feuillets ; papier de Chine.

123

Mémoires concernant la Chine et les Chinois.

Fol. 2. Peuples tributaires de la Chine (*Mémoires des missionnaires*, t. XIV, p. 1-238). — Fol. 134. Suppliques à l'Empereur, etc. (*Ibid.*, p. 239-308). — Fol. 186. Notice sur divers objets chinois, sur des porcelaines, sur des peintures, etc.

263 feuillets.

124

Mémoires concernant la Chine et les Chinois.

Observations sur les plantes de Chine, etc., qu'il est possible et utile de se procurer en France (cf. *Mémoires des missionnaires*, t. XI).

142 pages; papier de Chine.

125

Mémoires concernant la Chine et les Chinois.

Les quatre premiers d'entre eux ont été imprimés dans les *Mémoires des missionnaires*, t. XIII. — Fol. 25. « Manuscrits concernant la Chine, non employés dans les *Mémoires chinois* » (cf. t. 123, f. 186 et ss.).

162 feuillets; papier de Chine.

126

Mémoires concernant la Chine et les Chinois.

Notices sur l'architecture, les jardins, les vases, les ornements, les peintures, non insérées dans les *Mémoires des missionnaires*.

208 feuillets; papier de Chine.

127

Catalogue de divers manuscrits de la Bibliothèque du Roi.

« Extraits d'un catalogue qui est à l'abbaye de Saint-Germain » (notes sur le catalogue de 1682, n°s 7337-10338, et sur les mss. de Brienne et de Mézeray).

273 feuillets.

128

Catalogues de manuscrits français.

Fol. 2. Mss. français du roi d'Angleterre ; extrait de D. Casley, *A catalogue of the manuscripts of the Kings library* (Londres, 1734 ; in-4°). — Fol. 14. Mss. français de la bibliothèque de Colbert. — Fol. 59. « Mss. de la Bibliothèque du Roi concernant l'histoire de France, qui ne sont point écrits en françois. » — Fol. 163. Note sur le cabinet du comte de Lalaing de Montigny.

164 feuillets.

129

Manuscrits français d'Italie.

Extraits de divers catalogues de manuscrits :

Fol. 4. Mss. de la reine de Suède au Vatican. — Fol. 132. Mss. de Turin. — Fol. 138. Mss. Chigi à Rome. — Fol. 145. Mss. Ottoboni. — Fol. 155. Mss. du prince Forano Strozzi à Rome. — Fol. 175. Notice du registre de Philippe-Auguste appartenant au baron de Stosch. — Fol. 181. Copie du testament de M. de La Fresnaye (18 février 1726).

182 feuillets.

130

Fragments de traductions françaises de la *Théogonie* d'Hésiode et de la *Bibliothèque* d'Apollodore.

7 et 64 feuillets.

131

Papiers provenant de Sainte-Palaye. — Notes relatives aux travaux de Bréquigny en Angleterre.

Fol. 3. Fragment de journal de Sainte-Palaye (28 juillet-19 août [1720]). — Fol. 10. Adresse de l'Université au Parlement transféré à Pontoise. — Fol. 11. Lettres et notes concernant les affaires personnelles de Sainte-Palaye. — Fol. 24. Fragments de journaux de voyage de Sainte-Palaye (1719-1720). — Fol. 51. Notes provenant de Sainte-Palaye, sur « La Bataille des sept ars » de Henri d'Andely. — Fol. 58. Mémoire sur le projet de continuation de D. Bouquet. — Fol. 70. Notice sur le ms. d'une Chronique universelle appartenant aux Jésuites de Rome. — Fol. 74. Relevé de divers mots de l'ancienne langue française, par Sainte-Palaye. — Fol. 88. Bulletins relatifs aux documents français d'Angleterre, de la main de Bréquigny, rangés par ordre chronologique (1066-1263). — Fol. 248. Recherches généalogiques demandées à Bréquigny à Londres. — Fol. 287. Notes de Bréquigny sur le plan de la collection des documents français d'Angleterre. — Fol. 305. Notice sur une chronique de l'île de Man. — Fol. 306. Notes sur diverses localités de Guyenne, d'après les archives anglaises, rangées par ordre alphabétique (Bazas-Sauveterre).

353 feuillets.

132

Travaux de Bréquigny en Angleterre.

Table par ordre alphabétique de localités, de pièces concernant diverses villes de France et copiées dans les archives d'Angleterre.

178 feuillets.

133-134

Extraits de l'Inventaire des layettes du Trésor des chartes.

187 et 171 feuillets.

135-138

Table des documents contenus dans l'*Amplissima collectio* de Martène et Durand.

Le dernier volume est suivi de bulletins destinés à la table des pièces contenues dans divers volumes.

169, 214, 192 et 236 feuillets.

139-143

Bulletins d'une table chronologique des Ordonnances, manuscrites et imprimées.

I. Années 459-1356. — 283 feuillets.
II. — 1357-1479. — 300 —
III. — 1480-1594. — 239 —
IV. — 1595-1682. — 229 —
V. — 1683-1751 et pièces sans dates. — 183 feuillets.

144-145

Bulletins géographiques.

Double série alphabétique d'extraits de divers ouvrages, principalement des *Mémoires* de Du Bellay et de Robert de la Marck, faits en vue des recueils de Sainte-Palaye, etc., et rangés par ordre alphabétique de localités (Abbeville-Ivrée et Abbeville-Zirigzée).

269 et 247 feuillets.

146-147

Bulletins historiques et bibliographiques divers.

Bulletins rangés par ordre alphabétique de noms de personnes et de matières (ABC-Hypocrisie et Iliade-Zénobie).

203 et 205 feuillets.

148-150

Traduction de la *Géographie* de Strabon, par Bréquigny.

I. Introduction, et traduction annotée des livres I et II. — 314 feuillets.
II. Livres III-IX. — 258 feuillets.
III. Livres X-XVII. — 363 feuillets.

151

Traités, lettres et actes diplomatiques.

Fol. 2. Traité d'Arras (21 septembre 1435). — Fol. 15. Traité de Péronne (14 octobre 1468). — Fol. 21. Trêve de Soleure (13 septembre 1475). — Fol. 25. Instructions du cardinal de Richelieu au sieur d'Avaux, ambassadeur extraordinaire du roi en Allemagne (1639). — Fol. 68. Lettres et instructions adressées aux plénipotentiaires français à Munster (1646 et 1647). — Fol. 226. Pièces concernant le « Recueil de toutes les négociations, lettres et mémoires des ambassadeurs », formé sous la direction de Colbert de Croissy, par Nicolas Clément (cf. A. Baschet, *Histoire du dépôt des archives des Affaires étrangères*, p. 59-82).

262 feuillets.

152

Mélanges de linguistique.

Fol. 1. Grammaire de la langue bretonne. — Fol. 87. Fragment d'une parodie de l'Énéide, en limousin. — Fol. 90. Recueil de termes celtiques, germaniques et gothiques.

108 feuillets.

153

Notes et matériaux pour un Dictionnaire de l'ancienne langue française, par Sainte-Palaye.

Fol. 2. Projet d'un Glossaire françois (imprimé, Paris, 1756, in-4°). — Fol. 19 Introduction au Glossaire. - Fol. 122. Extraits de divers auteurs pris en vue du même travail. — Fol. 258. Projet d'un Glossaire français.

273 feuillets.

154

Mélanges d'histoire littéraire.

Fol. 2. Observations générales sur le caractère de notre ancienne langue et sur le style de nos anciens auteurs. — Fol. 44. Observations sur la langue parlée dans les Gaules. — Fol. 54. Copies et traductions du *Boèce*, d'après le ms. de Saint-Benoît-sur-Loire, et le ms. latin 1139 de la Bibliothèque du Roi. — Fol. 105. Notes sur divers mss. français. — Fol. 114. Pièces concernant des usages singuliers. — Fol. 120. Notes sur d'anciens romans. — Fol 139. Charte française de Marie, abbesse de Notre-Dame du Réconfort, au diocèse d'Autun (avril 1271). — Fol. 140. Lettre de Galaup de Chasteuil à M. Lebret sur les Cours d'amour. — Fol. 146. « Remarques sur la langue françoise des XIIe et XIIIe siècles, comparée avec les langues provençale, italienne et espagnole dans les mêmes siècles. » — Fol. 168. Chansons françaises du ms. de Modène. — Fol. 193. « Tableau historique des siècles où régna la poésie provençale. » — Fol. 215. Lettres à une dame, sur deux mss. du XIIIe siècle, contenant des poésies françaises.

224 feuillets.

155

Extraits divers concernant l'ancienne langue française.

Fol. 2. Extraits du ms. 7534 de la Bibliothèque du roi. — Fol. 34. Listes de livres mss. et imprimés en langue française. — Fol. 131. Enseignements de la mère de Salomon à son fils. — Fol. 145. « Lucidaire », copie d'un ms. appartenant à M. Gibert (ms. fr. 25427).

200 feuillets.

156

Mélanges divers.

Fol. 2. « Vie de M. Corneille, avec l'histoire du théâtre françois jusqu'à luy et les réflexions sur la Poëtique. » — Fol. 32. Vie de Quinault. — Fol. 67. « Mémoire sur la vie et les ouvrages de Mr Boindin fait par lui-même. » — Fol. 78. Notes sur les engins volants et les fusées. — Fol. 86. Projet d'introduction à un Glossaire français. — Fol. 90. Remarques sur les anciens usages des peuples barbares. — Fol. 105. État de la France aux XIIe et XIIIe siècles. — Fol. 121. Noms d'armes anciennes. — Fol. 124. Tableaux synoptiques du gouvernement de la France à diverses époques. — Fol. 137. Notes diverses d'histoire littéraire, de diplomatique, etc., de la main de Bréquigny. — Fol. 205. Mémoire de Bréquigny sur l'établissement de la religion et de l'empire de Mahomet (*Mém. de l'Ac. des Inscr.*, t. XXXII, p. 404-431).

242 feuillets.

157

Questions de préséance. — Papiers relatifs aux travaux de l'Académie des Inscriptions, etc.

Fol. 4. Mémoire sur la préséance, selon les principes adoptés par les Anglais depuis la fin du XIVe siècle jusqu'au commencement du XVIIe. — Fol. 8. Mémoire de Walsingham sur les questions de préséance, en anglais (ms. Harley 787). — Fol. 14. Traité, en anglais, sur la même question (ms. Cotton, Julius, C. IX). — Fol. 25. Catalogue de papiers relatifs aux contestations entre ambassadeurs (ms. Harley. 1217). — Fol. 33. Notes et extraits de Bréquigny sur le même sujet. — Fol. 42. Monnaies antiques de la collection Duane (gravées). — Fol. 46. Lettres interceptées du comte de Fuentes, et autres, relatives aux affaires de France en 1594 (ms. Cotton, Vespas. F. IX). — Fol. 51. Notices de lettres concernant l'histoire de France, conservées dans des mss. d'Angleterre. — Fol. 78. Notes concernant l'*Histoire littéraire*, les *Mémoires* de l'Institut, etc. — Fol. 138. Observations sur un Mémoire de M. Houard relatif à la recherche des chartes et diplômes. — Fol. 211. Plan de travail pour l'Académie des Belles-Lettres. — Fol. 217. Correspondance de Bréquigny avec Bertin et Moreau, au sujet des travaux du Dépôt des chartes. — Fol. 235. Lettre de Moreau aux Bénédictins au sujet de la recherche des chartes non imprimées (14 mai 1764). — Fol 236. Instructions pour la recherche des dites chartes. — Fol. 249. Pièces manuscrites et imprimées concernant l'organisation du Dépôt des chartes. — Fol. 263. Mémoire sur l'utilité des pièces recueillies à Londres par Bréquigny. — Fol. 268. Papiers relatifs à la *Commission des monuments*, établie à Paris pour le choix des monuments devenus nationaux (1790-1793). — Fol. 356. Cartes de l'Égypte ancienne.

358 feuillets.

158-165

Correspondance de Bréquigny.

Les lettres sont rangées par ordre alphabétique de correspondants ; les lettres A-F. et Pe-Z manquent.

I (158). Fol. 3. Gaigne. — Fol. 16. Gaillard. — Fol. 24. Gamaches (Comte de). — Fol. 27. Gamard. — Fol. 47. Gaudin. — Fol. 52. Gauzy. — Fol. 57. Gébelin (Court de). — Fol. 73. Gerbert (Dom). — Fol. 80. Gervaize (Abbé). — Fol. 93. Gévigney Abbé de). — Fol. 95. Girecour (Comte de). — Fol. 103. Glapion (Mme de). — Fol. 105. Godefroy (Denys). — 268 feuillets.

II (159). Fol. 5. Godin des Odonais. — Fol. 28. Gombaut. —

Fol. 33. Gonzague (Louis de). — Fol. 36. Gosselin. — Fol. 39. Gourcy de Boitaumont (Comte de). — Fol. 42. Gramont (Duchesse de). — Fol. 45. Grandcour (Baron de). — Fol. 47. Grandidier (Abbé). — Fol. 76. Graville (Mallet de). — Fol. 94. Grenier (Dom). — Fol. 99. Grenville. — Fol. 102. Gresset. — Fol. 110. Grin de Fermeval (Veuve Le). — Fol. 113. Grosley. — Fol. 122. Groult. — Fol. 146. Guénée (Abbé). — Fol. 149. Guerchy (Comte de). — Fol. 156. Guérin. — Fol. 185. Guignes (De). — Fol. 188. Guiguer. — Fol. 197. Guilhier. — 199 feuillets.

III (**160**). Fol. 4. Haillet de Couronne. — Fol. 6. Hamelin (Abbé). — Fol. 9. Hanache (Marquis Alexandre d'). — Fol. 16. Hardwick (Lord). — Fol. 70. Harris. — Fol. 78. Harvoin. — Fol. 81. Haumont. — Fol. 84. Haussonville (Chevalier Brambilla d'). — Fol. 86. Hauterayes (Des). — Fol. 89. Hawkins. — Fol. 92. Hayer du Breuil (Le). — Fol. 96. Helmont. — Fol. 102. Hérault (et Meusnier). — Fol. 109. Hesnault (Président). — Fol. 112. Hesseln (De). — Fol. 115. Henriquez (Abbé). — Fol. 118. Houard, — Fol. 147. Houdon. — Fol. 173. Housseau (Dom). — Fol. 197. Hozier (Comte d'). — Fol. 221. Juigné. — Fol. 228. Juvigny (Rigoley de). — Fol. 244. Kennicot. — Fol. 259. Keralio (Mlle de). — 297 feuillets.

IV (**161**). Fol. 4. Labbat (Dom). — Fol. 17. Lambert (De). — Fol. 42. Lambert de Barive. — Fol. 49. Lambert (Mme Vauquer-). — Fol. 51. Lambert (Gaultier de Saint-). — Fol. 54. Langes (De). — Fol. 59. Langlès. — Fol. 64. Langlois. — Fol. 69. Lannion (Comtesse Tonnerre de). — Fol. 81. Laubépine (Dienis de). — Fol. 83. Laverne (De). — Fol. 88. Léger (Mercier, abbé de Saint-). — Fol. 132. Lévrier. — Fol. 135. Leydet. — Fol. 138. Lézardière (Mlle de). — Fol. 142. Lièble. — Fol. 159. Lisledont (Abbé de). — Fol. 168. Lubert (De). — Fol. 173. Luxembourg (Duchesse de). — 172 feuillets.

V (**162**). Fol. 4. Mabille. — Fol. 7. Magnaville. — Fol. 10 Maillé (Duc de). — Fol. 13. Maillebois (Duchesse de). — Fol. 17. Maistre (Le). — Fol. 20. Malartic de Montriçoude. — Fol. 24. Malesherbes (Lamoignon de). — Fol. 55. Malvoisin (Abbé de). — Fol. 62. Manoel. — Fol. 65. Marchandeau. — Fol. 72. Marie de Saint-Georges. — Fol. 85. Marin. — Fol. 93. Marle-Mortemart (De). — Fol. 99. Marmontel. — Fol. 102. Marshal (Lefèvre de). — Fol. 105. Martin. — Fol. 108. Masseran (Prince de). — Fol. 132.

Masson (Le). — Fol. 135. Maty (M.). — Fol. 152. Maty (H.). — Fol. 167. Mangard. — Fol. 177. May (Dom Laurent du). — Fol. 182. Meinières (Durey de). — 231 feuillets.

VI (**163**). Fol. 4. Mellet (Comte de). — Fol. 49. Melot. — Fol. 55. Menc (De). — Fol. 58. Mentelle. — Fol. 63. Merle (Dom). — Fol. 72. Mesgrigny (Marchal de). — Fol. 80. Mezin (La Ville de). — Fol. 85. Michel (Chevalier de Saint-). — Fol. 93. Millot. — Fol. 101. Mirville (De). — Fol. 103. Monclar. — Fol. 111. Monbron. — Fol. 116. Montesquiou (Marquis de). — Fol. 128. Montazet, archevêque de Lyon. — Fol. 131. Montholon (Marquis de). — Fol. 147. Montigny (De). — Fol. 151. Montyen (De). — Fol. 153. Moreau. — Fol. 202. Morellet. — Fol. 205. Morinière (Noel de la). — Fol. 209. Morton. — Fol. 220. Mostuéjouls (L. de). — Fol. 223. Mouchard. — Fol. 227. Mustel. — 231 feuillets.

VII (**164**). Fol. 3. Nardot. — Fol. 5. Nassau (Prince de). — Fol. 8. Necker. — Fol. 18. Népomucène (Frère Jean). — Fol. 21. Néville. — Fol. 26. Nicolay (De). — Fol. 38. Nivernois (Duc de). — Fol. 68. Noé, évêque de Lescar. — Fol. 71. Noé (Comtesse de). — Fol. 74. Noir (Dom Le). — Fol. 77. Noizet. — Fol. 81. Noleken (Baron de). — Fol. 84. Normand. — Fol. 120. North (Comtesse de). — Fol. 123. Nourar (Lescalopier de). — Fol. 197. Nyon l'aîné. — Fol. 207. Oberlin. — Fol. 213. Olivier (D'). — Fol. 216. Orbigny (Mme D'). — Fol. 219. Origny (D'). — Fol. 224. Ormeaux (Des). — Fol. 227. Ormesson (D'). — 228 feuillets.

VIII (**165**). Fol. 4. Paciaudi. — Fol. 19. Palaye (Sainte-). — Fol. 80. Pannetier. — Fol. 94. Papillaut. — Fol. 97. Papon (Abbé). — Fol. 145. Parent. — Fol. 148. Parmentier. — Fol. 151. Passionei (Cardinal). — Fol. 154. Pastoret (De). — Fol. 174 *bis*. Paulmy (De). — Fol. 221. Pavillet. — Fol. 230. Payne. — 233 feuillets.

APPENDICE

ANCIENS CATALOGUES DES MANUSCRITS DE DUCHESNE

I

CATALOGUE DE MANUSCRITS ANCIENS POSSÉDÉS PAR F. DUCHESNE [1]

Manuscripts.

1. Trois gros légendaires de Vies de saints. — In-folio, vélin [2] [II. 1].
2. La grande Cronicque de Saint-Denis. — In-folio, vélin [II. 3].
3. Histoire de Grèce, par Jehan de Courcy, chevalier normand. — In-folio, papier [II. 2].
4. Obituaire de l'évesché de Langres. — In-folio, papier [II. 24] [3].
5. Le roman de Tristan. — In-folio, vélin.
6. Les coutumes de Beauvoisis, par Philippe de Beaumanoir. — In-folio, vélin [4].
7. Cronicques, comment femme ne peult hériter à la couronne de France. Histoire de Bertrand Du Guesclin et celle de Richard, roi d'Angleterre. — In-folio, papier.
8. Histoire des Bretons qui regnèrent en la grand Bretaigne depuis

1. Ms. latin 10395, fol. 140, de la main de F. Duchesne. On trouvera entre crochets, à la suite de ceux de ces articles qui ont passé dans la bibliothèque de Colbert, le numéro qu'ils portent dans le second des anciens catalogues des manuscrits de Duchesne, publié plus loin.

2. En marge (cancellé) : J'ay aussi trois autres ms. de Vies de saints escrits de la main de feu mon père, in-folio.

3. En marge (cancellé) : Je l'ay presté à Mr Blaise.

4. Cet article a été barré.

le temps Brutus, le neveu Ascanius, fils d'Æneas, jusques après l'incarnation Nostre Seigneur 588, et parle le 1er chapitre des proprietés de l'Isle de la Grand Bretagne, par Geofroy Monemitensis. — In-folio, vélin [Fr. 5621].

9. Aultre histoire de Bertrand Du Guesclin. — In-folio, papier.

10. Histoire de guerres et alliances de France et de Flandres. — In-folio, vélin [II. 5].

11. Mandevie sur le champ vertueux de bonne vie, composé par Jehan Dupin, médecin, en 1340. — In-folio, vélin [II. 18].

12. Ancien roman en vers gaulois. — In-folio, vélin.

13. Le roman de Garnier le Lorrain, composé environ l'an 1160. — Folio, vélin [II. 8].

14. Traité contre les Anglois. Guerres du comte de Montfort, en 1352, fait par Mre Guillaulme de St André qui fut du party du comte. — Folio, papier.

15. Le Tiers volume des Cronicques de France qui contient trois rois, sçavoir : Philippe de Valois, Jehan et Charles V. — Folio, papier et vélin.

16. Généalogie de la maison de Béthune. — In-folio, papier.

17. Forma litterarum regis. — Folio, papier.

18. Livre des bonnes moeurs. — Folio, vélin [II. 20].

19. Miracles de Nostre Dame en vers. — Folio, vélin [II. 13].

20. Livre des droits de la couronne de France contre les Anglois [1]. — Folio, papier.

21. Cronicques de France, par Guillaulme de Nangis, par luy traduites en françois; ensemble celles de Normandie et de l'abbaye de Saint-Oüen. — Folio, vélin [II. 12].

22. La vie du roi St Louis, aultre que celle de Joinville. — Folio, vélin [II. 29].

23. Harangue du premier président de Selve à l'empereur Charles-Quint. La descente et succession des princes de France et de Bourgogne. Pourparlé du traité de Madrid. Fondation de la Ste Chapelle. Proposition d'erreur contre l'arest touchant la succession d'Estouteville. — Folio, papier [Fr. 5758?].

24. Recueil sommaire de la Cronicque françoise, composée en vers par Guillaulme Crétin et dediée au roi François Ier; 1 et 2 vol. — Folio, papier.

1. Cet article a été barré.

25. La manière de proceder a l'aveu et dénombrement de la thresorerie de Saint Martin de Tours. — Folio, papier.
26. Les Cronicques de la cité de Metz, qui commencent à la fondation d'icelle, et de qui elle fut commencée et en quel temps, en vers. — Folio, papier [Fr. 6007 ?].
27. Les Triomphes de Petrarque traduits de l'Italien. Cronicques de Normandie. Livre des bonnes mœurs, en cinq parties, par frère Jacques Le Grand, religieux de St Augustin. Chronicque des seigneurs d'Amboise. — Folio, papier [II. 17].
28. Annales de France, depuis le roi Pépin, jusques au roi Jehan, en vers. — Folio, vélin.
29. Les Amours de Leriano et de Lauréole. — Folio, vélin.
30. Invective contre les Trois Estats, composée par maistre Alain Chartier, en son vivant excellent orateur, grand historien et très renommé rhétoricien. — Folio papier.
31. Estat du revenu de la France en 1603. — Folio, papier.
32. Gervasius Tilberiensis marescallus Arelatensis, de otiis imperialibus ad Ottonem IV imperatorem. — 4°, vélin.
33. Harangues faites par l'évesque de Coustances ambassadeur du Roy Charles VII au dauphin Louis XI, en présence du duc de Bourgogne, du comte de Charolois et aultres, en l'an 1458. — Folio, papier.
34. Vieille histoire d'Angleterre en latin[1]. — Folio, papier.
35. Vieilles Cronicques françoises, en prose. Le livre de Clergie, en vers. Le Lucidaire, en prose. — Folio, vélin [II. 30].
36. Vers, proses et poésies françoises. — Folio, papier.
37. Le Routier et jugement des cours et marées, département du soleil et de la lune montans et baissans tous les mois de l'an, etc. ; fait, escrit et composé l'an 1500. — Folio, vélin [Fr. 1748 ?].
38. Roman en prose et vers, sans nom. — Folio, papier.
39. Formulaire de diverses lettres de chancellerie de France et de Rome. — Folio, papier.
40. Quatre livres du droit de la guerre, composés par Maistre Jehan Robert, lieutenant général de la Marche. — Folio, papier [Fr. 1284].
41. Le Bon prince, poème, par frère René Macé, religieux du monastère de la Trinité de Vendosme ; c'est l'éloge de François Ier et la reception de Charles-Quint en France. — Folio, vélin.
42. Escrit de Jehan Juvénal des Ursins, évesque de Laon touchant

1. Cet article a été barré.

l'Angleterre, et ce pour le roy Charles VII et la reine de France[1]. Folio, papier.

43. Enqueste faitte en 1520 par Jehan Prevost, conseiller au Parlement de Paris et président aux requestes du Palais, à la requeste de Mre François de la Trimoille contre Mre Philippes de Bourbon, chevalier, seigneur et baron de Busset, et dame Loise de Valentinois, sa femme, douairiaire de la Trimoille. — Folio, parchemin.

44. Traité de Theodore Spendoline Cantacusin, patrice Constantinopolitain, de l'origine des princes des Turcs, ordre de la Cour et moeurs de ladite nation. — Folio, papier [II. 37].

45. Le Bréviaire des nobles et paix heureuse, par Alain Chartier. Figures. — Folio, vélin.

46. Notitia beneficiorium ex monasterio Majoris Monasterii dependentium. — Folio, papier.

47. Livre des bonnes moeurs, en cinq parties. — Folio, vélin [II. 20?].

48. In Annales Beccenses Epitome, variis Gallorum Anglorumque illustrata conatibus, authore Francisco Carreo, Lexoveo monacho B. 1562[2]. — Folio, papier [II. 31].

49. De l'origine du jeu des Eschets, par frere Jehan de Vignay, religieux. — Folio, vélin [II. 34].

50. Livre d'eglise, manuscript. — 4°, papier.

51. Vie de saint Guillaulme, duc d'Aquitaine, par frère Sançon de La Haye, de l'ordre du St..., dédiée à Charles de Poitiers, baron de Vallans, etc. — 4°, papier [Fr. 2104?].

52. Emendae Parlamenti, anni 1392 et seq. — 4°, papier.

53. Le Bréviaire des Bretons, ou sommaire de l'histoire de Bretaigne, en vers. 4°, papier [Fr. 6012].

54. Vita Philippi Burgundiae et Brabantiae ducis, authore Johanne Germani Cabilonensis episcopi ante 1452[3]. — 4°, papier.

55. Histoire d'Alexandre le Grand, en vers. — In-8°, vélin.

56. Gesta Karoli Magni, en vers. — In-8°, vélin.

57. Histoire en vers. — In-8°, vélin.

58. Mémoires pour Gaspard de Vienne, complaignant, contre François de Vienne, seigneur de Lystenne. — Petit in-4°, papier.

59. De validorum par Franciam mendicantium varia astutia, risus,

1. Cet article a été barré.
2. Cet article a été barré.
3. Cet article a été barré.

per Robertum Guaguinum, poëma, et magistri Theobaldi episcopi de naturis 12 animalium. — Petit in-4°, papier [Lat. 8772].

60. Le roman de *Eructavit*, en vers. — In-4°, vélin.

61. Miracles de Ste Geneviefve; sa vie en vers et en prose, faite par le commandement de Madame de Valois. — In-8°, vélin [Fr. 13508].

62. Cronicon ab initio mundi ad annum 1269. — Petit in-4°, vélin.

63. Les Heures de Nostre-Dame, avec la Généalogie des Testes[1]. — In-4°, vélin.

64. Privilegia ordinis Praemonstratensis. — In-12°, vélin.

65. Cronica pontificum Romanorum. — In-8°, vélin.

66. Honorii tertii epistolae. — In-8°, papier [Lat. 3934].

67. Gesta pontificum Romanorum. — In-4°, vélin.

68. Escritures pour le comte de St Paul et la dame, sa femme, défendeur, contre le roy de Sicile, duc de Bar, demandeur. — Folio, papier.

69. Epistolae Clementis quarti papae[2]. — In-8°, vélin [Lat. 4041].

70. Acta beatorum pontificum urbis Romae et epistolae. — In-fol., papier.

71. Epistolae quorumdam pontificum Romanorum. — In-fol., papier et vélin.

72. Catalogus brevis de Romanis pontificibus a beato Petro ad Johannem 22. — Folio, vélin, 2 vol.

73. Le dit du tout et entièrement de tous les rois de France, et les noms et le nombre du règne de un chacun en vers, avec les noms des rües de Paris, et un protocole des lettres de chancellerie. — Folio, papier.

74. Procès d'entre Mre Pierre Dupé, chevalier, seigneur de Tanniere, et Mre François de Bourbon, prince dauphin d'Auvergne, comte de St Fargeau. — Folio, papier.

75. Contrats, traités, procurations et pouvoirs touchant le mariage de madame la duchesse de Ferrare. — Folio, papier [II. 26].

76. Deux volumes de chartes des rois de France, commençant à Philippe-Auguste[3]. — Folio, vélin.

77. Copies de plusieurs lettres extraites du Thrésor des chartes du Roy, touchant le fait et aliance de l'Empire et de France, et aussy de

1. Cet article a été barré.
2. Cet article a été barré.
3. Cet article a été barré.

plusieurs homages faits par aucuns princes d'Alemaigne aux rois de France. Item aultres copies extraites de la Chambre des comptes, touchant la mesme chose — Folio, papier et vélin [II. 23].

78. Registre des chartes du Thrésor du Roy coté XXX, depuis l'an 1259 jusques en 1272[1]. — Folio, vélin.
79. Livre concernant les universités de France. — Petit folio, vélin.
80. Registres du Controole de la despense faitte en Italie soubs M. de Guise, lieutenant general de l'armée de la Ste Ligue, ès années 1556 et 1557. — [II. 22].
81. Enqueste ou examen a futur fait à Bordeaux le 7 decembre 1503, à la requeste de Mre Jehan d'Albret, comte de Nevers, de Rhetel, contre François de Montferrand, escuyer, seigneur de Portes. — Folio, vélin.
82. Testament du duc d'Orléans. — Folio, vélin [Duchesne 31].
83. Vies de St Pierre, abbé de Gorze et de Ste Closinde. — 4°, vélin.
84. Mémoires touchant la maison de Tournon. — Petit in-4°, vélin.
85. Ars praedicandi secundum magistrum Alanum Insul. — 4°, vélin.
86. Libellus de poenitentia. — 4°, vélin.
87. Roman de l'an 1348, en vers. — 4°, vélin.
88. Quelques epistres des abbés de Clairvaux. — 4°, vélin.

II

MANUSCRITS ANCIENS DONNÉS PAR F. DUCHESNE A COLBERT[2]

Catalogue des anciens manuscrits dont M^{r} Du Chesne a fait present à Monseigneur, et qui ont estés portez dans sa bibliothèque le 31 may 1675.

1. Vitae sanctorum. — Folio, 3 vol.
2. Histoire du Vieux Testament, par Jean de Courcy. — Folio [Fr. 2685].
3. Les Chroniques de St Denis. — Folio.
4. Le roman de Tristan. — Folio [Fr. 104].

1. Cet article a été barré.
2. Ms. lat. 9363. Fol. 136.

5. Histoire de Flandres jusques en l'an 1383. — Folio [Fr. 5611].
6. Chronicon Briocense de rebus gestis Britonum Armoricorum. — Folio [Lat. 6003?].
7. Historia Britonum, auctore Petro Le Baud. — Folio [Lat. 6003?].
8. Le Roman de Garnier le Lorrain. — Folio [Fr. 1443].
9. Histoire de Bertrand Du Guesclin. — Folio [Fr. 853].
10. Gesta pontificum urbis Romae. Petrus Urbevetanus de pontificibus. — Folio [Lat. 5145].
11. Bernardus Guidonis de pontificibus Romanis. — Folio. 2 voll. [Lat. 4979?].
12. Chronique de Guillaume de Nangis, avec la Chronologie des abbez de St Oüen. — Folio [Fr. 24946].
13. Miracles de Nostre-Dame, en vers françois. — Folio.
14. Anciens Romans sans commencement et sans fin. — Folio.
15. Annales de France, depuis Pépin jusqu'au roy Jean. — Folio.
16. Roman de l'an 1457. — Folio.
17. Triomphes de Pétrarque en françois. — Folio. [Fr. 1119].
18. Mandevie, par Jean Dupin. — Folio [Fr. 1002].
19. Histoire des Bretons. — Folio.
20. Le Livre des bonnes mœurs. — Folio [Fr. 2862].
21. Histoire des Roys de France en vers. — Folio.
22. Registre de la despense faite en Italie sous M. de Guise l'an 1557. — Folio.
23. Traictez entre l'Empire et la France. — Folio.
24. Necrologium ecclesiae Lingonensis. — Folio [Lat. 5192].
25. Historia Karoli VI, auctore monacho S. Dionysii. — Folio.
26. Contracts, traictez et procurations touchant le mariage de Madame la duchesse de Ferrare et de Chartres, 1528. — Folio.
27. Chroniques des seigneurs d'Amboise. — Folio.
28. Catalogus episcoporum Lingonensium. — Folio [Lat. 5956 A].
29. Fragmenta Chronicorum. — Folio.
30. Vie de S. Louis. — Folio.
31. Sermons en françois. Histoire de la guerre de Troye. Eutrope, en françois. Secret des secrets d'Aristote, en françois. Livre de Clergie ou Image du monde. Le Lucidaire. — 4° [Fr. 1822].
32. Annales Beccenses, auctore Francisco Carræo. — 4° [Lat. 5428].
33. Liber de compositione castri Ambasiae. — 4° [Lat. 6218].
34. Livre de la moralité des Nobles hommes sur le jeu des Eschecs. — 4° [Fr. 1172].

35. Chronicon Guillelmi Nangii. — 4°.
36. Biblia Petri de Riga. — 4°.
37. Traité de l'origine des Ottomans, par Theodore Splendoline. — 4° [Fr. 5640].
38. Fragmenta moralia. — 4°.
39. Ægidii de Musis Chronica Flandriae. — 4° [Lat. 6271].
40. Bernardi Guidonis Chronica pontificum Romanorum. — 8° [Lat. 5034].
41. Vita S. Genovefae. — 8°.
42. Divers secrets, en vieux français. — 8°.

III

MANUSCRITS ANCIENS VENDUS PAR F. DUCHESNE A LA REINE CHRISTINE DE SUÈDE

Quelques livres qui estoient chez Mr Duchesne et qu'il a vendu à la reine de Suède [1].

1. Un livre en papier contenant diverses pièces qui regardent les abbayes, escrit environ 1574 : *Rogo vos fratres carissimi et cum grandi humilitate ammoneo.* — Chronicon Besuacense, authore Johanne ejusdem monasterii monacho. — [Vat. Regin. 506].
2. Vita Petri Clarevallensis abbatis. Epistola Thomae monachi. — Incipit : *Domino et amico suo Valtero Longipontis abbati.* Prologus : *Cum multifarie multisque modis*, etc. Vita : *Petrus patria fuit Italus etc.* Authore Petro de Radolio.
3. Historia seu Sylva potius abbatum Cisterciensium familiae monasterii a Kynlos in Scotia, cum aliis plerisque ejus loci vetustatis monumentis, Joanne Fererio Pedemontano authore, nuper a summa tenebrarum caligine in lucem restitutis felicissime sub Roberto Reid, benemerito inter abbates, in publicum offertur. 1537. — [Ottob. lat. 2598].
4. Incipiunt privilegia speciala ordinis Praemonstratensis, etc. Item regula Praemonstratensium sive statuta ejusdem ordinis.

1. Ms. lat. 12588, fol. 90. — Ces manuscrits sont aujourd'hui, pour la plupart au moins, conservés à la bibliothèque du Vatican.

5. Joannis abbatis prologus in vitam sanctae Glodesindis virginis. — Incipit : *Multa jamdiu prece sanctitatis vestrae sorores etc.* — Vita Incipit : *Temporibus Childerici apud historicos celebrantissimi regis etc.* Praefatio ejusdem authoris de Translatione ipsius virginis : *Partibus primis gestorum sacrae virginis, etc.* Incip. Translatio : *Ut superior narrationis series.* — Praefatio vitae Joannis Gorziae abbatis : *Rerum in omnibus quae piae, probae vel honestae etc.* — Explicit : *Depopulandum transduxerit.*
6. Vita sancti Mandeti abbatis de Insula. — Incipit : *Non de modulo scientiae meae confisus.* Explicit : *Decessit autem in quarto decimo kalend. decembris, quo die ejus festi solemnitas celebratur.*
7. Volumen membranaceum, in fronte cujus : *Liber Sancti Quintini de Monte.* — Incipit prologus : *Universos qui hanc historiam, etc.* — Item prologus : *Inter omnes historiographos, etc.* — Incipit Historia : *Anno dominicae incarnationis 1905* (sic), *magnum intra fines Galliae concilium celebratum est.* — Sur le dos il y a *Robertus monachus et Pulcherius* escrit de la main de Monsieur Du Chesne deffunt. — [Vat. Regin. 712].
8. Epistolae Lafranci. Homilia in eodem codice S. Anselmi Cantuariensis : *Intravit Jesus in quoddam castellum, etc. In Scriptura sacra res una et eadem...* (est imperfecta). — [Vat. Regin. 285].
9. De officiis non vulgaribus vitae religiosae, etc., Joanne Ferrerio Pedemontano authore, apud monasterium a Kynlos, kalend. jan. 1533. Item epigrammata ejusdem.
10. Synodi Remensis prologus : *Licet aemuli mei dentes in me exacuant, etc.* — Incipit Synodus : *Anno ab incarnatione domini nostri Jesu Christi 990. Indict. IV. Anno regni quinti* (sic) *domini Hugonis Augusti et excellentissimi regis Roberti congregata est synodus in Remensi territorio. Actum est autem magna industria principum ut omnes Galliarum Episcopi eo convenire non poterant, etc., ii maxime convenirent qui comprovinciales essent, deinde ex vicinis provinciis fama et dignitate honestiores, etc.*
11. Historia Albigensium Petri monachi Vallium Cernaei. — [Vat. Regin. 491].
12. Metropolis Salisburgensis, etc., authore Wiguleo Hund a Vultzennos. Ingolstadii, 1582. — [Imprimé, in-fol.].

IV

RECUEILS DE DUCHESNE AYANT PASSÉ DANS LA BIBLIOTHÈQUE DE COLBERT

Inventaire des mémoires qui sont au cabinet de Monsieur Duchesne, historiographe du roi, à présent dans la Bibliotheque de M. Colbert[1].

1. Alberici chronicon ab anno 900 ad annum 1270.
2. Extraits des Registres des charles du Trésor du Roy. — 2 vol.
3. Extraits des Registres du Parlement, depuis qu'il a eslé rendu sédentaire jusques en l'an 1590. — 3 vol.
4. Vitæ Sanctorum mss. et numquam editæ. — 4 vol.
5. Genealogies des illustres et nobles maisons de France, entre lesquelles est celle de la liaison des deux dernières races de nos rois avec l'origine d'Ansbert le Sénateur, que le Sr Du Bouchet a donné au public sur les originaux que je lui en avois confiez; ensemble celle de Lorraine-Alsace commençant à Erchinoaldus majordomus Franciæ, Dagoberti regis consanguineus ex parte genitricis. — 6 vol.
6. Mémoires de la maison de Chastillon sur Marne. — 3 vol.
7. Mémoires de la maison de Montmorency. — 1 vol.
8. Histoire généalogique de la maison des Boutheilliers de Senlis par mon père. — 1 vol.
9. Mémoires des maisons de Bourgogne. — 1 vol.
10. Extraits des cartulaires de diverses abbayes de Bourgogne. — 1 vol.[2].
11. Gesta abbatum Sti Germani Autissiodorensis. — Noms et armoiries des abbesses de Chelles. — Archiepiscopi Bituricenses et episcopi Lemovicenses. — Abbates Premonstratenses et Sancti Ebrulfi. — Cronicques du païs de Languedoc. — Cronicon Turonense. —

1. Ms. français 22572, fol. 10, de la main de Barthélemy Rémy. — Il existe de ce catalogue une copie, provenant de Lancelot, dans le ms. franç. 12875, fol. 48.
2. En marge, de la main de Gaignières : « Fort imparfait ».

De dignitate Dolensis ecclesiæ. — Cronicon breve ex codice S^{ti} Michaelis de Monte. — Fundatio monasterii S^{ti} Michaelis in ducatu Barrensi. — Historia fundationis 7. monasteriorum ab Eilberto comite. — Cronica et genealogiæ ms. Balduini de Avennis. — Genealogia Flandrensium et Bolonensium comitum. — Livre de Lignages de deça la mer. — Genealogia Petricensium comitum.

12. Généalogie des fondateurs de Toars. — Gesta abbatum S^{ti} Vedasti. — Excerptum ex cronicis fratris Andreæ Marcianensis. — Cronicon S^{ti} Bavonis. — Historia ecclesiæ Letiensis. — Historia restaurationis ecclesiæ S. Martini Tornacensis. — Cronicon Lamberti de Waterlos. — Ex libro Galterii notarii. — Ex Cronico S^{ti} Bertini. — Des Croniques de Molinet. — Ex Cronico Alberici. — [Baluze, 42-43].

13. Episcopi Autissiodorenses. — Epistolæ pontificum Clementis V, Nicolai, Bonifacii IX, Alexandri, Urbani IV et aliorum.

14. Gesta et epistolæ pontificum Romanorum.

15. Traité des droits du Roy en la principauté d'Orange. — Procez fait au duc de Montmorency, — Gesta et vitæ pontificum Romanorum. — Continuatio chronici fratris Martini Poloni. — Vita beati Benedicti, abbatis Anianæ. — Excerptum cronici Herneldensis. — Liutprandi legatio. — Nomina sanctorum e prosapia ducum Lotharingiæ et Brabantiæ. — Versus ex libro magistri Ricardi canonici Sancti Victoris Parisiensis. — Epitaphia varia. — Epistola Ruricii, episcopi Lemovicensis, ad Cesarium episcopum. — De origine et exordio gentis Francorum carmen. — Nativitas Ferreoli. — Gesta comitum Andegavensium. — Thomæ Paccii Lochiensis litteræ. — Oratio pro christianissimo rege adversus Henricum VIII, Angliæ regem. — Litteræ principum feodatorum ad regem Christianissimum. — Deffensio pro rege Francisco I^{o} adversus Omphii maledicta. — Oratio Joannis Fraxinei, episcopi Baionensis, habita in consessu principum Germaniæ. — Infelicis vulneris Henrici 2^{di} relatio. — Henrici regis litteræ ad primarios ordines Germaniæ. — Francisci primi historia et ejus litteræ. — Campi, convivii atque ludorum ordo, etc., qui in conventu regum Franciæ et Angliæ celebrati sunt, anno 1518, inter Guinas et Ardeam. — Epithalamium in nuptiis Francisci Delphini. — Epistolæ Georgii, Saxoniæ ducis, ad regem Franciscum I^{um} et aliæ. — [Mélanges Colbert, 46.]

16. Excerptum ex vita S^{ti} Adelardi, Corbeiensis abbatis. — Excerp-

tum ex veteri processionali ecclesiæ Suessionensis. — De terra Hyerosolimitana. — De cenobio S^ti^ Joannis in abbatia Laudunensi.

17. Ad Carolum VII Francorum regem libellus, per Robertum Blondelli editus, etc. — Historia assertionis seu reductionis Nortmanniæ per Carolum VII. — Amelgardus Leodiensis de rebus Caroli 7^i^. — Epitaphia Caroli VIII regis. — Nicholai Bartholomei Lochiensis hendecasyllabum. — Cronica Treverensium archiepiscoporum. — Willelmi monachi historia Clusini monasterii.

18. Extraits de divers registres du Parlement, d'apointemens et de testamens. — Item de quelques titres du Trésor de Pierre de la Brosse. — Item des cartulaires des abbayes de l'Absie en Poitou, des Blancs-Manteaux de Paris, de l'abbaye de la Roche, de Notre-Dame de Poissy, de St Victor de Paris, du Jard près Melun, de Premontré et Clairefontaine, de Farmoustier, du prieuré du Chesne, de Moret, du Reclus de la Grace près Montmiral, de St Josse, sur la Mer, de Gomerfontaine, de la Paix-Notre-Dame dit Beauval. — Des terriers de Clermont en Beauvoisis. — De la comté de Saint-Paul, de la maison d'Aumont, de l'inventaire de Muret, de Persan, des maisons de Lesignen, de Thoars, de Harcourt, de May, de l'Orfevre, de Vaudetar, de Cassinel, de Bellay, Estouteville, Béthune.

19. Carthæ regum, imperatorum, ducum et principum, fundationes et privilegia. — Fragment de l'histoire de Philippe-Auguste en françois.

20. Mémoires des ducs de Lorraine et de Brabant, des comtes de Vaudemont, Alsace, Eghestheim.

21. Extraits de divers cartulaires, martiraloges et titres. Martirologe de Paris. — Chartulaire de St Magloire, de St Denis, des Bonshommes de Vincennes. — Martirologe de l'abbaye du Val. — Cartulaire d'Hérivaux, Charlieu, Chantilly, Senlis, le Gard, Villepreux, Barbeau, Ferrières, Colombs près Nogent, St Euverte d'Orléans, Trappe, Bonneval, Vendôme, Berry, Poitou, Bordeaux, Gascogne, Arragon, Dauphiné, Provence, Orange, Bussy en Bresse, Monasterii Casauriensis. — Epitaphe de la belle Agnès. — Epistolæ S^ti^ Leodegarii. — Etats de la maison de quelques rois.

22. Mémoires des comtes de Beaumont. — Boutheilliers de Senlis. — Comtes d'Amiens et de Valois. — Seigneurs de Nantueil et de Pacy. — Coucy, Oisy, Guines. — Histoires généalogiques de diverses maisons. — Chroniques de Limoges, de Montpellier et de Foix. — Traité de Béarn. — Histoire de Vitré et de Laval, par Pierre le

Baud. — Lignage de Coucy. — Cronique des comtes d'Eu. — Histoire de Perceval de Cagny. — [Duchesne 48.]

23. — Extrait des inventaires des titres des maisons de Bourbon, Albret, Luxembourg, etc. — Lautrec, Voisins, Dinteville. — Périgord, Béarn, Navarre. — Registre du roy Jean. — Registre de l'an 1316. — Acqs en Gascogne. — Armagnac. — Remefort. — Régales de Bretagne. — Titres de la maison du Brueil. — Inventaire de la chambre d'Angoulesme. — Aveus et dénombremens du bailliage de Caen. — Titres concernant le comté de Dammartin. — Gouvernemens des provinces de France. — Chanceliers de France.

24. Croniques de Touraine, Anjou, Maine, Limosin, Poitou, Angoumois et Gascogne. — 3 vol.

25. Croniques et vies des abbés de Clugny.

26. Croniques de Normandie et de Sicile, en latin. — Extraits de divers Cartulaires des églises de Paris et lieux circonvoisins. — [Baluze 55 ?]

27. Cartulaire de Champagne. — Cartulaire de Montiérender. — Titres de l'église de Reims et autres. — De St Médard de Soissons, Domchery, de Laon, de Corbie, Marciennes, St Martin, de Mont St André, de Chaufemy. — Titres concernant la Normandie. — Titres des comtes de Ponthieu, Boulogne et St Pol. — Inventaire des titres de Bretagne. — Neillac, Cassinel, Essarts. — Mémoires des maisons de Meulent, Vieuxpont, Estouteville, Mareschal, Chevreuse, Vendosme, Chaudun, Boisgency, Engoulesme, Lesignan, Thouars, Guyenne, Périgueux, La Marche, Auvergne, La Tour, etc. — Merlo et autres. — Du Merle, Ste Maure, Béthencour, Bracmont, Hellenvilliers, Harcourt, Chauvigny, Beauçay, La Noue, Péligny, Alemant. — Lettres touchant l'origine de Robert le Fort.

28. Extraits de l'inventaire des chartres du Trésor du Roy.

29. Extraits de quelques registres des chartres du Roy et du Parlement. — Cartulaire des comtes de Champagne. — Inventaire des maisons d'Armagnac, Alençon, Bouville, Argenton, Estouteville. — Extraits de divers factums. — [Baluze 54.]

30. Croniques de Trèves, Metz, Toul, Verdun et Senone. — Cronique de l'abbaye de Flavigny. — Extraits des cartulaires de l'église d'Amiens, des abbayes de Clairmarais, de St Bertin, de St Pierre de Gand et de St Bavon. — Du prieuré de Choques. — D'un registre d'Artois. — D'un recueil d'épitaphes des Pays-Bas. —

Des maisons de Béthune et de Luxembourg. — De la lignée d'Anjou. — De la Chambre des comptes de Blois. — Généralitez de France. — Mémoires du pais Chartrain, du Mans, La Flèche, etc. — Beaumont-le-Vicomte. — De Lodun, Thoars, Mirebeau, Faye. — Poitou, La Marche, Angoumois, Limosin. — Ponthieu et Boulonois. — Comté de Beaumont sur Oise. — Champagne et Troyes. — Pays d'Auxerrois. — Langres, Artois, Montpellier, Fiermarcon, Cominges, Arles, Lion, Béarn.

31. Imperatores et principes procedentes ex sanguine beati Arnulphi. — Litteræ Geraldi, Enculismensis episcopi. — Abbates Redonenses, ex cartulario S[ti] Salvatoris Redonensis. — Roberti Guaguini epigrammata. — Guillelmi de Mara epistolæ et orationes historicæ. — Oratio gratulatoria scolæ Parisiensis ad Antonium a Prato. Epistolæ Guillelmi Paradini de rebus in Belgica gestis. — Epistolæ Clementis VII papæ ad Lodoicam regis matrem, post ejus filii captionem. — Vita Caroli Simplicis, Francorum regis. — Quelque chose touchant Charles IX. — Paulus Æmilius de Gallica antiquitate. — Excerpta ex chronico Turonensi. — Chartes et titres de ce qui a été donné à St Martin de Tours par les rois de France et autres seigneurs, archevesques et particuliers.

32. Mémoires concernant la ville de Reims. — Martirologium S[ti] Petri Remensis.

33. Vitæ SS. Arnulphi, episcopi Rhemensis, Sixti, Sinicii, Principii et Alpini. — Chronicon monasterii Mosomensis. — Translatio SS. Arnulphi et Victoris apud Mosomum. — Extraits des cartulaires de l'archevêché de Reims, des abbayes de St Rémy et de St Nicaise. — Des mémoires de M. Roger concernans la ville de Reims.

34. Croniques des abbayes de Corbie et de St Riquier. — Histoire des comtes de Guines.

35. Cronique de Sens, de Nevers, Auxerre, Dijon, Bege (*sic*), Vezelay. — [Mélanges Colbert, 47.]

36. Historia ecclesiæ Laudunensis. — Vita Guiberti, abbatis de Novigento. — Chronicum Ademari Engolismensis monachi. — Chrocon Carrofense et Burgidolense. — Episcopi Petragoricenses, Tholosani, Magalonenses. — Chronicon Novaliciense. — Visitatio provinciæ Bituricensis ac Burdigalensis. — Comites Armaniaci. — Gesta episcoporum et comitum Engolismensium.

37. Extraits de divers auteurs mss. et autres. — 2 vol.

38. Extraits des cartulaires et titres des païs Chartrain, Vendomois et Perche. — Sénéchaux et évêques de Poitou.
39. Traitez et titres de diverses matières, 2 vol. — Mémoires et titres de la maison de Vergy.
40. Cronicon Marcianense de regibus Francorum. — Cronicon fratrum Predicatorum. — Cronicon Lemovicense. — Cronica Ricardi monachi Cluniacensis. — Cronicon Andegavense. — Trewa Dei. — Continuatio cronici Martiniani. — Electio Henrici III in regem Poloniæ. — Codex consiliorum Engolismensium. — Episcopi Cameracenses et Atrebatenses. — Fragmenta Annalium[1]. — Epitaphium illustrissimi principis Mariæ d'Albret, Nivernensium ducis, avec son trépas, obsèques et enterrement du dernier 7bre 1548, en son hotel à Paris. — Gesta Auriliacensis abbatiæ.
41. Excerptum ex cronico Belvacensi. — Historia Caroli IX Francorum regis. — Fragmentum super negotio imperii. — Citatio contra Guidonem de Montforti a Gregerio papa X°, cum ejus excusationibus ad citationem. — Epistolae Olivæ abbatis Ausonensis ecclesiæ. — Excerptum ex rotulo titulorum ecclesiæ B. Mariæ de Longoprato, diocesis Ambianensis. — Chronicon abbatiæ S^ti^ Richarii. — Cronica, ex cod. Thuano, ab anno 279 ad annum M CCCC XVIII. — Stephanus de Conty, Corbeiensis monachus, de imperatore Constantinopolitano. — Inserta cronico Sigiberti de regibus Normanniæ, ex codice ms° domini Bigotii. — Excerptum ex cronico S^ti^ Taurini Ebroicensis. — Excerpta ex cronico Ricobaldi Ferrariensis. — Excerptum ex cronico quod dicitur Memoriale historiarum. — Excerpta ex chronico Ricobaldi Ferrariensis, excellentis historiographi, quod incipit ab initio mundi.
42. Institutio Tutellensis ecclesiæ. — Constitutio Caroli tertii Francorum regis de expeditione Romana. — Varia diplomata et fundationes regiae. — Excerptum ex martirologio S^ti^ Gervasii Suessionensis. — Appanages de France.
43. Memoires concernant les éveschez et abbayes de France. — Extraits de cartulaires [des] abbayes de Champagne et de Picardie. — Extraits des titres de St Denis. — Recueil d'épitaphes, de Jacques le Bouc. — Fondations du Senonois et Gastinois, Joigny, Vézelay, Poissy, Mont St Quentin.
44. Extraits des cartulaires et autres titres de la maison de Champagne.

1. En marge, de la main de B. Remy : « Je l'ay donnée à Mr Godefroy le fils ».

45. Chronicon D. Victoris, Turonensis episcopi. — Excerptum ex cronicis monasterii S[ti] Arnulphi Metensis. — Fondation de l'Ordre des chevaliers du St Esprit par très excellent prince Loys, roi de Jérusalem et de Secile, le jour de la Penthecoste, l'an de grâce 1352. — Lettres de plusieurs rois et reines de France.

46. Abbates Fiscanenses. — Cronicon Lobiense Fulcuini cum continuatione. — Chonicon S[ti] Trudonis. — Excerpta historica authoris incerti. — Gesta abbatum monasterii Fontinellensis. — Cronicon Tosanum, seu potius Nortmannicum. — Liber de virtutibus Philippi Burgundiæ et Brabantiæ ducis. — Consistorium pro recessu Leonis decimi papæ. — Roma capta a Cæsariano. — Varia arresta Parlamenti. — Galbertus de multro Caroli Flandriarum comitis. — Processus verbalis de legatione ad reges Daniæ, Sueciæ, etc. — Baldrici versus de conquestu Angliæ per Guillelmum ducem Nortmanniae. — Breviloquium peregrinationis et mansionum 42., quam in deserto hujus sæculi nequam habuit Thomas Basin, episcopus Lexoviensis. — Catalogus et cronica principum Flandriæ. — Epistola Manassis, Remensis archiepiscopi, Hugoni Diensi episcopo. — Stephani, Joannis et Adriani pontificum epistolæ.

47. Croniques de Normandie et de Sicile, en françois. — Histoire des archevesques de Rouen.

48. Cronicon monasterii Andrensis. — Gesta abbatum Fontanellæ.

49. Mémoires des maisons de Joinville, Bar, Brienne, et autres de la comté de Champagne comme Choiseul, Vaudrey, Dinteville.

50. Carmen heroicum de bello gesto apud Fornoium, authore Johanne quodam.

51. Mémoires des comtes de Dreux et de Braine, de Brienne, de Roucy et de Joigny, de Bourbon, Dampierre, Joinville, Sully, Chasteauvilain, Broye, Grancy, Trainel, Plancy, Chappes, St Disier, Garlande et Melun.

52. Extrait[1] d'un fragment de cronique en françois au derrière de Nitard latin. — Extrait d'un autre ms. — Extrait d'une Cronique en forme de journal, depuis l'an 1408 jusques en l'an 1449. — Histoire des guerres d'entre François Ier, roy de France, et Charles V, roy des Espagnes et empereur. — Extraits du 2e volume du *Miroir historial*, compilé et ordonné du latin en françois par religieuse per-

1. En marge des premiers articles, de la main de Gaignières : « N'i sont pas : ont esté arrachez ».

sonne Jean, abbé du monastère de St Jean de Laon. — Extrait du livre 10e du mesme, touchant les guerres de Flandres avec Philippe le Bel. — Le 12e livre du mesme. — Histoire ms. de Gaston, comte de Foix, composée par Guillaume Le Sueur. — Discours sur La Rochelle, avec les entrées en icelle de Louis XI et de François Ier.

52. Anciennes coustumes des villes du royaume de France.

53. Pièces concernantes le dessein de la compilation des historiens qui ont escrit de la monarchie françoise. — 10 vol.

CONCORDANCES

CONCORDANCE
DES NUMÉROS DES MANUSCRITS D'OIHÉNART
AVEC LES NUMÉROS DE LA COLLECTION DUCHESNE

NUMÉROS D'OIHÉNART	NUMÉROS DE DUCHESNE	NUMÉROS D'OIHÉNART	NUMÉROS DE DUCHESNE	NUMÉROS D'OIHÉNART	NUMÉROS DE DUCHESNE
1	60	21	80	41	99
2	61	22	81	42	100
3	62	23	82	43	101
4	63	24	83	44	102
5	64	25	84	45	103
6	65	26	85	46	104
7	66	27	86	47	105
8	67	28	87	48	106
9	68	29	88	49	107
10	69	30	89	50	108
11	70	31	90	51	109
12	71	32	91	52	110
13	72	33	*En déficit*	53	111
14	73	34	92	54	112
15	74	35	93	55	113
16	75	36	94	56	114
17	76	37	95	57	115
18	77	38	96	58	116
19	78	39	97	59	117
20	79	40	98	60	118
				61	119

CONCORDANCE
DES NUMÉROS DU CATALOGUE DE 1729
AVEC LES NUMÉROS ACTUELS DES MANUSCRITS
DE LA COLLECTION DUCHESNE

NUMÉROS ANCIENS	NUMÉROS ACTUELS	NUMÉROS ANCIENS	NUMÉROS ACTUELS	NUMÉROS ANCIENS	NUMÉROS ACTUELS
9612 A.	1	9612 V.	21	9612 A. s.	41
9612 B.	2	9612 X.	22	9612 A. t.	42
9612 C.	3	9612 Y.	23	9612 A. u.	43
9612 D.	4	9612 Z.	24	9612 A. x.	44
9612 E.	5	9612 A. b.	25	9612 A. y.	45
9612 F.	6	9612 A. c.	26	9612 A. z.	46
9612 G.	7	9612 A. d.	27	9612 A. b. c.	47
9612 H.	8	9612 A. e.	28	9612 A. b. d.	48
9612 I.	9	9612 A. f.	29	9612 A. b. e.	49
9612 K.	10	9612 A. g.	30	9612 A. b. f.	50
9612 L.	11	9612 A. h.	31	9612 A. b. g.	51
9612 M.	12	9612 A. i.	32	9612 A. b. h.	52
9612 N.	13	9612 A. k.	33	9612 A. b. i.	53
»	[14]	9612 A. l.	34	9612 A. b. k.	54
9612 O.	15	9612 A. m.	35	9612 A. b. l.	55
9612 P.	16	9612 A. n.	36	9612 A. b. m.	56
9612 Q.	17	9612 A. o.	37	9612 A. b. n.	57
9612 R.	18	9612 A. p.	38	9612 A. b. o.	58
9612 S.	19	9612 A. q.	39	9612 A. b. p.	59
9612 T.	20	9612 A. r.	40		

TABLE ALPHABÉTIQUE

B

C

D

E

F

G

H

I

M

N

O

P

Q

R

S

T

U

V

W

X

Y

Z

ERRATUM

P. xxi. Aux mémoires indiqués n. 4 *ajouter* : Ernest Dumont, *Notice sur la vie et les écrits de Bréquigny* (Rouen, 1897, in-8°; extrait du *Compte-rendu de la IIe session des Assises de Caumont*).

P. 65, l. 5. *Au lieu de* : Sigerius, *lire* Sigericus.

P. 73, l. 5. *Au lieu de* : 1599, *lire* 1569.

P. 98, l. 3. *Au lieu de* : 4629, *lire* 4529.

P. 98, l. 7-8. *Au lieu de* : Vicent, *lire* Vincent.

P. 163, l. 6. *Corr.* Clapierre *en* Clocpitre; cf. G. Bengesco, *Voltaire. Bibliographie de ses œuvres*, Paris, 1882-1890, 4 vol. in-8°, t. II, p. 99, n° 1662.

P. 245 et suiv. A la table, pour les noms commençant par *Du* suivi d'un second terme, et qui ne se trouvent pas au *D*, chercher au second terme.

P. 266, col. 1, dernière ligne. *Ajouter* : Hurepoix. Voy. Urpoix.

TABLE DES MATIÈRES

ANGERS. — IMPRIMERIE A. BURDIN ET Cie, 4, RUE GARNIER.

www.ingramcontent.com/pod-product-compliance
Ingram Content Group UK Ltd.
Pitfield, Milton Keynes, MK11 3LW, UK
UKHW022049260726
13993UKWH00001B/11